Schweizerisches Idiotikon

Wörterbuch der schweizerdeutschen Sprache

Gesammelt
auf Veranstaltung der Antiquarischen Gesellschaft in Zürich
unter Beihülfe aus allen Kreisen des Schweizervolkes

Herausgegeben mit Unterstützung des Bundes und der Kantone

Begonnen von Friedrich Staub und Ludwig Tobler
und fortgesetzt
unter der Leitung von Albert Bachmann, Otto Gröger,
Hans Wanner, Peter Dalcher, Peter Ott,
Hans-Peter Schifferle sowie Hans Bickel und
Christoph Landolt

Redaktion: Hans-Peter Schifferle, Andreas Burri,
Christoph Landolt, Hans Bickel, Martin H. Graf,
This Fetzer, Matthias Friedli, Gabriela Bart

---

226. Heft
Band XVII, Spalten 513–640

enthaltend die Gruppe
Zag – zug
(*Metzger-Um-zug* bis *Zūg I*)

2019

Schwabe Verlag Basel

zern und Zürich zur Erinnerung an die jeweiligen Mordnächte, die die Metzger der Überlieferung gemäss verhindert haben; vgl. unter *Metzger 1* (Bd IV 627). ‚Der Mezgeru. war vor diesem ein Schauspiel bey uns, das jedermann ergözte, und woran besonders auch die Söhne derselben einen wichtigen Antheil hatten. Man weiß, daß diese kriegerische Proceßion zum Andenken der treuen Tapferkeit angeordnet worden, womit die Gesellschaft der Mezger in jener unglücklichen Mordnacht … das Vaterland rettete.‘ Z Neuj. D. Sch. 1785, 16. ‚Der Mezgeru. besteht nur darinn, daß täglich einige derselben [Metzger] einige Wochen durch mit einem ungewöhnlich großen, fetten Ochsen und Schaaf, mit bekränzten Hörnern, in der Stadt herumziehen, miteinander um dises Vieh märkten, und so nach erhaltenem Geschenk vor ein anderes Haus ziehen, um das nemliche wider anzufangen.‘ JGHeinzmann 1794, 229/30. — Fas^{t}-nacht(s)-U.: wie nhd.; allg. *Der F. isch^{t} nur vo^{n} der Musigg'sellschaft und es par Wäge^{n} wie Dole^{n}butzer, Bar^{r}iere^{n}glogge^{n}ruesser* [usw.] *b'setzt g'sī^{n}* AaKaiseraugst (Internet). *Also hüt göt 's i^{n} der Fas^{t}nę^{ch}t total anderst zue und hër, nu^{n} ëppes ist glīglig 'bleębe^{n}: d' Fas^{t}nę^{ch}tumzüg* GWidn. ‚Wegen noch anhaltenten theuren Zeiten wurde die Ceremonien denen 3 E[hren-]Zeichen in der Kleinen Statt wieder unterlassen, aber die Fasnachtumzüge sind den 9. Mertz gehalten worden.‘ 1772, JHBieler 1720/72, 188. — Vgl. Variantenwb. 225; Südhess. WB. II 374. — Buebe^{n}-U.: Vorläufer des *Chinder-U.* in Bed. b am Sechseläuten ZStdt; Syn. *Chnaben-U. c.* S. Bd IV 1263 u. (Z). — Bann-U.: gemeinsamer Umgang der Dorfbevölkerung um den Gemeindebann BsL. (mit der Jungmannschaft. AfV. 3); Sch (HHerzog 1884), so Nnk. (WWildberger 1917); ZStadel; Synn. *B.-Um-gang* (Bd II 343), *-Prozëss* (Bd V 1044), *-Ritt* (Bd VI 1715; s. d., Seiler); vgl. *Bann 5a* (Bd IV 1274); *Bann-Tag 2* (Bd XII 958) und zur Sache HHerzog 1884, 252/3; EStrübin 1991, 253/92; WWildberger 1917, 218/21. 326/335. — Burger-U.: entspr. *U. 1a,* Musterung und Umzug der regimentsfähigen bzw. dienstpflichtigen Kleinbasler Bürger. ‚Den 18. und 19. April hatten die Herren Kleinen Basler nach der Ordnung ihren 3 E[hren-]Gesellschaften einen kostbahren, nach der besten Kriegsformel wohl eingerichteten B. gehalten, dergleichen noch keiner gewesen.‘ 1720, JHBieler 1720/72, 15. — Bartli-U.: Fasnachtsumzug am schmutzigen Donnerstag in SchwBr.; vgl. *Bartolomäus 4* (Bd IV 1626, wo Weiteres). — Chien-bëse^{n}-U.: Umzug mit ‚Feuerbrauch in der Liestaler Innenstadt zur Fasnachtszeit seit 1902‘ BsL. (Muster-Bürkli); Syn. *Ch.-Zug;* vgl. zur Sache EStrübin 1991, 144/9. — Regimënts-U.: ursprünglich militärischer Umzug (des Äussern Stands) in Bern, mit Volksfestcharakter; Syn. *R.-Ūs-zug.* ‚Diewyl … verndrigen Jars in dem Regementsumbz. allerley Unordnung … sich eröugt … sich nit allein ein Anzal zue den Wehren untüchtiger Knaben in dem Umbzug finden lassen, sonders auch iren vil in den Wehren schlechtlich abgerichtet und geüebt, item im Ushinziechen durch die gantze Statt inen Fläschen mit Wyn nachtragen lassen und in aller Zugordnung getruncken, [soll man künftig von solcherlei absehen].‘ 1631, B StR. 5, 746; s. auch Bd XVI 1868 u. (1644, ebd.). ‚Bey solchem R. kommt eine ungemeine Anzahl fremdes Volck nicht nur aus der Stadt Bern Landen und allen Städten, sondern auch von den eydgenößischen Orten und andere fremde Herren nach Bern, solchen mit anzusehen, welche sich nicht wenig verwundern über die schöne Ordnung, Ansehen und Kriegserfahrenheit dieses Stands.‘ Gruner 1732, 481. ‚Der äußere Stand, die Schützen, das Artilleriekorps … vereinigten … sich zu jenen großen sogenannten Regimentsumzügen, deren Anordnung und Leitung der äußere Stand besorgte, und an welchen auch die Studenten, die Knaben und von der Regierung aufgebotenes Militär, Reiter und Fußvolk Theil nahmen.‘ 1752, B TB. 1862, 261/2. S. noch Bd XIV 1020 o. (1729, JRGruner Chr.). — Bogen-schützen-U.: entspr. *U. 1a,* jeweils am 2. Mai in Bern stattfindender Umzug (E. XVIII.); vgl. *B.-Fēst* (Bd I 1117). ‚Berner B.‘ Helv. Kal. 1787 (Mai). — Ōster-(mān-tags-)U.: entspr. *U. 1c,* Umzug am Ostermontag; vgl. zur Sache B Blätter 1909, 69. ‚Wer von unsern Räthen, regierenden privilegirten Amtleuten, Sechszehnern dem Ostermontagsu. nicht beywohnt, soll bezahlen 10 Schilling.‘ B Bussenordn. 1793, 10; s. auch Bd XII 926 o. S. noch Bd VII 1596 u. (B Hink. Bot 1820). — Sunn-tag-U.: sonntägliches Herumziehen mit Waffen. S. Bd VIII 1425 M. (1576, Z Ratsverordn.). — Äschli-(mitt-wuch-) U.: Umzug der in historische Militäruniformen gewandeten Dorfjugend am Aschermittwoch in ZElgg; Syn. *Äschli* (ZElgg). — um-zuglich: den Umzug betreffend; vgl. *Um-zug 1c.* ‚Als auch dahero die Jugend und gmeyne Schuelkinder ihr Mahl uff den zwenzigisten Tag genoßen und ihr umbzuglichen Freudentag gehalten, sollen s den fürterhin nach dem Meytag haben und glych morndes daruff in Meyen oder, wie man s nent, Ruoten gan [vgl. *Rueten-Z.*].‘ 1607, Aar. StR. 332. — Um-züger m.: wer an einem Umzug teilnimmt. S. Bd XIII 2278 o. (1599, B Seckelmeisterrechn.).

Ume^{n}- ZF., Wald, *Umme^{n}-* Bs, so Mutt.: **1.** brauchtümlicher Umzug von Jugendlichen zur Fasnachtszeit in militärischen Uniformen, erinnernd ‚an die im XVI. und XVII. bei Musterungen und Schiessinspektionen durchgeführten militärischen Umzüge des regulären Militärs‘ (NZZtg 1972, 22. Feb.) ZF., Wald (‚militärisch gerüstete Knabenschaar, welchę an Fasnacht im Dorfe umzieht und vor den Häusern paradiert.‘ ä. Angabe); vgl. *Um-z. 1a* sowie zur Sache HBrockmann 1929, 112. *En ei^{n}fache^{r}-n-U. hät 10 ader 11 Ma^{nn}: En Bielitr äger (Sappeur), dë^{r} göt z'vorderst, und dänn chönd, der Reie^{n} nö^{ch}e^{n} hinderenand en Fäneri^{ch}, en Chübler, en Pfīffer … 2 Seckelmeister, 3 Schützen und en Lütenand.* WHoffmann 1912, 42; s. auch Bd XV 381 o. ‚Die *Ume^{n}züg* sind ein uralter Fasnachtsbrauch, obwohl sie mit närrischem Treiben gar nichts gemein haben. Disziplin ist angesagt, wenn Jugendliche in historischen Uniformen, mit Trommlern und Piccolospielern und in militärischer Formation an den drei Sonntagen in der Fasnachtszeit durch die Aussenwachten und am Fasnachtsmontag durchs Dorf ziehen und für jeden gespendeten Fünfliber umständlich eines der Vorderladergewehre stopfen und einen Schuss abgeben, der im ganzen Dorf zu hören ist.‘ NZZtg 2000, 14. März. ‚Bald nach Neujahr ladet der Gemeinderat die Knaben, die an den *Ume^{n}züg* teilnehmen wollen, in die Turnhalle zur Entgegennahme der Bewilligung ein.‘ GPeterhans 1925, 317 (ZWald). S. noch Bd XIV 583 M. (Schwyzerlüt 1942); Sp. 529 u. (HBrockmann 1929). — **2.** sich herumtreibende Person Bs (auch lt Seil.), so Mutt. (Linder); Synn. *Far-um 2, Zieh-Fëckten*

1 (Bd I 228. 730, wo ein weiteres); *U.-Zieherin. Si isch^{t} en U.*, ‚eine Landstreicherin' BsMutt. — Buebe^{n}-U.: verdeutlichend für *U. 1*, ‚die Väter nachahmend' ZF., Wald. — Bögge^{n}-U.: entspr. *U. 1*, im Fasnachtskostüm ZF. *Bim Lippe^{n}schwändler B. händ d' Soldāte^{n} kei^{n} Mundūre^{n}, sonder e^{n} Bögge^{n}g'wändli mit Drōtlärvlene^{n} 'treit.* CKeller 1938, 48. — Ume^{n}-zügler m.: Teilnehmer am *Umen-Zug* (in Bed. 1) ZWald. *De^{r} Pfar^{r}er macht dänn z' Lieb e^{n}chli^{n} lang mit sī^{n}re^{r} Predig und weiss de^{n} Tëgst a^{l}sę z' richte^{n}, dass d' Ume^{n}zügler ä^{n}mel jō se^{l}te^{n}d merke^{n}, dass si nüd di Üserwelte^{n} seie^{n}d.* WHoffmann 1912, 43.

Ämmen-: korporative Schwellenpflicht an der Emme bzw. mit dieser belasteter Grundbesitz und/oder Grundbesitzer in BE.; vgl. *Schwelli-Z.* ‚[Die Emmentaler Gemeinden mussten] für die Armensteuern schon bald nach Aufhebung der Leibeigenschaft aus dem besonderen Eigenthum ihrer Bürger schöpfen … Die Steuern wurden auf die Güter, die man vom gemeinsamen Verband her Emmenzüge nannte, zuerst gleich, später nach Billigkeit vertheilt.' Neue Verhandlungen der Schweizerischen Gemeinnützigen Gesellschaft 1, Zürich 1825, 65. ‚[Es] soll jede Liegenschaft die den Emmenzügen obliegenden Beschwerden, in welchem sie eingetheilt seyn mag, nach Marchzahl und Billigkeit … mittragen helfen.' 1795, BE. Rq. 797. ‚Damit … die Kostgelder nicht allzu hoch ansteigen, so sollen die armen Kinder, die biß in ein gewißes Alter herangewachsen sind, nicht mehr verdinget, sondern auf die Emmenzüg zu den Bauren vertheilt … werden … Nach [einer Bestimmung soll es] jedem Baur oder jedem E. frey stehen, sein zuvor gehabtes Kind um das bestimmte Verpfleggeld wieder für ein Jahr zurükzunemmen … Diejenigen Emmenzüg, welche ihre zuvor gehabten Kinder nicht behalten, sollen denn über die übriggebliebenen Kinder das Loos ziehen.' ebd. 799.

Amts-: **1.** entspr. *Z. 3*, einem Amtsinhaber zur Verfügung stehendes Pferdegespann. ‚Dem jeweiligen Amtmann [von ZEmbr. im XVIII.] stand ein A. zu Gebot aus 6 Pferden … Mit diesem A. führte er den trockenen und nassen Zehnten aus den Gemeinden ins Amt und dann aus dem Amt nach Zürich.' HMorf 1896, 83. — **2.** entspr. *Z. 10b*, Zugrecht, das aufgrund gleicher Amtszugehörigkeit geltend gemacht werden kann; vgl. *Lands-Z. 2, Zwings-Z.* ‚[Es gibt in Willisau] 6 Gattungen von Zugrechten, als 1. der Bluts- oder Erbszug, 2do der vorbehaltene Zug, 3tio der Tragerzug, 4to der Bodenzinß- oder Einzinserzug, 5to der Zwingzug und 6to der Land- oder Ammtsz. Hingegen haben die Berner nur den Lehen- oder Trager- und den Ammtsz.' 1797, LWill. Rq. 2002, 855.

A^{n}-:

1. entspr. *Z. 1*
   a) Anziehung
   b) Beschleunigungsenergie
2. entspr. *Z. 2*
   a) Herannahen, Anrücken, Anmarsch
   b) erstes Auftreten im Volkstheater
3. entspr. *Z. 7*, Schräge, Neigung, leichte einseitige Anhebung einer Fläche
4. a) zweiteiliges Gewand des Mannes
   b) Bettdecken-, (Kopf-)Kissenbezug
5. a) mündliche oder schriftliche Äusserung, Erwähnung, Mitteilung, Bezugnahme
   b) Vorschlag
      α) im allgemeinsten Sinne
      β) aus dem Kreis einer Körperschaft, Behörde gestellte Anregung, Antrag
      γ) im modernen Staasrecht, Postulat
   c) Vorwurf, Anschuldigung, Klage
   d) boshafte, spitze Bemerkung, Reizwort
   e) Anlass, Grund

1. entspr. *Z. 1.* **a)** Anziehung. ‚[Gott hat] uns einen gschicket … der das gsatzt erfüllen mag für uns, namlich den grechten, unschuldigen Jesum Christum, der den a. der sünd nit hat.' Zwingli 2, 235; nach affectus carnis. Röm. 8, 6. — **b)** Beschleunigungsenergie; verbr.; Syn. *Īn-z. 1f;* vgl. *An-ranz* (Bd VI 1158), *-sprung* (Bd X 912). *Das Auto het e^{n} greftigen A., wō-n-ei^{ne}m ganz iberrascht* BsStdt (RBChrist). ‚*Gi^{b} mer A.*, gib meinem Schlitten einen Stoss.' Aschw.-Clauss (U). Sprw.: *E^{n} guete^{r} Ochs hed e^{n} langsame^{n} A.* Obw (Imfeld).

2. entspr *Z. 2.* **a)** Herannahen, Anrücken, Anmarsch; allg.; Syn. *Ūf-z. 2a;* Gegs. *Ab-z. 1a.* ‚[Als] vor ergangner empörung zwüschen uns Fünf Orten eins- und unsern Eidgnossen von Zürich … anderstheils und vor dem a. in das feld die gedachten von Zürich umbfuoren [usw.].' 1531, Absch. 4, 1b, 1170. ‚Wir befelchend dir … sy flyßig ze vermanen, das ein jeder sich mitt guetten währschafft Harnischen und andere nothwendigen Wehren also ußgrüst und sy mitt nothwendigen bsonderbaren Reyhsgelt und Costen also verfaßt mache und halte, das sy in einem A. ihr Vatterlandt, sich selbs und die Iren gepürlich schirmen und erretten mögindt.' 1604, JSteinemann 1919, 53. ‚[N. hat] sein eüßerste Krafft, die er zuevor im A. in die Pünt angewendt, jezund also im Abzug müessen brauchen.' Anhorn 1603/29, 383. ‚Von Wunderzeichen am Himmel vor A. des schwedischen Volks [Überschr.].' Jost Chr. 1617/56, 99. I. S. v. Einherschreiten: ‚Es habent u. g. hH. geordnet, das fürterhin kein Stattdiener mehr nebent einem Hr. Grosweybel … daher zieche, sondern das Her Großweybel gantz allein vor denen hHr. Schultheßen den A. mache undt dahertrette.' 1687, L StR. 2012, 143. In der Wendg *im A. sī^{n}.* 1) eig. *D' Franzōse^{n} sīgen im A., di ganzi Stadt sīg im Thäber.* RvTavel 1931, 21. — 2) übertr., wie nhd., bevorstehen; verbr. *Es isch^{t} eppis im A.* Obw (Imfeld). *Es macht mer Angst, i^{ch} weis^{s} nid wie, 's li^{g}d öppis i^{n} der Luft, i^{ch} han en Ägerst schreie^{n} g'hört … 's muess öppis Schlimms im A. sī^{n}.* WMüller 1906, 78 (AaF.). *I^{n} 's Vogte^{n} vorne^{n} ist d' Frau^{w} abg'lëge^{n}, me^{n} wüssi nonig, was im A. seig, eb e^{n} Underlībschranket oder e^{n} Brustfël^{l}e^{nt}zündi^{n}g.* Messikommer 1910, 190 (ZO.). — **b)** erstes Auftreten im Volkstheater W; Syn. *Ūf-tritt 1a* (Bd XIV 1517).

3. entspr. *Z. 7*, Schräge, Neigung, leichte einseitige Anhebung einer Fläche Aa (‚die Richtung der Pflugschar, dass sie in den Boden geht.' ä. Angabe), so F., Ke.; Bs; BoAa; GW.; Obw; vgl. *an-ziehen. D' Mūr mos^{s} e^{n}chli^{n} A. ha^{n}*, ‚die Mauer muss … nach oben sich etwas zurückziehen' AaF., Ke. ‚*Die Mūr muess A. ha^{n}*, diese Mauer muss leicht nach innen geneigt sein, um so dem Druck nach aussen leichter zu widerstehen. Die Bretterwände alter Scheunen haben *A. vum Tach zor Grundmūr*' GW. ‚Der Wagner soll dem Schmied [einige] Schwierigkeiten ersparen. So den *A.:* [der] um einen *Santimēter* grössere Umfang des *G'filg uf der* *hindere^{n} Site^{n}:* der nach der Mittellinie des Wagens gerichteten Radseite.‘ Bärnd. 1925, 582. I. S. v. Abflussgraben (vgl. *Ūs-z. 4*): ‚Eluvies, das unflätige Wasser, so auß einer Stadt durch die Mörchen oder Anzüg laufft.‘ Denzler 1716, 417a.

4. a) zweiteiliges Gewand des Mannes BM., Si.; LH.; PGr.; GoRh.; Sch; S; ThTäg.; Ndw (‚Kleid.‘ Matthys); modern allg.; Synn. *Be-chleiding, An-legi 1* (Bd III 624. 1197, wo ein weiteres); vgl. SDS. V 121, wo weitere Synn. *E^{n} grösse^{r} schlanke^{r} Ma^{nn} mit churze^{n} Hār, im ne^{n} schigge^{n} schwarzen A.* GKrneta 2014, 154. *A^{l}s eine^{r} vo^{n} den Ērsten isch^{t} der Peter Äbersold us sī^{ne}m Ērstklassabteil ūsg'stige^{n}. Er het e^{n} g'streif^{f}ten A. a^{n}-g'ha^{n} und drüber e^{n} hëlle^{n} Rëge^{n}mantel.* UHafner 1991, 58. S. noch Bd XVI 2162 o. (Bs Natztg 1970). — **b)** Bettdecken-, (Kopf-)Kissenbezug, oft Dim.; allg.; Synn. *Über-z. 3a, c,* auch *Ziech* (Sp. 233); vgl. *Haupten-, Chüssi-, Bett-, Dechi-A. Si^{n} d' A^{n}zügleni scho^{n} a^{n} de^{n} Bettere^{n}?* GRitschard 1983. *Di së^{l}be^{n} A^{n}züg müend allwëg g'wäsche^{n} sī^{n}* SchR. (Meyer). *Chöltschi A^{n}züg sīge^{n}d de^{nn} glīch öppis anders a^{l}s dëre^{n} wīsse^{n} halbpfündige^{n} Teggeli.* CStreiff 1904, 146. *Bim Līnige^{n} sind zwenzg Elle^{n} z' vill, das gi^{b}t üns en Tschuppe^{n} Līntüecher, Pfülm und A^{n}züg.* Walservolch 1974, 14/5 (GrTschapp.). ‚[Zur Ausstattung der Schüler gehört] 1 Pfulben (Hauptkissen) mit 3 Anzügen.‘ HPest. (Sämtl. Werke) 25, 114. S. noch Bd IV 1201 o. (1809, ZZoll. Pfandb.). ‚1 großer költschen damascierter A., 1 vom gleichen Zeug Kinderanzug, 1 vierfadmiger A., 14 Leinlachen.‘ GrFid. Inv. 1731, 171.

5. a) mündliche oder schriftliche Äusserung, Erwähnung, Mitteilung, Bezugnahme BS.; Sch, so St.; Obw; vgl. *Īn-z. 6*. ‚A., commemoratio, mäldung.‘ Fris.; Mal. ‚[Die Streitparteien machen geltend] deß ersten, alß dan der N. den Berg, so hinder der Statt Ahrburg undt under dem Schloß Warpurg herabwerts ligt, in Ansprach hat uß der Ursach seiner Brieffen Anzüg, die er vermeint etwas drumb weisend [usw.].‘ 1498, Aa Rq. 1922, 107 [Abschr. 1680]. ‚Zwinglischer history anfang, was sin lyb und handlung betrifftt, mitt antz. ettlicher siner mithaften bis nach dem 27. jar ungfarlich [Titel].‘ Salat, Ref.-Chr. 121. ‚Der erste [Index] ist ein Index locorum Scripturae oder ein Register der Anzügen H. Schrift, in welchen nur angezeichnet diejenigen Sprüch, über welche man auß disen Predigen eine feine Erläuterung oder Erinnerung nehmen kan.‘ JMüller 1661, 4v (Vorrede). ‚Früntlicher a.‘: ‚Söliche meinung hab ich ouch den andern zuogeschryben, ob sy vilicht … bewegt, ettwas früntlichen a. wyter an min herren mitt entschuldigen ettlichs verunglimpfens thätend.‘ 1533, HBull. Br. 3, 134. *A. ha^{n},* Bezug nehmen BS. ‚Aufzeichnungen erklären die Vortrefflichkeit des Weins von 1811 und die Güte von *Jörgäng* wie 1743. Gegenteilig lautende Notizen *hei^{n} A.* auf traurige Jahre wie 1786 und 1787.‘ Bärnd. 1922, 236. ‚Die Frage [‚Welche Vorteile bieten die *Amerikaner* überhaupt?‘] *het A. ūf* die Unterlagen (portes-greffes) für geeignete Edelreiser, die dem veredelten Pflänzling den speziellen Charakter ihrer Sorte mitteilen.‘ ebd. 346. Etw. *i^{n} A. bringe^{n},* zur Sprache bringen Obw. ‚[Es] wünschten die Herren Schultheis und Räthe, daß die bey ihren Handen liegende abschrifftliche Verordnungen, Urkunde und Recesse in dem neuzuerrichteten hochobrigkeitlichen Urkundt wiederum in A. gebracht werden möchten.‘ 1790, LWill. Rq. 1994, 699. *En A. mache^{n},* etwas in einer Rede vorbringen Sch. ‚A. tuon‘, erwähnen, zitieren, sich auf etw. berufen. ‚Ob dann die genannten unser burger von Nüwenburg wöllen meinen, sölichs inen nit zuo erliden sin, mögen si uf dem nächsten tag der jarrechnung by dir darumb vor unser Eidgnoschaft botten a. tuon.‘ 1524, Strickl. 1, 273; s. auch Bd VI 684 u. ‚Dann hatt ouch d[octor] Sebastianus Brant in eim gerymten vaticinio solcher ding a. tan vor vil jaren.‘ Salat, Ref.-Chr. 48. ‚Die alten, heiligen leerer alle tuond offt anzüg und bewiisungen uss eegemelten büechern.‘ Aeg.Tschudi 1562, 124. — **b)** Vorschlag. α) im allgemeinsten S.; Syn. *Anschlag 3* (Bd IX 215). ‚So wiss er ouch nit, weler der erst were, der den a. täte [‚hinwegzuoziehen‘].‘ A. XVI., Z; s. den Zshang Bd XV 136 u. ‚Deß jagens halb in der applaswuchen sige nit minder, das ettliche gsellen … den a. under einandern than, sy wöllend pfaffenkellern [*Pfaffen-Chëllerin 2* Bd III 206] aber jagen, dann sy bütte inen uß [*ūs-bieten 3a* Bd IV 1871].‘ 1572, HGreco 2009, 153. — β) aus dem Kreis einer Körperschaft, Behörde gestellte Anregung, Antrag Bs; B; GlH.; Ndw (auch lt Uw Gem.); Z; St.[2] („allg.“), überall †; vgl. *An-trag I 2a* (Bd XIV 418). *Er het 's in A. 'brächt, Er het der A. g'machet,* den Antrag gestellt GlH. (ä. Angabe). ‚*A.* heißt in der baslerischen Amtssprache die Motion, förmliche, im Schooße der Behörde gestellte Anregung.‘ ASocin. ‚Die Verhandlungsgegenstände des Kantonsrathes sind: [ua.] Initiativ-Vorschläge der Mitglieder und der Stimmberechtigten [sowie] anderweitige Anträge oder Anzüge seiner Mitglieder.‘ Z Gesetz über eine Geschäftsordnung des Kantonsrathes von 1870, § 24. *I^{n} der hütige^{n} Sitzung* [des Grossen Rats] *ist über e^{n} A. abg'stimmt worde^{n}.* Dorfkal. 1868, 46 (B). ‚Weder an der Lands- noch an der Nachgemeinde (in Stans) soll ein A. oder Vorschlag geschehen, wenn nicht derselbe in bestimmter Zeit vorher einer hochweisen Obrigkeit zur Prüfung vorgelegt worden ist.‘ Uw Gem. 92. ‚Daruff inen zuo antwort wardt, das uff morndrigen tag inen der groß rat besamlet wurde; vor demselbigen möchtend sy iren a. tuon.‘ ThFrickart 1470, 79. ‚Von wegen des a s der priesterschaft der V Orten, so dann die Zurcher antwurdtt bgärt, um das sy landtmärs wys bericht, wie ettlich ortt si überzien wellt.‘ Salat, Ref.-Chr. 219. ‚Als dan hütt a. beschechen von wegen des unordenlich trinckens, spät sitzens, mißbruch und unzucht [usw.] habend m. g. h. und burger abermalen beschlossen, drob … ze halten und die überträttenden ze straffen.‘ 1555, B RM. 2, 331. ‚Im nechsten synodo soll ein a. beschehen, das man uff die mentag nach den heiligen tagen uff der landtschafft … kheine hochzyt halten [möge].‘ 1596, Z RM. ‚Amen Utiger hed [im Rat] ein A. getan, das man den Döchteren und Jungfrauwen die grosen Würst verbiete; ist nüd darin erkänt worden.‘ 1641, Zg TgB. 10. ‚Auf A. [im ‚Georgenlandrath‘], daß etwelche Landleut den H. Sekelmeister bei seinem Eid gemahnt, vorzuebringen, daß man den Landleuten das Ammannmal widerum zuemehren sollte, ist erkennt, daß man darvon gar nichts reden solle.‘ 1672, Gfd 38, 159. ‚Ob etwan nutzlich sein möchte, in unserem Landt Korn, Gemüess und dergleichen zue pflanzen insgemein, solle ein A. vor erstem gesessenem Landrath beschechen.‘ 1676, Ndw Beitr. 3, 87 (Frage des Wochenrats). ‚Wurde von mir ein A. gethan der Schläfren halb in der Kirchen, und besonders NN. vernamsd, als die by letzter Communions-Predig zu grosser Ärgernuss anderer Leuthen meistens geschlafen und darauf doch communiciert.‘ 1726, BLeiss. Chr. 2, 73. ‚Valentin Meyer ... brach in folgende Worte aus: Schon lange habe er auf diese Gelegenheit gelauert, um den versammelten Vätern anzuzeigen, wie ihn bedünke, es gehe nicht bei allen Verwaltungen richtig zu, er habe sich alle Mühe gegeben, um das Nähere zu erforschen, und er glaube wirklich mit großer Fugsame, zu diesem gewagten A-e berechtiget zu sein. Er flehte demnach die Väter des Raths an [usw.].‘ VMeyer 1762, 61. — γ) im modernen Staatsrecht das unter der ‹Motion›, aber über der ‹Interpellation› stehende, zweitstärkste parlamentarische Instrument gegenüber der Regierung, Postulat BsStdt. ‚In der Form eines A-s kann jedes Mitglied des Grossen Rates eine ständige Kommission dem Regierungsrat oder dem Grossen Rat Anregung zur Änderung der Verfassung, zu Gesetzes- oder Beschlussentwürfen oder zu Massnahmen der Verwaltung vorlegen.‘ BsStdt Gesetz über die Geschäftsordnung des Grossen Rates von 2006, § 44. ‚A. betr. Vereinfachung und Verbilligung der Staatsverwaltung [Überschr.; später, Stellungnahme des Regierungsrats:] Was im A. steht, ist selbstverständlich: Die Regierung verfolgt ohnehin schon dieses Prinzip. Die Ausführungen des Vorredners gehen aber weit über das im A. Enthaltene hinaus. Gleichwohl ist der Regierungsrat bereit, sich den A. überweisen zu lassen.‘ Bs Nachr. 1923, 28. Jun. — **c)** Vorwurf, Anschuldigung, Klage; vgl. *Für-z. II 3.* ‚Wir ... thuonnd kunndtt ... mit disem brieff, alls dann ietz guotte zyt dahar vilfalltiger a. ist beschächenn von der cuppelhüser wegenn unnd dero halb, so unzimlichen inzug habenn ... habenn wir daruff zuo abstellung sölichs mißbruchs geordnett [usw.].‘ B Satzungenb. XV., 432. ‚Als a. beschehen von wegen der schützen und anderer, so inn vergangenem zug mit den büchsen umbgangen.‘ 1527/9, Z RB. ‚N. gab antwurt ... es mochte sin, das er eebrüchig und gestrafft were, doch so verhoffte er, sy sölte im by erlitner straff und wyter mit irenn anzügen unersuocht laßen.‘ 1538/40, Z Eheger.; s. die Forts. Bd VIII 120 u. ‚Uff beschehnen A., daß die Frau Schuffelbergerin sich beschwere, die albereit gethrukten Bögen ... in die Kanzley ze lifern, ward erkhendt [usw.].‘ 1653, B Anz. 1914, 27. ‚Wir ... thun kund ... als under uns abermahlen sorgfältig in A. kommen, welcher Gestalten ... das Bettel- [und] Strolchen-Gesind ... überhand genommen, dardurch vil Diebstähl, Einbrüch und andere gefährlichkeiten und Ungemach erfolget.‘ 1705, ADubler 1970, 79. ‚Demnach heüth ... als an unserer jährlichen gewohnter gebottener Dorffgmeindt in A. gebracht worden, wie ... eine gantze lobliche Dorffgmeindt ville errichtete Articul schlechtlich observierth und gehandthabet werden, sondern auch zu höchstem Mißfallen uns anzeiget worden, wie das zu gröstem Schaden und Nachtheil einer gantzen Dorffgmeindt [wurde usw.].‘ 1749, Zg Rq. 996. S. noch Bd VI 1371 u. (1564, ApI. LB.); XII 1533 u. (1704, U LB.). 1363 u. (1689, Absch.); XIII 438 o. (1518, Zg UB.); XV 1067 o. (1527/9, Z RB.). Neben Sinnverwandtem. ‚Wir, die zweyhundert, genempt der groß rat der statt Bern, bekennen und veriechen offenlich, [Schultheiss, Rat und Beamte] vor allem kumber, inval und a. zuo bewaren, beschirmen und behüeten.‘ 1478, B StR. 5, 24. ‚Unnser fründ unnd nachpuren von Sur antwurten liesend, das sy mercklich befrömbdete der a. unnd die clag irer nachpuren von Arow.‘ 1514, Aa Rq. 1923, 445. ‚[Die Aufrührerischen] bekennen, dass si in sölichem unrecht getan hond und sölichs hinfür niemerme tuon wellend, und daruf al sölich ir vermeinte klagen und anzüg minen herren ergeben und vertruwt.‘ Ansh. 1, 340. S. noch Bd IV 458 u. (Z Täuferber. 1639). Im Gerichtskontext aAa (‚das bei Gericht Vorgebrachte.‘ Hunz). ‚Wann sich zuotragen, das die partheyen sich im rechten kundtschaft oder beybringens berüemen, alsdann soll der schreiber solche kundtschaft in beisein der partheyen in aid nemmen, sy, die partheyen, ire anzüg zuo beiden seiten ān die gestelten kundtschaften und zügen offentlich thuon, und darnach die partheyen abtreten lassen, und also die kundtschaften ie eine nach der andern alleinig und insonders verhören.‘ 1533, Bs Rq. 1, 267. ‚[Im Rahmen einer Zeugenanhörung soll] in abwesen beider [Streitparteien] umb beider oder der einen parthyen a. ie ein züg noch dem andern und in abwesen des andern [befragt werden].‘ 1557, ebd. 423. ‚[Überschr.:] Von wegen der Anzügen, so ettlich Burger vor einer Gmeind gethan oder für die Gmeind geappelliert.‘ XVII., L StR. 1998, 99 (RCys.). — **d)** boshafte, spitze Bemerkung, Reizwort; vgl. *an-zügig 3, -züglich 2.* ‚Dann hattend die Zürcher ouch gemellt, sy wurdend geschmützt mit schälltworten. Antwurtend die botten, inen wär solchs leyd und wüstend ouch um ettlich der anzügen nüt.‘ Salat, Ref.-Chr. 220. S. noch Bd IX 831 o. (1490, Z RM.). 839 M. (1484, Z RB.); XIV 551 u. (1480, Aa Rq. 1926). — **e)** Anlass, Grund. ‚Die Griechen thuond noch so vil hinzuo nach dem ‹gsegnet ist die frucht dins lybs›: dann du hast geborn den heiland unserer seelen. Hieby nemend die uffrüerigen aber ein a. ze klagen: Sich, sy teilendt uns das ave Maria.‘ Zwingli 1, 408. ‚Gib dem wysen ein a., so würt er noch wyser.‘ ebd. 165 (Prov. 9, 9). ‚Als ob wir sonst nit gnuog von Gott mögind gezogen werden durch die onmechtige krafft des fleischs, sonder wir müessen eynen a. ouch haben, der uns von Gott ziehe.‘ JStumpf 1538, 42. S. noch Bd XIII 760 o. (Z Disp. 1523).

Mhd. *anzuc;* vgl. Gr. WB. I 530; ²III 116; Martin-Lienh. II 895; Ochs WB. I 66; Jutz I 121; Allgäuer 137; Schm.² II 1098; Fischer I 289; VI 1526; DRWb. I 800; Frühnhd. WB. I 1621; Variantenwb. 46.

Hau^{p}ten- *Houten-A^{n}zügli:* entspr. *A. 4b,* Kopfkissenbezug BBöd. (GRitschard); Syn. *H.-Ziech* (Sp. 235, wo Weiteres). — Kampf-A.: wie nhd.; allg.; Syn. *Vier-frucht-Ge-wändli* (Bd XVI 383 u.), auch *Kämpfer* (Soldatenspr.). *Bi dene^n Kampfa^{n}züg g'sieht mer das* [die Zugehörigkeit zu einer *Waffe^{n}gatti^{n}g*] *halt nüme^n,* sagt ein Zürcher. FWidmer 1982, 158. — Kinder-A.: entspr. *A. 4b,* für das Kinderbett. S. Sp. 517 M. (GrFid. Inv. 1731). — Chüssi-A.: entspr. *A. 4b,* für das Kissen; wohl allg.; Syn. *Ch.-Ziech* (Sp. 236). *N. het e^n sëlber'bacheni Züpfen us eme^n wīsse^n Ch.-a^{n}zügli ūs'packt.* HBeyeler 1981, 220. *D' Lī^{n}lachen und d' Chüssianzüg z'säme^n heisse^n d's Bättg'wand.* RMarti-Wehren 1954, 173. S. noch Bd IV 1201 o. (1809, ZZoll. Pfandb.); XVI 392 o. (SBrawand 1977). 1448 u. (ebd.). — Bett-A.: entspr. *A. 4b,* für Bettdecke und Kopfkissen; wohl allg.; Syn. *B.-Ziech* (Sp. 237). *E^{l}sö-n-e^n dreitägegi grössi Wösch, da^s heisst öppis: Am ērste^n Tag, dō chömi^{n}d d' Līntüecher und d' B.-a^{n}zög dra^n.* RStäger 1952, 70. — Deck-bett-A.: Hülle der Bettdecke GrObS.; Syn. *Dechi-A.*, auch *Dack-bett-Ziech* (Sp. 238). *De^{n}wëgg heint š' d' Lī^{n}lache^{n} und d' Teggbettanzigg ine^{n}mittst miesse^{n} z'säme^{n}bietze^{n}.* MEttlin 1992, 135. — Plani^{n}gs-A.: entspr. *A. 5bγ*, Postulat, betreffend eine Änderung der regierungsrätlichen Planung (seit 2008) BsStdt. — Schutz-A.: wie nhd.; allg. bekannt. *Im Hindergrund sege^{n}d d' Lüt vo^{n} de^{r} Spure^{n}sicheri^{n}g i^{n} wīsse^{n} Schutza^{n}züg in'n Chëller abe^{n}g'stige^{n}.* FKauffmann 2014, 88. — Dechi-, Decki- (bzw. *-gg-*): = *Deck-bett-A.* (s. o.); wohl allg.; Syn. *Dechi-Ziech* (Sp. 239). S. Bd XVI 392 o. (SBrawand 1977). 1448 u. (ebd.). — An-züger m.: Anstifter, Anführer; Syn. *An-fänger 1b* (Bd I 860); vgl. *An-zug 5b.* ‚Sonst wüsse er genzlich von keinem anschlag, wiewol er hierin der a. und redlingfüerer gsin.' 1531, B Ref. 1368. — A^{n}-zügete^{n} f.: ‚was zur Kleidung gehört, vom Kopf bis auf die Füsse' Sch (Kirchh.); Syn. *An-zug 4a* (wo weitere). ‚Eine Braut bekommt so und so viel *A.*' — A^{n}-zügi f.: = *An-zug 4b* (Sp. 517), Bettbezug B. *E^{n} früschi A.*, ‚reiner Bettanzug.' Zyro ‚Zum Bericht diene, daß der Vogt ... hinter sich hatt ... ein gantzes Bett ohne A., ist mit einem x von rohtem Türckenfaden bezeichnet.' 1737, BBurgd. Vogtrechn. — a^{n}-zügig: **1.** entspr. *An-zug 1a*, anziehend, anheimelnd, auch verführerisch „Ap; Gl; L; G" (St.); Syn. *an-züglich 1*, auch *zügig* sowie *schleizig 2b* (Bd IX 810). ‚Der geit ist wüetend und das gelt a., wellichs gewonlich diejenigen, so es besitzend, vermeiliget.' Vad. 1, 50; lat. feralis igitur avaritia, illecebrosa pecunia, quae habentes contaminat (Ambrosius). ‚Ich dachte bey mir selbst: O mein Gott, wie ist doch das allte Heimat so a.; wie trachtet doch alles wieder nach Hauß nach seinem Ursprung, daher es entsprosen ist.' 1773, UBrägg. GA. 1, 537. ‚Wer solte es glauben: Von dem schönen Wädenschweil, von den reitzenten Gegenden deß schönen Zürcher Sees weg das rauhe Toggenburg gerne sehen. Ja, sein Vatterland ist gleichwohl auch a., und wen es ein Sibirien wäre. Zudem ist Toggenburg gar kein so rauhes Land.' 1789, ebd. 3, 252. Subst.: ‚Eine herzziehende Wolredenheit hat sich ... recht bey diesem grossen Propheten [Jesus] befunden, gleich ich dann auch keines Wegs zweifle, daß nicht auch in dem Übrigen allen die äusserliche Action des lehrenden Herren Jesu in sich durchgehends was Göttliches und Unvergleichliches, was Magnetisches und A-es werde gehabt haben.' JJUlr. 1731, 850. Wohl i. S. v. motivierend: ‚Imm leeren was er [Zwingli] gar verstäntlich und guot zuo mercken ... im vermanen gar ynbrünstig und a. und imm trösten fast anmüetig und lieplich.' HBull. (Ref.-G.) 1572, 1, 306. — **2.** alt genug, um als Zugtier eingesetzt zu werden, von einem jungen Pferd. S. Bd XI 1220 u. (1655, SchRamsen). — **3.** entspr. *An-zug 5d*, anstössig, angriffig, provozierend oä. ‚Wan sich ... Handwerckspen zwüschen Personen ... zuetragen wurdent, das alsdan keiner den anderen frävenlich nüt solle heißen liegen oder sonst mit derglichen bösen, a-en Worten nit antasten [usw.; später:] So man die Parthyen, welliches dan solliches antreffen wurde, hieße uffstan, sollend sy von Gehorsamme und der Meysteren Straff ze vermyden, Frydt halten und uffrüeriger, a-er Worten nit gebruchen.' 1604, B StR. 8, 477. S. noch Bd VIII 1239 M. (1550, Z RB.). — **4.** nasskalt, vom Wetter Schw (ä. Angabe); Syn. *an-züglich 3.* — **5.** ‚bettelhaft Ap; GRh.' (St.^{b}); Syn. *ab-z. 3*, auch *bruederig* (Bd V 424, wo ein weiteres). — Mhd. *anzügec;* vgl. Gr. WB. I 530; ^{2}III 118; ChSchmidt 1901, 15; Ochs WB. I 66; Fischer VI 1526; Frühnhd. WB. I, 1622. — a^{n}-zügli(ch): **1.** entspr. *An-zug 1a*, anziehend, attraktiv; Syn. *an-zügig 1* (wo weitere). ‚Worin mag denn auch wohl das Anzügliche der Gemsenjagd bestehen?' Alpina 1807, 151; ähnl. 160. S. noch Bd II 183 M. (Gotth.). ‚Endlich verziehe den anzüglichsten Grund [mich zur Frau zu nehmen] zuletst anzubringen, endlich gedenken wir Eltern zu werden.' 1767, HPest. (Briefe) 1, 181 (ASchulthess an HPest.). — **2.** anrüchig, ungebührlich; j. verbr.; Syn. *an-zügig 3*, auch *ge-spässig 2a* (Bd X 516, wo weitere); *un-wësenlich 1a* (Bd XVI 1884). *Teil vo^{n} dene^{n} Soldäte^{n} grüesse^{n} di zwöi mit G'späss, teil aber o^{uch} a.* WMarti 2001, 343 (BS.). ‚Mancher edle, hochherzige Vaterlandsfreund, der auf einem Zeitungsbesen ... hoch in die Lüfte zu den Sternen empor und dann in ein schönes Amt geritten ist, wo er jetzt steht ... könnte sonst [bei meiner Presse-Schelte] meinen, ich rede A-es, und mich ... verklagen.' Gotth. (Hunz.-Bl.) 2, 142. ‚*A. rede^{n}*, versteckt beleidigend sprechen' GlEngi (HMarti). — **3.** ‚nasskalt, frösteln machend', vom Wetter GlEngi (HMarti); Syn. *an-zügig 4.* — Vgl. Gr. WB. I 530; ^{2}III 118; Schm.^{2} II 1098; Frühnhd. WB. I 1623. — An-züglichkeit f.: entspr. *an-züglich 1a*, Ausstrahlung, Anziehungskraft; vgl. *An-zug 1a.* ‚Er [Jesus] predigte mit solcher A., die seine Zuhörer als entzuckete.' JJUlr. 1731, 856. — Vgl. Gr. WB. I 531; ^{2}III 119; Schm.^{2} II 1098; DRWb. I 800.

Ī(n)-:

1. Bewegung in etw. hinein, auf etw. zu
   a) Ankunft
   b) Zuzug in eine Gemeinde
   c) Bezug eines Hauses, einer Wohnung
   d) feierlicher Ein-, Umzug, Prozession
   e) Eintritt in einen Stand, eine Position, ein Amt
   f) Anlauf
   g) Qualifikation für eine Finalrunde
2. ungebührliche Zusammenkunft, Gelage, Bordell
3. Runse bzw. auch das zugehörige Einzugsgebiet eines alpinen Grabens oder einer alpinen Schlucht
4. in einen Raum ‚eingezogenes' Bauelement, Überdeckung, Einwölbung
5. im Geldverkehr
   a) Inkasso von Geld, Gebühren, Abgaben, auch Sachwerten
   b) Ertrag
   c) Steuer, Abgabe beim Zuzug an einen Ort und bei der Aufnahme ins dortige Bürgerrecht
6. mündliche oder schriftliche (Meinungs-)Äusserung
   a) Widerrede, Einwendung, Einspruch
   b) Winkelzug, schlaues Argument, Ausflucht
   c) Vorbemerkung
   d) Einbezug, Berücksichtigung
7. Heftlade des Buchbinders
8. Einfädelung des Schussfadens auf die Spule des Weberschiffchens bzw. der Faden selbst
9. eingerückte Zeile
10. Vorrichtung zur Zuführung von Papier bei Druckern, Kopiergeräten

1. entspr. *Z. 2*, Bewegung in etw. hinein, auf etw. zu. **a)** Ankunft, meist in verbalen Fügungen. *Ī. fīre^{n};* s. Bd XIII 1791/2 (BWyss 1863). *Ī. halte^{n}, ha^{n}*, wie nhd. Einzug halten, anfangen, beginnen; verbr., jedoch nicht recht ma. *Öppe^{n} um 1950 ume^{n} het dō ou^{ch} z' Ufhūse^{n} d' Motorisieri^{n}g Ī. g'ha^{n}.* LGehrig-Grob 2005, 66 (LH.). *E^{n} Jōr* [nach dem ersten Treffen] *häd si als Frau^{w}* [des Wirts] *im Stērne^{n} Ī. g'chalte^{n}.* PEggenberger 2014, 93 (ApK.). I. S. v. Zulauf; vgl. 2. *Wo-n-i^{ch} vierzēche^{n} Tag spēter wider uf d' Dürre^{n}tanne^{n} bi^{n}, isch^{t} gar e^{n} grüslige^{r} Hüffe^{n} Volch ufe^{n}cho^{n}. Das het Ī. g'gē^{n} i^{n} dēm Hüttli, mi^{n} het si^{ch} nume^{n} müesse^{n} frāge^{n}, wō die Lüt alli chönn lige^{n} und sī^{n} i^{n} dēm chlīne^{n} Zündhölzlitruckli inn.* EBalmer 1923, 184. S. noch Bd XII 840/1 (1670, ZDüb.). — **b)** Zuzug in eine Gemeinde. S. Bd XIV 1210 M. (1787, Z Rq. 1910). — **c)** Bezug eines Hauses, einer Wohnung; Gegs. *Ūs-z. 1aα;* allg. *Due* [als das Haus renoviert werden sollte] *hent š' Ī. g'chalte^{n} in 's Tachlihūs mit Chind und Chegel und au^{ch} allne^{n} Tierli.* IStoffel-Schmid 2012, 24. ‚Wann ein toggenburgischer Landmann ... ein Haus oder Guet aigentumlich an sich bringete, solle er wohl darauf ziehen mögen, jedoch vor den Einz. zwölf Gulden zue bezahlen schuldig seyn.' 1760, G Rq. 1906, 65. — **d)** feierlicher Ein-, Umzug, Prozession; wohl allg.; Gegs. *Ūs-z. 1aβ;* vgl. *Um-z. 1. Mer het de^{n} ēre^{n}würdig Herr Bischof sëlbverständtli^{ch} mit de^{r} Musig empfange^{n}, und de^{nn} het 's de^{nn} en Ī. g'gē^{n} i^{n} d' Chil^{ch}e^{n}.* LGehrig-Grob 2005, 77. ‚Als dann ein Mißbruch yngerißen der Dienern halb uff den Ynzügen uff den Jarstagen, so m. g. H. Rät und ie ab dem Rathaus in s. Peters Kilchen und wider daruß uf s Rathus zühent, das sich nit allein m. g. H. Diener, so der Stadt Farben tragent, sondern ouch andre ... mitgezogen [usw.].' 1602, L StR. 2012, 131. ‚[1500 Berner, geschickt zur Verteidigung Basels gegen die Engländer] thaten zu Basel so wackeren Einz., daß manchem vor Freuden die Augen übergingen.' JGross 1624, 48. — **e)** Eintritt in einen Stand, eine Position, ein Amt; Syn. *Ūf-z. 2c,* auch *Īn-tritt 1c* (Bd XIV 1519, wo ein weiteres). ‚Wir ordnend und setzend auch, daß wann wir, der klein raht, ein undervogt in unßern innern vogteygen erwehlend und derselbig erstmals daß stangengricht besizt, so solle den richteren von demselben ein bescheidenlicher abendttrunkh zum ynz. ze nemmen, zuogelaßen und gestattet werden.' 1564, Z Gerichtsb. 216. — **f)** Anlauf WGräch.; Syn. *An-z. 1b.* [Ein Bär hat] *wie wilte^{r} mit de^{n} Pratzu^{n}* [auf einen jungen Stier] *lösg'schlagu^{n} ... D's Stieggi aber ist 'mu entwitscht und ist z'rugg ga^{n} Ī. në^{n}. Im Schuss ist es wider uf d's Röubtier züe g'liffu^{n}* [und hat dieses getötet]. RWalter 1984, 32. — **g)** Qualifikation für eine Finalrunde. Sportspr. *De^{r} Halbfinal ... um de^{n} Ī. i^{n} de^{n} Dame^{n}-Final isch^{t} hüt ... e^{n} klāri Sach g'sī^{n}* AaWett. (Internet).

2. ungebührliche (halb-)private Zusammenkunft (mit verbotenem Ausschank), Gelage in schlechter Gesellschaft, auch (inoffizielles) Bordell Bs (Seil.); B (ä. Angabe); Sch (Kirchh.); S (JHofst.); Z (Dän.); Syn. *Zue-z. 3b;* vgl. *Lueder-Winkel* (Bd XVI 691). ‚*Ī.* nennet man die heimliche Zuflucht, welche man Dieben, Huren und anderem so schnöden Gesinde in seinem Hause gibt, dergleichen *Ī^{n}züger* oder *Ī^{n}zügerinne^{n}* gemainiglich zu öffentlicher Kirchenbusse und ewiger Gefangenschaft in dem Zuchthause oder zu dem Staupbesen und ewiger Landsverweisung verurteilt werden.' Spreng (Id. R.) 76. ‚Barbara und Appenli Schwitzgäbel uss der Louwenen waren beschickt worden wegen des Y-s und Abendsitzes.' 1633, BGsteig b/Sa. Chorg. ‚Wie ein Schuelmeister in seinem ganzen Leben und Wesen ... auch in der Kleidung sich ehrbarlich halten, aller Ihnzügen deß jungen Volks, die Trink- und Spillheuser und alle andere verdächtige Art ... myden soll.' 1652, ZWäd. ‚[Maria Brunner ist] verbotten worden, theils nit mehr in Hauben und Tüechli z Kilchen z kommen wie andere ehrliche Weiber, dan es sig ein Huer. Theils aller I. in sinem Hus von Meitli und Bueben zuegleich oder Bueben allein tags und insonderheit nachts by einem Thaler Buess.' 1672, BLeiss. Chr. 2, 101. ‚Es erschine auch N. ... samt ihren zwey Töchteren, dass in ihrem Haus ein nächtlicher Einz., da gspihlt, gyget werde, erst samstags znacht vor der Fassnacht gsin.' 1746, BGsteig b/Sa. Chorg. ‚Die Aufseher jeder Gasse mußten bey der geringsten Spur eines unehrenvesten, abwechselnden Einzugs von jungen Leuten im Haus einer erwachsenen Person ihrer Verwandtschaft die Unordnung und Unehrenvestigkeit ihrer Aufführung anzeigen.' HPest. 1787, 316. S. noch Bd IX 1143 M. (1523, Strickler); XI 1693 u. (1612, BSa. Chorg.); XV 390 u. (1751, BLau. Chorg.). *(En) Ī. ha^{n}* uä., zweideutige Zusammenkünfte oder Gesellschaften veranstalten Bs (‚ein schlechtes Haus halten.' Seil.); B (ä. Angabe); Sch (Kirchh.). *Si het en Ī.* Seil. (hdschr.). *En Ī. ha^{n},* ‚liederliche Leute an sich ziehen'. Kirchh. ‚Das ich [der Probst zu Embrach] von disem tag hin ... in minem hus weder tags noch nachts mit frömden noch heimschen keinerley gastung noch i-s haben noch bruchen sol.' 1506, Z. ‚Die kuppler und so inzüg hend', sind zu bestrafen. 1529, B Ref. 1115. ‚So sy [der Geistliche und seine Hauswirtin] win schenken wöllen, sollen sy den win für die thüren hinaus geben und gar kain i. in irem hus haben.' 1541, Sch Chr. 4, 179. ‚N. bschickt, von wegen das er täglichen Ynz. der Knaben am Sontag mit Spillen ghan.' 1633, BHind. Chorg. ‚Anna Lugibüell ... welcheren verwyssen worden, warumb sie jetzunder schon bald ein Jahr einen nächtlichen Einz. gehalten, also dass etliche Buben zur Thür eingangen, etliche aber zum Pfensteren eingestigen.' 1683, BLeiss. Chr. 2, 103. ‚Margreth Matti citiert, weil sie, nachdem das Wirthshauss an Sontagen zu besuchen verbotten, einen merckliche Einz. habe und viel Wein bey ihr getruncken werde.' 1697, BGsteig b/Sa. Chorg. Mit Adj. der negativen Charakterisierung. ‚Die alte huor Gertrud hat ein wüesdten i. und näst in der Sandtfluo.' 1517, B. ‚So denne, lieber N., als wir hievor ein mandat der huory, eebruchs usw. halb haben ussgeschickt und in demselben den cuplern und denen, so unerber i. halten, leystung ufgesetzt und aber by dir kein leystung ist [so büssen wir dich].' 1529, B Ref. 1114. ‚N. gefragt worden, ob er nit by der Mass Wyn ussgebe, item der habe einen liederlichen Y. in seinem Haus mit liederlichen Zapfen.' 1646, BGsteig b/Sa. Chorg. ‚Adam Brandt [wird] beklagt, dass er einen liederlichen und bösen I. mit verdächtigen Personen gehabt.' 1660, ebd. ‚Johanne Fehr aus dem Zürichgebiet haltet sampt ihrer Schwester schier ein Schlupfhaus und einen unanständigen Einz., ja wüste Kublereien.' 1692, BSa. Chorg. ‚Es solle auch auf diejenigen Häuser, welche leichtfertige Einzüg halten, genau vigilirt und die fehlbar Erfundene ernstlich gestraft, diejenige unzüchtige Weibsbilder aber, die sich bezahlen lassen oder offentlich prostituiren, als erwiesene Prostibula angesehen und als solche bestraft werden.' 1747, Bs Rq. 1, 999. S. noch Bd X 782 o. (1644, Aar. RM.); XVI 691 M. (1749, Sch Chr.); Sp. 519 M. (B Satzungenb. XV.).

3. Runse bzw. auch das zugehörige Einzugsgebiet eines alpinen Grabens oder einer alpinen Schlucht. ‚Inzüge bedeutet einspringende Winkel in den Berghalden oder Schluchten, wo der Lauinenschnee und die Gewitterregen zusammenstürzen.' Kasth. 1829, 151. ‚Überall, wo ihr in unseren Alpenthälern große Verwüstungen von Bergwassern seht, da werdet ihr auch in der Höhe entwaldetes Gebirg sehen und Inzüge oder Schluchten, wo die Bergseiten zerrissen sind, und steile Halden, von denen der Wald verschwunden ist, wo darum immer Erdbrüche niederfallen, die den Abfluss der Gewitterregen in der Tiefe des I-es verhindern. Dann schwellt sich das Gewässer im I. auf, bricht durch und verbreitet sich mit Erdschlammlauinen und mit fortgerissenen Steinen und Felsstücken über die Güter.' ebd. 1828, 46. ‚Der Umfang der Grundlawinen ist ebenso verschiedenartig wie derjenige der Staublawinen und richtet sich hauptsächlich nach dem Einzuge, welchen der sammelnde Graben hat.' Alpenw. 2, 94. ‚Eine … Art von Bann- oder Schutzwälder sind auch diejenigen Aufforstungen, welche mittelst Verbauungen an steilen Abhängen von Bachufern und an den sog. Einzügen der Wildbäche, im Quellengebiet derselben angelegt werden.' ebd. 7, 52.

4. in einen Raum ‚eingezogenes' Bauelement, Überdeckung, Einwölbung oä.; vgl. die Anm. ‚Was da [im Jahr 1495 am Münsterbau in Bern] werkmeister Erhart Küng, ein niderländenscher Westväler, zuom bild- me dan zuom buwwerk geschikt, wie ouch das von im gemacht gross portal und des buws i. anzeigend.' Ansh. 2, 29. ‚Diss jars [1506] uf den 7. tag september haben die werkmeister von Zürich und von der stat und stift Basel, harzuo beschikt, s. Vincenzen buw besichtiget, und ufzefüeren geraten, wie man sicht, ob dem andren umgang des turns i., doch on abheben, vom ougschsburgschen werkmeister, in nachgendem jar beschikt, lassen bliben.' ebd. 429; zum begonnenen und dann nicht eingezogenen Gewölbe im oberen Turmviereck; vgl. B KD. Stdt 4, 34 ff., vor allem 38/9 (Anm. 6) und 40 (Abb. 21 mit Gewölbeanfängern).

5. im Geldverkehr. **a)** Inkasso von Geld, Gebühren, Abgaben, auch Sachwerten Bs; GrGrüsch; GWe.; SchR. *‚Er isch^t uff ^{d}im Ī.*, zieht die Geldbeiträge ein.' Seil. *N. wär e^{n}mäl für d's Schloss üs uf den Ī.* ABüchli 1958, 185 (GrGrüsch). *Z'letst hät me^n dänn der Ī. g'macht, dänn hät er 's chönne^n hei^{m}në^n*, näml. die Entschädigung für das Hüten der Ziegen. PHugger 1964, 134. ‚Zuo des umbgelts i. sollen alweg zwen erber man und geschworen burger von vogt unnd den räten gesetzt werden, die söllen von zapfenwirten, wann sy ußgeschenckt hannd, von däferwirten alle fronvasten, das umbgelt styf innziehenn.' ZElgg Herrschaftsr. 1535, 355. ‚Undervogt zuo Oberwinterthur schryben, das myn herren inn der rechtsüebung zwüschent Hoffman und Ryman verstanden, wie liederlich man mit dem i. der kilchengüeteren syge, dann derselbig spann daher erwachßen, das man inn 7 jaren nie dhein zins inzogen.' 1565, Z RM. ‚Wann ein Mann oder Wybspersohn … ohne Lybserben absturbe und kein Testament uffgerichtet hette, so erbt ein Vogt von unßertwegen desselben fahrend Gueth, jedoch solle ein jewyliger unßerer Vogt mit dem Ynz. nit vorzuylen … haben.' 1668, JCZupp. 1894, 53. ‚Der Bauwzahler und Inzieher zum Bauw soll schweren … die Wercklеüht und andere Taglöhner … nach dem Wuchenzedel ordenlich zu bezahlen, [alles Material] ordenlich einzuschreiben und seiner Zeit dem I. deß Außstanndts fleißig abzuwarten.' G StB. 1673, 369. ‚Der Seckelm[ei]ster Georg Schmid sich des Weg- oder Fuhrleithegelts und Einzugs entmüßigen, und der dißmahl erwöhlte Fuhrleither … den Eyd lauth Verordnung prästiren und ablegen solle.' 1746, G Rq. 2013, 1070. — **b)** Ertrag PPo. (WB.); Syn. *Ge-wërb I 1c* (Bd XVI 1102, wo weitere). ‚Volgt Rechnung des … Hans Stockalpers, Landvogts zue St. Möritzen, fyr das nachgender Jar seiner Amptsverwaltung: Erstlich der ordenlich I. nach Abzug des alten Inkomens ab Saviesy … der I. in Bagnis [usw.].' 1605, W Absch. 9, 45; ebd. öfter. — **c)** Steuer, Abgabe beim Zuzug an einen Ort und bei der Aufnahme ins dortige Bürgerrecht oder bei einem Eigentumserwerb an einem fremden Ort AaAarb. †; Z †; Synn. *Īn-z.-Gëlt* (Bd II 274); *Īn-Chauf* (Bd III 165); Gegs. *Ab-z. 4d;* vgl. *Īn-z.-Brief* (Bd V 497). ‚Jeder Einkäufer ist verpflichtet, einen Einz. zu bezahlen in das Armengut, das Schulgut, das Kirchengut, das Gemeindgut (Bürgergut) der Bürgergemeinde nach Inhalt ihres Einzugsbriefes.' Z Gemeindegesetz von 1855, § 90. *‚Ī^{n}chouf (Ī.) zale^n* [für die von auswärts stammende Braut] war früher in den umliegenden Dörfern Aarburgs üblich.' ASV. II Komm. 436. ‚Ein frömbder, so weder er noch sin wib von hinnen sind und ein mal iren inzüg [l. ‚inzug'] gebend und wider hinwegzühend, wil der wider harzühen, sol danne den halben theil geben.' 1536, Aar. StR. 201. ‚Wöllte die gmeind Rorbas in nit annemen, sonders müeßte er vorhin glich wie ein ußsässer den i. geben.' 1557, ZKyb. ‚N. von Winterthur sol der burgerschaft daselbs von des intzugs wegen … 5 soum des besten wins von miner herren wegen schenken und zuo ferer vererung geben.' 1558, Z RM. ‚[Zwei ehrbare Männer aus der Gemeinde] sollen den besagten Einz. einnemen und dann das empfangen Gelt halb der Oberkeit und halb der Gemeind … ordenlich zuestellen.' 1614, G Rq. 1906, 303. ‚[Es soll] ein jeder Frömbder, der nit in unser g. H. Landtschafft säshafft, so ein Guett im Ambt Weggiß khauf- oder erbswyse an ine kombt, [diesem] von jedem Hundert Guldin 2 Guldin Ynz. … bezalen.' 1630, LW. Rq. 151. ‚So ein Gmeindtsgnoß ein Person auß einer andern Gmeindt heürathen will, solle er für sie der Gmeindt zue rechtem Einz. oder Einkauff vor dem Hochzeit bey Verliehrung seiner Gmeinrechten geben und bezahlen fünffzechen Gulden.' 1759, G Rq. 2013, 1122. ‚Wan einer [von ‚außert der Nachbarschafft Lortzen'] in der Nachbarschafft Lortzen zu Lehen oder zu Hauß wäre, der solle einen Gulden Einz. und einen Gulden Außzug bezahlen.' 1761, Zg Rq. 756. S. noch Bd VII 1758 u. (1581, Z RM.); XIV 1423 u. (1619, Zg Rq.); XVI 336 M. (1558, Z Rq. 1915). 1095 u. (1777, G Rq. 1903). ‚Gewonlicher ī.' ‚So jemands under sy züge … der sol der pursame den gwonlichen i. gäben.' 1561, Z Rq. 1910, 142. ‚Erclagt sich gemelter anwalt der unnsern von Sanngans … das sy inn irer statt keinen zuo burger uff- unnd annemen mögen, es sye dann sach, das innen dersälbig angnem unnd gfellig unnd bezalle innen zevor das burgkrecht unnd gewonlichen inntz.' 1570, G Rq. 2013, 616. ‚Wenn … einer syn huß und heim gegen einem frömbden ussert-halb der gmeind verkouffte und also einen andern inher satzte, der sölle … uß der gmeind züchen, ee der köüffer ynhin zücht, es were dann sach, daz er in der gmeind widerumb eigen und erb erkouffte ald überkeme und darzuo den gwonlichen ynz. zalte.‘ 1591, Z Rq. 1915, 93. In okkas. Zss.: ‚Was ... für Volk, Wyb- oder Mannspersonen ... zue inen ze züchen inwillens ... der oder dieselbigen ... sölle schuldig, pflichtig und verbunden syn, den gewonlichen Dorfsynz. ... zue bezallen.‘ 1600, G Rq. 1906, 292. Im syn. Kompositum Ī.-Gëlt. ‚So ... jemandt uss der statt Lucern emptern erboren ist und zum hindersässen angenomen würdt, was der sölle zuo ynzzuggellt geben, das sol stan an eines rhats bescheidenheit.‘ 1575, L StR. 2012, 72. ‚Und sol minem gnedigen herren das intzuggelt ouch halb und das ander halb tail ainer gmaind zuodienen.‘ 1590, G Rq. 1906, 253. ‚Wir, Burgermeister und Rath der Statt Zürich ... woltend ... sy [die Gemeinde ZBub. in dieser Angelegenheit] ihr aller Nutz, Nothurfft und Anglegenheit betrachten und zue Schirmb des Kirchenguets sy mit einem geringen Ynzuggeltli wie andere benachbarte Gmeinden und Kilchhörinen in unser Landtschafft mit Gnaden bedencken.‘ 1659, Z Rq. 1915, 177. ‚Wann einer in das Dorf Müeselbach einziehen wolte, er möchte sich nun einkaufen oder einweiben oder daselbsten zu Haus seyn, der solle an barem Gelt fünf Gulden Einzuggelt ... schuldig seyn.‘ 1759, G Rq. 1906, 309. S. noch Bd VII 1349/50 (1605, Gfd).

6. mündliche oder schriftliche (Meinungs-)Äusserung; vgl. *An-z. 5.* **a)** Widerrede, Einwendung, Einspruch, von b nicht immer sicher zu trennen; Syn. *Für-z. II 2a,* auch *Schirm 2d* (Bd VIII 1291); *Īn-trag 1* (Bd XIV 418); *Īn-wurff 1b, Gegen-wurff c* (Bd XVI 1437. 1440, wo ein weiteres); vgl. *Üs-z. 12a.* ‚Wiewol war ist, das etzlich under minen herren, den edlen oder allgemeinlich, sich darwider gern gespertt und gesetztt hettent, so wart es doch nach verlouffnen sachen und nach vil inzügen beschlossen wie obstatt [usw.].‘ Tschachtl. 431. ‚Als wir nun sölichs von beiden teilen mit vil mer worten, inzüg und umbständen ... vermerkt ... haben wir nach verhören des alles geordnet und angesächen.‘ 1517, Aar. StR. 179. ‚Herr pfarrer! Ir hand nun zuo dem guoten teyl wol verstanden, wie das üwere ynzüg und gegenwürff, uß der gschrifft gthon, mit der geschrifft umbgstossen und abweg geleit sind.‘ Zwingli 2, 758. ‚[Man konnte sehen, dass] apt Uolrich ... nünt underließ, damit er unser statt by aller umligender landschaft mit unwarhaften, hässigen und uffsätzigen inzügen verunglimpfte und die sinen gegen üns zuo widerwillen brächte.‘ Vad. (2010) 687. ‚So man inn [Luther] (ouch die andern sinsglichen) erfragtt und entscheids begärt, ir wirrwärr und selbsirr, und man alls von Rom fragtt oder umm wyß, antwurtend sy von Mentz und schwartz mit vil wortkampf, i. und unglegnen meynungen, nienen dahin dienlich.‘ Salat, Ref.-Chr. 90. ‚[Die Täufer argumentieren, ‚daß die predicanten nit söllind ... besoldungen von irem ampt empfahen‘; später:] Das lassend wir aber hie faren und antwortend uff die ynzüg der widertöuffern uffs allerkürtzest also [es folgen die Gegenargumente].‘ HBull. 1561, 91r. ‚Lieber, was manglet söllicher inzügen und gägenwürffen der yetzigen römischen synagog, diewyl das heilig uns ... allein im lyden und bluottvergießen Jhesu Christi ... anzeiget [ist].‘ PSchuler 1571, 470/1. — **b)** Winkelzug, schlaues Argument, auch Ausflucht, von a nicht immer sicher zu trennen, häufig neben Sinnverwandtem; vgl. *Üs-z. 12b.* ‚Deßhalb, lieben und guoten fründ, sechent ir ougenschinlich, mit was witschweipffenn worten, ouch unnützen meinungen ... die bemelten NN. jetz abermalen umbgand und üch helgent unnd müeygint. Schlechtlich unsere herrn lassent sich sollich i. und reden nüdt irren.‘ 1527, Täuferakt. 1952, 241. ‚Diewyl diser rechtzhandell zwüschend den 9 orten und denen von Zürch wol dient allklich zuo schryben und begryffen, zuo berichten der selzamen inzüg, fünd, list und ufsatz der Zürcher [usw.].‘ Salat, Ref.-Chr. 319. ‚Und darnach der übeltheter antwurt, darnach muoss man handlen, als wan er lougnete oder ander inzüg dethe.‘ um 1540, Aa Rq. 1927, 66. S. noch Bd X 1114 u. (1529, G RB.); XIV 364 o. (Ansh.). In der Formel ‚āne (alle, fürer, wīter) īnzüg‘ uä., ohne Nebenabsichten; Syn. ‚āne Gefār‘ (Bd I 879 o.). ‚Daby weltenn si yetz und hyenach bliben on witer inzüg und füro weygren und appellieren.‘ 1514, AaMell. StR. 350. ‚Also sol diser span zwüschen den ... parthyen in crafft ires vertruwens hingeleit, gericht unnd betragen sin, dabi ouch ane fürer irrung unnd inzüg beliben.‘ 1517, Aa Rq. 1923, 450. ‚Es sollend ouch alle zyt ... die partien ... fürderlichen handlen. [Wenn aber] ains verdachts oder ratpflegens not wurd, der soll inen allweg zuogelassen sin, [jedoch nur wenn] in monatsfrist die urtail zuo usspruch und fürgang kumme, on all ander inzüg und geferden.‘ 1527, Absch. 4, 1a, 1514. ‚Der pfarrer söl das wort Gottes ān alle inzüg klerlich ferkünden.‘ 1529, B Ref. 1204. ‚N. were ouch dieselbig nacht by ir glägen, dann er seyte offentlich, so war Got am krüz ist ghangen, so war bist myn eewyb ... so sölle er sy on alle mittel und i. zur ee haben.‘ 1541/3, Z Eheger. — **c)** Vorbemerkung. ‚Wiltu Got etwas ufopfren, opffer im dinen hochmuot uf, veracht dinen namen, din hab, din sel, das ist: dich selbs ... Dis hab ich zuo einem i. geton, damit mengklich verstand, was das wort ‹ufopfren› eigenlich bedüte.‘ Zwingli 2, 130. — **d)** Einbezug, Berücksichtigung. ‚So dann ouch gar noch alle prognosticaciones und warsagungen zamentlich concordierend und meldend, das sich diser abfal im glouben unser widerwertikeytt und ellend enden söll im 35sten jare ... Meinte aber jemand inzüg der prognosticacionen der history nit gemäs syn, sunder solt ein history allein geschichten in iro hallten, sag ich [usw.].‘ Salat, Ref.-Chr. 38.

7. Heftlade des Buchbinders; Syn. *Bind-Lad* (Bd III 1058). ‚Glichvaalß hat ich [neben dem Schreinerwerkzeug] auch mein eignen buochbinderwerckziig; mein vater ließ mir von neiwem machen ein i., pressen und beschnidthobel, wie ich dan zimlich biecher binden kenen.‘ ARyff 1592, 49.

8. Einfädelung des Schussfadens auf die Spule des Weberschiffchens bzw. der Faden selbst, Querfaden im Stoff GrObS., Pr., S., Sern., Ths; TB.; WFerden, G., Mattertal, Oberw., Saast., Termen, Vt.; Z; Syn. *Z. 5aδ,* auch *Īn-trag 4* (Bd XIV 420); Gegs. *Zettel.* ‚Die Fäden, welche saitenartig auf dem Webstuhl befestigt werden, heissen *Zettel,* und das Garn, welches in die Weberschiffchen kommt, ist der Einzug = *Ī.*‘ GrThs. *Für der Wiberi*[n] *an der Stüedle*[n] *ist d's Schiffli und in d' Axe*[n] *vam sëlbe*[n] *es Spüeli mit anderm Garn ... īng'stellt. Das ist der Ī., d's Garn uf* [d]*em Wëberbomm aber der Zettel.* AfV. 6, 87 (GrPr.). S. noch Bd X 194 u. (GrS.). Mit Bez. auf die Qualität des Garns; s. Bd XVI 1366 M. (WFerden). *(U*[n]*-)G'rade*[r] *Ī.,* ‚das Durchziehen der Zettelfäden durch das *G'schirr* des Webstuhls, wenn man für den ersten Faden einen Harloffen (*Hār-Lauffen* Bd III 1142) vom hinteren Flügel (*Flügel 2* Bd I 1181) und für je einen folgenden Faden einen Harloffen vom darauf folgenden Flügel nimmt, bis der Zettel ganz eingezogen ist. Wenn aus irgendeinem Grunde von dieser Reihenfolge Umgang genommen wird, spricht man von ungradem *I.*' Z (ä. Angabe).

9. eingerückte Zeile. DRUCKERSPR.

10. Vorrichtung zur Zuführung von Papier(-Bogen) bei Druckern, Kopiergeräten udgl.; j. verbr.; Syn. *Papīr-Ī.* — Mhd. *īnzuc;* vgl. Gr. WB. III 358; ^{2}VII 1163; Ochs WB. I 670; Jutz I 709; Allgäuer 501; Schm.^{2} II 1098; Fischer II 668. 669 (,Einzuggeld'); DRWb. II 1499. 1500 (,Einzuggeld'); Frühnhd. WB. V 2519. 2521 (,Einzuggeld'). Bed. 4, die einzig auf der Basis der beiden Ansh.-Belege vorgeschlagen wird, ist nicht (als einheitliche Bed.) gesichert; die Stellen werden in der bauhistorischen Fachlit. kontrovers diskutiert.

San^{kt}-Niklaus- *Samichlais-, -glais-Ī.:* feierlicher Einzug des St. Nikolaus ins Dorf NDW (Niederberger); OBW (Imfeld); vgl. *Sankt-Niklaus-Um-z., -Üs-z., Sankt-Niklausen-Z.* — Papīr-Ī.: = *Ī. 10.* (s. o.); j. verbr. — Ī^{n}-züger m., Ī^{n}-züger i^{n} f.: **1. a)** entspr. *Īn-zug 1b,* Fremder, in ein Gemeinwesen Einziehender, Zugezogener; Synn. *Īn-zügler, -züglíng.* ,Weil Bettwil mit fremden Einzüglingen beschwert sei und dadurch großen Nachtheil in Holz und Feld … erleide, so hat inskünftige jeder Einz. dahier vor seiner Niederlassung an Obrigkeit und an Gemeinde je fünfzig Münzgulden zu bezahlen.' 1708, AA Weist. 126. ,MgH. haben die bestimte Summ der Einzügen darum gut geheisen, weil diß Orth Hutwyl mit schönen Allmenten … versechen [ist]. Nun können die Einzüger sowohl Bauren als Tagwner seyn.' 1771, BE. Rq. 734. ,Der neüwen Einzüger Eyd, so ihr Glübd noch nicht gethan haben [Überschr.; dann:] Die neüwen Einzüger schweren, meinen [des ,rechten Zwingherren'] Nuz und Ehr zuo fördren und Schaden zuo wenden [usw.].' 1547, AA Rq. 1926, 231 (Abschr. 2. H. XVIII.). S. noch Bd VII 1350 o. (1697, ZAdlisw. Dorfrecht); XIV 1210 M. (1787, Z Rq. 1910). — **b)** entspr. *Īn-zug 1c,* neu einziehender Hausbewohner BS (Seil.); B (AvRütte 1858). — **2.** entspr. *Īn-zug 2,* wer zwielichtigen Personen einen Aufenthaltsort bietet BS (Spreng). S. Sp. 523 u. (Spreng). ,Die würt aber, so disers unsers ansechen [Verbot der Beherbergung von Prostituierten] überträtten, werden wir nach lutt der satzung, so wir der kuplern und inzüger halb gemacht, strafen.' 1545, BKonolf. Rq. 180. — **3. a)** entspr. *Īn-zug 5a,* Beamter, der mit der Einhebung von Steuern und Abgaben betraut ist BS (Seil.); B (AvRütte 1858); GW.; SL.; Z; Syn. *Īn-zieher.* S. Bd IV 1503 M. (Schild). ,Zedel, so dem intz. des husgelts in der mangi geben sölle werden.' 1532, HCPEYER 1959, 473. — **b)** Figur im brauchtümlichen *Ume^{n}zug* (in Bed. 1) ZO. ,Die einzelnen Wachten veranstalteten ihre *Ume^{n}züg.* Sieben bis acht Knaben tun sich zusammen und wählen einen Hauptmann, einen Leutnant und einen Fähnrich. Die übrigen bilden das Heer, vertreten durch ein bis zwei Schützen, Tambouren und Pfeifer, einen *Bielima^{nn}* und einen Einz.' HBROCKMANN 1929, 112. ,Der Zug bestand aus je einem Hauptmann, Fähnrich, Zimmermann, Tambour, Pfeifer, Einz., Schreiber und zwei Schützen mit Pistolen.' GPETERHANS 1922, 264. — Vgl. Gr. WB. III 359; Ochs WB. I 670; DRWb. II 1500; KMeyer 2006, 113; HFenske 1973, 239. — Īn-zügig: **1.** fällig, von zu bezahlender Geldschuld; vgl. *Īn-zug 5a.* ,N. hatt … geben 200 g[ulden] i-er schuld uff Margrett Pfisterin huß inn der altten statt.' 1590/1612, ZG StMich. JzB. (Gfd 109) 133. ,Zwüschent Melchior Erler unndt Hanss Peter Schindler habendt min gnedige Herren erkhennt, dass Schindler ihmme Erler ein andere guete, i-e Schuldt ān syn Ansprach zeigen solle, dan er bishero gezeiget, unndt diss soll beschechen, ehe er hinwegzüche.' 1629 SCHW Ratsprot. — **2.** zurückhaltend, sittsam; Syn. *īn-ge-zogen.* ,Zedel an die schuol und an die leermeyster, die jugend i. ze halten und zuo zucht und forcht, nit aldo umschweif ze sind.' 1571, B Arch. 16, 646. Vgl.: ,Uff hütigen Tag ist dem Marti Jost sin Ehr und Gwehr, so imme vor etwass Zeit bewüsster Ursachen halber abgenommen worden, uff sin Wol-, I.- und Stillverhalten, einmahl widerumb zuegestelt worden.' 1639, SCHW Ratsprot. — Vgl. Fischer VI 1817. — Īn-zügler m.: = *Īn-züger 1a* (Sp. 529). ,[Abgesandte von Oberhasli bitten uns] inen hierüber ettwas fürsechung [*Für-sëhung b* Bd VII 579] ze thuond, damit sy die frömbden inzügler hinder sich hallten unnd ein gmeine lanntschafft sollichs uberfals frömbder, unbekhanndter oder sonnst den allten lanndtsässen uberlegner lüthen enntladen werden möchte.' 1564, BHa. Rq. 198. ,Auf den 20. Tag Aberell … haben wir, eini ehrsame Gemeind im Gfän, mit einhelligem Meehr erkant, das wann ein jewiliger neuer Einz. ihn die Gemeind zeuhen wil, so solle er zuvor der Gemeind ein Feührkeubel zustellen.' 1756, ZGfenn. — Īn-zügling m.: = dem Vor. ,A. und B. [wenden ein] wie sy in namen der tagnowern und inzüglingen in recht erschinind, und beschwarten sich, das sy so vil geben und thuon sölten und müeßten als andere die, so vogtbare güeter hand.' 1550, Z Rq. 1910, 504. ,[Der] gmeinen pursamme [wird gestattet, dass wenn] ein frömbder, der ußerthalb dem bezirck der Eydgnoßschaft erporen wäre, durch sy mit unser verwilligung, die sy und der i. zuovor erwerben söllend, zuo dorffsäß angnomen wirt, derselb sölle gmeiner pursamme [eine gewisse Summe] bezalen.' 1587, B StR. 5, 73. ,Ze letst söllend alle die, so intzügling sind, uf dem nechsten jargricht ingeschriben werden, und dann von jar ze jar allwegen an deren jargrichten.' 1590, G Rq. 1906, 254. ,Eß soll auch ein jeder, der zue unnß ziehen will … 5 Gulden Einzug geben. Item soll diser Einzüglig Bürgschafft, Wort undt Werkh zeigen, auff daß man gnuegsam versicheret seye in Fahl, daß solcher unnß im Holtz oder Feldt oder Nachparschafften Schaden thäten.' 1681, ZG Rq 1035. ,Warum sollte dann ein solcher Einz. das Einzuggeld nicht demjenigen Seckel bezahlen müßen, der im Fall der Verarmung ihn erhalten muß?' 1760, BE. Rq. 713. S. noch Bd X 1081 M. (HBull. 1572); XI 1454 u. (1573, Z RB.); XVI 1095 u. (1777, G Rq. 1903). 1901 M. (1543, ZSchwam.); Sp. 529 M. (1708, AA Weist.). ,Frömbde (und) īnzüglinge' uä. ,[Wir haben in] unser stattrecht uffgenomenn, das wöllich unser burgeren oder hindersässen sollich frömbd inzüglig in ire huser züchen, si behusen, und si dann kind, so nit erzogen werden möchten, verlassen, das dann die, dero die huser und güetter sind, dieselben kind āne unser statt beschwärd haben und erzüchen söllen.' L StR. um 1480, 509. ,Satzung und ordnung der inzüglingenn unnd frömbden halb.' 1534, B Satzungenb. XV., 437. ,[Die Abgesandten von BSchwarz. berichten nach B] wie sie … mit vilen frömden und inzüglingen überladen.' 1582, FBURRI 1927,

10; s. auch Bd X 1582 u. (1583, ebd.). ‚Demnach wir nun lange zyt här den frömbden inzüglingen, so von uns und den unseren angenommen [usw.].' 1583, B StR. 8, 753. ‚[Die ‚inseßen einer gmeind Fißibach, Bachs und Mulenfluo' beklagen sich, dass] sy je lenger, je mehr von frömbden, ußlendischen inzüglingen und mehrteils armem volck, so sich zuo inen laße, übersetzt [*über-setzen II 2bγ1* Bd VII 1641] werdint.' 1590, Z Rq. 1910, 347. ‚Diewyl ... sy [sc. ‚gmeine Inseßen der Gmeind Buchß'] inn Ansechung ires zimblich nutzbaren Gmeinwerchs mit Ville der frömbden und heimbschen Inzüglingen eben übel beschwert und übersetzt werdint, [bitten sie Bürgermeister und Rat der Stadt Zürich um eine Neuordnung des Einzugs].' 1623, Z Rq. 1915, 206. ‚[Der Landvogt erteilt der Gemeinde Aettenschwil die Bewilligung] mit welchem allem das hochobrigkeitliche Innzug- und Schirmbgelt sowohl vorbehalten als auch, das weder frömbde Innzügling noch Hindersäs vermög und innhalt hochoberigkeitlicher Landtsordnung und Abscheyden nit angenommen noch einsitzen laßen sollen.' 1743, Aa Rq. 2009, 327. S. noch Bd VII 1357 u. (1711, B). 1758 u. (L Ans.). – Vgl. Gr. WB. III 359; ²VII 1165; DRWb. II 1500; Frühnhd. WB. V 2521.

Änd-: letzter Atemzug; vgl. *Z. 1ba*. ‚Augustinus ist entschlaffen ... mit frischem angesicht und gantzer gehörde bis in e., als wir daby und mit gestanden und sölchs gesechen, ouch mit imm bis ins end gebettet habend.' Aeg.Tschudi 1562, 138.

Under-: **1.** tragendes Bauelement. **a)** tragender Balken im Hausbau zur Aufnahme von Decken- oder Wandkonstruktionen; fast allg., auch als Fachw.; Syn. *Durch-Z. 3*, auch *Bund-Holz* (Bd II 1256); *Sol-Baum 1, Til-Baum, Band 2ha* (Bd IV 1245. 1247. 1325); *Trāl a, Dili-Träm, Trëmel 1aε* (Bd XIV 873. 972. 992); *Ge-wëtt 2b* (Bd XVI 2232); vgl. *Über-z. 6, Rigel-Z.*, ferner SDS. VII 165 sowie zur Sache Hunz. 1910, 43/4. *Nëbeⁿt-zue ... ist eⁿ chlīⁿses, niders Hüsli g'standeⁿ, d' Stubeⁿ sō nider, dass iᶜʰ deⁿ Chopf es parmāl am U. aⁿ der Tecki aⁿg'ränt haⁿ.* KBiederm. 1889, 279. *Der Herr Dokter het sig müesseⁿ chrümpen bin dëm nideren Ingang iⁿ d' Chuchi uⁿᵈ d' Stuba, uⁿᵈ bim U. het er 'mu og müesseⁿ hengeⁿ, dass er nät mit dem Hū²ᵖt draⁿ plütschi.* BAd. Heimatbr. 7, 10. [Der Stier springt] *über d' Loubeⁿ hindereⁿ ... iⁿ 's Gaden iⁿeⁿ, und d' Tili g'heit mit em abeⁿ, numeⁿ der U. het noᶜʰ g'haⁿ.* Aa Schulm. 1887, 26. ‚Ob einer eins huß beßern welt susthin, es weren tilli oder forlöben old ein u. ze einem huß, dem sol man erlouben sechsi und ouch nit me [Hölzer].' 1433, Gfd 11, 208. ‚N. hat minen herren gemachet ein u. im kouffhus, tuot 16 β.' 1499, Z Anz. 1920, 138. ‚Durch den Zimmermann die Hebgschir ansetzen und neuw U.-züg ynziechen lassen.' 1678/9, BNSi. Amtsrechn. ‚Dem Zimmerman bezahlt ... den neuen Tachstuel sambt einem Boden von großen Trömen darunder, einen großen U. sambt einer eychen Saul.' 1681, AaB. Rechn. ‚Verbauwen in dem Haus zu dem kleinen Paradeis: 4 ℔ dem Kelnhofer von Schwamendingen von 2 Eichen Fuhrlohn, so zu U.-zügen im Keller verbraucht worden.' 1684/5, Hotz (Urk.) 1865, 1, 313. S. noch Bd X 242 o. (1673, Z). 1368 u. (1672, WMerz 1910). Als Ablageort. *[D' Mueter] längt ... mer es olts, verrupfts Buech vom U. abeⁿ.* BWyss 1863, 134. *Under ᵈem U. aⁿ der Welbi hī²ⁿ allergattiⁿg Briefę, mē uⁿᵈ weniger wichtigi, füreⁿg'gugget.* EWiedmer-Mani 1997, 51. *Der Bodenälpler ist mit emeneⁿ z'fridenéⁿ Lächleⁿ ūfg'standeⁿ uⁿᵈ het der versprocheⁿ Abstammiⁿgsūswīs vom U. aⁿ der Welbi aᵇheⁿg'noⁿ uⁿᵈ 'neⁿ dem Obermetteler darg'lī²t.* WEschler 1974, 56. *Aⁿ der Wand obeⁿ ticktacket d' Schwarzwälderūr ..., uf den U.-zögen aⁿ der nidereⁿ Stubeⁿdili nōᶜʰ sind di alteⁿ Prattigen und Gebëttbüechli uf'bigeⁿ.* RStäger. S. noch Bd IX 1589 u. (Gotth.); XVI 343 u. (RStäger 1945). In Viehställen. ‚Zu möglichster Schonung der Wälder sollen die Unterzüge der Ställe aus Steinen erstellt werden.' Gl Gesetz 1850. ‚N. begärt etwas Bauwholtz ... Syn Ross- und Rinderstal inmassen zergent, abgangen und bauwlos, das zue besorgen, wofeer er selbigen nit würde ausbesseren, möchte ime an Lüt und Veech ... Schaden widerfahren. Dann ... die Tille, Underzüg zerkleckt und so krumb und yngebogen, derogestalten das sy die Hinabfallung tröwind.' 1649, Hotz (Urk.) 1865, 1, 280. – **b)** Teil einer Brückenkonstruktion, Lagerbalken von Ufer zu Ufer. Fachspr.; Syn. *U.-Ligerling* (Bd III 1216). ‚Die beiden Ligerlinge [der Knebelbrücke] werden miteinander verbunden und überspannt durch 3 Stämme ... Quer über diese U.-züg und dicht aneinander legt man die Chnebel oder Palanggeⁿ.' WSchmitter 1953, 186. ‚Wann die Brugg abgeht, so geben die Holzgenossen von Zollikon dazu die U.-züg und die von Goldbach und im Gugger sollen die Flecklig [*Fleckling 4* Bd I 1191] geben.' 1726, AZoll. 1899, 205. – **c)** Sturzriegel über einer Fenster- oder Türöffnung, auch über einer Fensterreihe Aa (Rochh.); FPlasselb; Syn. *Wëchsel 2ba* (Bd XV 338, wo ein weiteres). – **d)** Balkenlage unter dem Viehläger ApH., I. (‚Unterboden.' Manser); vgl. *Drischübel 1aβ* (Bd XIV 1367). – **e)** ‚die Lager aus Eichenbalken' an der Obstpresse ThTrib. (ARibi). – **2.** ebenerdiger, unterer Teil des Wohnhauses GlGl. (‚Erdgeschoss, namentlich auch Werkstätte und Magazin.' ä. Angabe), L. (‚Oberkeller samt dem zwischendurchlaufenden Gang.' JHunz. 1905), Obst. (‚der steinerne Unterbau eines hölzernen Gebäudes.' Zwicky). ‚Zu miethen wird gesucht: Eine Wohnung mit U.' Gl Nachr. – **3.** isolierendes Unterdach aus Brettern oder Schindeln Ap; GrV.; GW.; mTh; Ndw; Obw; U; Syn. *Schindlen-U.*, auch *Welbi II 1b* (Bd XV 1420, wo Weiteres). *'s hät* [nach einem Unwetter auf dem Dachboden] *Ziegel, wo kaputt send, ond 's Tach hät kan O.* ENägeli 1982, 143. ‚[Die Aussagen bezeugen einhellig, dass] u. und tach [der Kirche mit dem Ertrag des Zehnten zu erhalten und zu erneuern seien].' 1429, Zg UB. 366. ‚[Der neue Kirchherr in Zug gelobt] den chor mit tach in eren [zu] haben, aber die kilchgnossen söllent den u. darzuo machen.' 1461, ebd. 524. – **4.** (feiner) Tuchstoff, der unter einen anderen gelegt wird, als Futterstoff für Kleidung uä.; Syn. *U.-Tuech a* (Bd XII 266, wo weitere). ‚Item 16 s. han ich gen uf zinstag in ostern Gorions frouwen um schwartzen schärter [*Schätter II 1* Bd VIII 1499] zuo u.' Zg StOsw. Baurodel 1478/86, 114. ‚Für alle ding, die ich genomen han von Hensli Morgent, es sy siden, buggenschin, u., es sy gespunnen siden oder strangsiden, so bin ich im schuldig 16 s. und 6 gl.' ebd. 283. ‚Darzuo han ich gekouft 3½ eln schwartzen linwat zuo u. under den buggenschin von der Widmerin.' ebd. 168. ‚Lilachen, guot blaw ze ferwen, zuo u.-zügen und messgwand, umhäng und küssyn.' 1516, Z Anz. 1929, 294. ‚Do gab üns Margret Vogelwaiderin gruenen tamast, ain stuck, daz satzend wir darin und zerbrachend die zwen vorigen korrock und namend den u. und tatend in under die sidinen korrock und machetend uss dem roten wulin tuoch ein altertuoch.‘ Varnbüeler 1483/1528. ‚Wer seine Kleider … zerstechen oder zerschneiden lassen wolte, so solle jedoch der U. gantz bleiben und nit zerschnitten werden.‘ G Mand. 1611, 25. ‚N. hat auf S. Peters Kettenfeyher den ersten Tag Augsten im 1613 Jahr unser Lieben Frawen geopffert ein Messgwand, der U. ein leibfarber Atlis, darauff gar kostlich mit guettem Gold und Sylber, Damastbluemen künstlichen gestickt.‘ 1613, SchwE. Stifterb. 43. Als Unterlage für das Altartuch udgl. ‚NN. hand geordnet ein tischlachen und ein zwehelen zuo einem u. uff den fronaltar.‘ XV., LTriengen Jahrzeitb. ‚Item ein gernener wysser furaltter mit eynem rotten schertteren u., gehört herab, hat sin eigenen lysten mit vasen.‘ 1525, Bs Ref. 1, 359. — **5.** entspr. *Z. 1ca,* taktisches Ausspielen einer niedrigen (Trumpf-)Karte, um den Gegner über den Besitz noch zurückgehaltener wertvollerer (Trumpf-)Karten im Unklaren zu lassen. Jasserspr. ‚*U.*, wenn jemand nach dem Einspielen einer hohen Trumpfkarte zufolge Fehlens weiterer starker Karten eine niedrige einwirft in der Hoffnung, dass sein Mitspieler im Besitz der erwünschten Karte ist.‘ Aschw.-Clauss. *Es gōt nūt über en guete*ⁿ *U.* FHerdi 1977, 24. Im ausgeführten Bild: *Dō isch*ᵗ *wider e*ⁿ*mōl en U. nid abg'fare*ⁿ. FHerdi 1977, 24. — Mhd. *underzuc;* vgl. Gr. WB. XI 3, 1924; Martin-Lienh. II 895; Jutz II 1488; Allgäuer II 1613; Fischer VI 260. 3327.

Schindlen-U.: = *U. 3* (Sp. 532) U. — Stall-U.: entspr. *U. 1a,* im Stall. S. Bd XVI 509 o. (BE. Arzneib. XVIII.). — Tenn-U.: entspr. *U. 1a,* Hauptträger in der Tenne FSs.; vgl. F Bauernh. 1979, 259 (Abb.).

Ent-: wie nhd.; j. allg. *In es par Tag chunnt der Ueli us* ᵈ*em Spitāl und näch*ʰ*ër geit er i*ⁿ *so-n-e*ⁿ *therapeutischi Wöngruppe*ⁿ *der E.* [von den Drogen] *go*ⁿ *mache*ⁿ. PLenz 2010, 91. — Vgl. Gr. WB. ²VIII 1548; DRWb. III 26 (in anderer Bed.).

Ūf-er-: Erziehung Ap, so I. (Manser); vgl. *Vëh-Ūf-z. En schū*ᶜʰ*lege*ʳ *Ūfe*ʳ*zog,* ‚bedenkliche Erziehung, schlimme Jugendzeit‘. Manser. [A.:] *'s wār g'schīder, ir luesed das* [sc. das Trinken] *blīben ond gäbid euere*ⁿ *Gōfe*ⁿ *en bessere*ⁿ *Ūferzog.* [B.:] *Ir sägi*ⁿ *wol vom besser Ūferzog; aber i*ᶜʰ *ha*ⁿ *jetz grad kä*ⁿ *Milech.* ATobler 1908, 16. *I*ⁿ *spōtere*ⁿ *Jōre*ⁿ *hed er en b'sonderegen Ūferzog ond e*ⁿ *gueti Schuelbildi*ⁿ*g öbercho*ⁿ. Ap Kal. 1917, 43a. [Ich] *ha*ⁿ *g*ʳ*ad abg'lō*ⁿ … *was das* [die Zustände im Waisenhaus] *för en Ūferzug sei, wie so e*ⁿ *Sau*ʷ*or*ᵈ*ni*ⁿ*g nüd g*ʳ*ad de*ⁿ *Līb verderbi.* Bürgerfr. 1825, 5.

Erb(s)-: entspr. *Z. 10b,* Näherkaufsrecht unter Erben, auf Erbberechtigung gründendes Zugrecht; Syn. *Erb-Züging;* vgl. *Bluets-, Brueder-Z.* ‚Wann es sich … begebe, daß ein Vater seine Güter, viel oder wenig, mit Vorwissen und Willen seiner Söhne verkaufte, so sollen alsdann dieselben … kein Zug zu solchen Gütern mehr haben. Sofern aber der Vater hinterrucks oder in Trunkenheit ohne Wissen und Willen seiner Söhnen verkaufte, [sollen diese] den Zug dazu gut Gewalt und Macht haben … Es sollen aber die Erbzüg in weitern Glid nicht zugelassen werden.‘ 1612, Zg Rq. 1093. ‚Waß die Erbzüg antrifft, dem ist also: Wann ettliche Brüederen werend, die Hüser oder Güeter von ihrem Vatter selig hetend und selbige thätend theilen … so soll solche Güeter und Hüser inen niehmandß Gwaldt haben abzuezüchen.‘ 1641, ebd. 870. ‚[Der Landvogt von Willisau äussert sich über das von Bern verwaltete Geschäft der an gemeinsamen Grenzen liegenden Güter dahingehend, dass] die von hochloblichem Stande Bern vorgeschlagene Reciprocitet, hauptsächlich in Ansehung des Blutzugs, unmöglich auf hiesige Umstände passen könnte, weil nemlich Bern immer den Lehen- oder Tragerzug als den ersten haben möchte, das hiesige Stadtrecht aber dem Blut- oder Erbszug den ersten Platz anweiset.‘ 1797, LWill. Rq. 2002, 854; s. auch Sp. 515 u.

Ordināri-: entspr. *Z. 4,* Regelzug, fahrplanmässige Zugverbindung; vgl. *ordināri 1* (Bd I 442); Gegs. *Ëxtra-Z. a. I*ᶜʰ *ha*ⁿ *doch uf* ᵈ*e*ⁿ *‹Blaue*ⁿ *Pfīl› wölle*ⁿ, *aber es isch*ᵗ *ëbe*ⁿ *gar kene*ʳ *cho*ⁿ. *Und dernā*ᶜʰ *bin i*ᶜʰ … *mit* ᵈ*em alleriletste*ⁿ *O. hei*ᵐ *g'ritte*ⁿ. N. Brattig 1943, 28 (B).

Ūs-:

1. a) Weggang
   Spez.
   α) Wegzug aus der Wohnung
   β) Verlassen der Kirche nach dem Gottesdienst
   γ) Auflösen der Tafel nach dem Festmahl
   b) spätabendliches ‹Ausziehen› der Zünfte am Zürcher Sechseläuten
   c) Ausflug, Spaziergang
   d) ‚Ū. des geistes‘, Entrückung
2. Delegation, ausgewählte Personengruppe
3. = *Ab-z. 4d*
4. Abfluss eines Gewässers, Ableitung von Wasser
5. Rinne zum horizontalen Leiten von geschlagenem Holz
6. Stelle, wo die geflössten Baumstämme aus dem Wasser gehoben werden
7. was räumlich verlängert, ausgezogen wird, räumliche Verlängerung
   a) (verzierter) Aufsatz, Prunk-, Zierdach
   b) Ausziehstuhl, Notsitz
   c) verlängernder Teil am Ausziehtisch
8. a) (Teil-)Abschrift, Exzerpt, Vidimus
   b) Zusammenstellung bei der Rechnungs-, Registerführung
   c) einer Rolle zugeordnete Regieanweisung im Theater
9. im Militärwesen
   a) Aufbruch in den Krieg, Feld-, Kriegszug
   b) Aushebung, Aufgebot von Truppen, Musterung
   c) Auswahl unter den jüngeren Wehrpflichtigen, offensiv einsetzbares Truppenelement
   α) Truppenkontingent, marschbereites Korps
   β) jüngste Altersklasse der Wehrpflichtigen
10. in der Pharmazie, Essenz, Extrakt
11. beim Wägen, Zugewicht, das der Käufer erhält
12. a) Einwand, Einrede, Rechtsverwahrung
    b) (Gegen-)Argument, (Rechts-)Vorwand, Ausflucht, Finte
13. Verzögerung, Aufschub
14. Ausziehen der Kleider

1. a) Weggang BStdt (‚zB. die Abreise von Kurgästen.‘ ä. Angabe); Synn. *Ab-z. 1c, Ver-z. I 1,* auch *Hin-scheid 1* (Bd VIII 209); *Ūs-tritt 1ba* (Bd XIV 1520), wo tw. weitere. ‚Außz., Hinscheid, discessio, abitus, migratio.‘ Denzl. 1677. ‚Nach glückhlichem Ußz. gesagten Irrgartenß füerte man unnß durch etliche Stiegen hinuff in des Fürsten Pallast.‘ S Reiseber. XVII., 44. *Ū. gë*ⁿ *(us Ägipte*ⁿ*)* uä., überstürzt, fluchtartig abziehen, weggehen B, auch lt Gotth. *We*ⁿⁿ *mer de*ⁿⁿ *e*ˡ*so* *hungerig si^{n} um ^{d}e^{n} Z'vieritisch ume^{n} g'sësse^{n}, so het uf d's Mal ī^{2n}s vo^{n} ü^{n}s 'brüelet: ‹D' Gī^{2}ss si^{n} uf ^{d}em Schöpfli!› De^{nn} wol, de^{nn} het 's de^{nn} Ū. g'gë^{n}.* EWIEDMER-Mani 1997, 68. *Un^{d} jetz het 's Ū. g'gë^{n} us Ägipte^{n}. Im Hui isch^{t} die ganzi Gasti^{n}g i^{n} der Grasi^{n}g usse^{n} g'stange^{n}.* SGFELLER 1919, 256. ‚Sah man einen solchen [streitlustigen Menschen], dann gab alles Ausz. so gut möglich, und wer die schlechtesten Schuhe hatte ... der kriegte für die andern die Schläge.‘ GOTTH. (Hunz.-Bl.) 1, 83. — Spez. α) Wegzug aus der Wohnung, Wohnungswechsel; verbr.; Gegs. *Īn-z. 1c;* vgl. *Um-z. 2a. Si händ schon e^{n} bar Ūszig hinder sich* RSUTER (BsStdt). — β) Verlassen der Kirche durch den Zelebranten und die Ministranten am Schluss des feierlichen kath. Gottesdienstes in einer Prozessionsordnung; verbr.; Gegs. *Īn-z. 1d.* — γ) Auflösen der Tafel nach dem Festmahl. ‚[Nach dem Essen] sol die Danckhsagung beschehen; wan dises alles vorbey, mag man den Aussz. thun nach des Hochzeiters Befelch ... und wan der Hochzeiter einigen Hochzeitgesten wolt Win oder anders Geträncklh zu dem Aussz. geben, mag er solches bey guter Zeitt dem Hausswirt zu wüssen machen.‘ 1749, GFD 56, 101. — **b)** spätabendliches ‹Ausziehen› der Zünfte am Zürcher Sechseläuten, um sich gegenseitig zu besuchen Z. Den fünften Teil des Sechseläutens bildet *der Ū. vomene^{n} grōsse^{n} Teil vo^{n} de^{n} Zöifter mit Musig und Latërne^{n}, zum d ‹Stube^{n}hocker› vo^{n} drei andere^{n} Zöift go^{n} b'sueche^{n}, – a^{l}so de^{n} Zouftmeister und die, wo uf de^{r} Stube^{n} z'ruggblībe^{n}d, zum sëlber chön^{n}e^{n} Gest empfange^{n}. Bi jedem B'suech gāt 's d'rum, das^{s} en Sprëcher de^{n} Zouftmeister vo^{n} der andere^{n} Zouft mit ere^{n} frëche^{n} Red use^{n}forderet, und dë^{r} mues^{s} dänn spontan mit ere^{n} guete^{n} Red ume^{n}gë^{n}.* ALEM. Wikipedia. ‚Kurz vor dem Ausz. verkündet der Stubenmeister, wohin die Besuche führen und wer als Sprecher versuchen wird, Zunft und Zunftmeister der zu besuchenden Zunft gehörig aufs Korn zu nehmen.‘ INTERNET. — **c)** Ausflug, Spaziergang AP, so K. und lt St.[1], T.; BStdt (ä. Angabe); „SCH“ (St.[1]); Syn. *Ūs-ziehen;* vgl. *Z. 2ba. Mier hand fërn mit ^{d}em G'sang [Ge-sang 3* Bd VII 1180] *en Ū. i^{n} 's Bërner Oberland g'macht.* JHARTMANN 1930, 17. — **d)** ‚Ū. des geistes‘, Entrückung. ‚Daz fünfte inre zeichen volkomener minne sint uzziende und ubergande hertzgunge, want als Dyonisius spricht: Minne, dü in Got gat, machet ein u. des geistes, want dü minne lat die minner nut sin ir selbes mit messikeit des gemüetes.‘ RVBIBERACH M. XIV. 108.

2. Delegation, ausgewählte Personengruppe. ‚Anno 1490, alls mgH. die Graffschafft Werdenberg im Oberland erkhoufft, liessent sy dieselbigen Underthanen allhar an ein Faßnacht laden und durch ein Ußz. der Kleinen und Grossen Räthen allhar beleitten, ouch uff die Stuben und Gesellschafften losieren, item mitt Wyn und andrer Kurtzwyl vereeren, ouch durchuß gastfry hallten und wider heim beleitten.‘ RCYS. (JSchmid 1969) 717.

3. = *Ab-z. 4d* (Sp. 492); Gegs. *Īn-z. 5c.* ‚Solle von einer jeden Haußhaltung, so auß unßerer Nachbarschafft außziehen, Außz. 1 G. bezalt werden.‘ 1771, ZG Rq. 760; s. auch Sp. 526 u. (1761, ebd.).

4. Abfluss eines Gewässers, Ableitung von Wasser; vgl. *Ab-z. 6a, b,* auch *Ūs-zug-Graben* (Bd II 683); *Abschlag 3* (Bd IX 198); *Tolen I 1bδ* (Bd XII 1679). ‚Mit den puren [solle] verschafft werden, den Katzenbach uffzetuon, dass er sinen ußz. haben mog, damit so gang der see nit über.‘ 1490, Z Ant. Mitt. 63, 280. ‚[Der Werkmeister hat dafür zu sorgen, dass den Käufern des Steinbruchs zu Lotenbach] yemer ützitt geschent wurde an hus, hoff, müli und den wegen und güetteren ... desglich [soll man] dem bach alweg sin u. lasen.‘ 1490, ZG UB. 772. ‚Die Franzosen [sind] gegen uns harüber in ein stettli, das am u. des Ölsees ligt, gezogen.‘ 1521, ABSCH. 4, 1a, 127. ‚So aber der bach in künfftiger zit hernach über kurtz oder lang disen jetzigen nüwen bachruß unnd weri wider uffülti, also unnd dermaßen der alten weeri unnd bachruß äben unnd den oberen güeteren widerumb zuo schaden dienen möchte wie vormals, das sy widerumb genötiget wurdend, ihre güeter beschirmen, unnd kein ander kumlicherer bachrunß noch ußz. möcht funden wärden, soll ein jeder sin alti weri ... widerumb uffrichten unnd machen.‘ 1561, BHa. Rq. 192. ‚[Im Aostatal hat sich Schreckliches zugetragen.] Und noch wytter, so habe sich ein bach, der da fürglauffen, verschlagen, das er kein ussz. habe.‘ WICKIANA 139. S. noch Bd VI 1010 M. (1559, Z). ‚Einem ū. gëben‘ uä., jmdem gegenüber die Rechtspflicht haben, einen Entwässerungsgraben anzulegen oder zu unterhalten. ‚Wo zwen in güetteren, da graben sind, aneinanderen stoßend, da sollend beid theill einanderen helffen den graben machen, und allweg der under dem oberen ußz. geben.‘ Z Greifenb. 1475, 59. ‚Wenn einer einen graben ufthuot, so soll der, der under im lit, im einen ußz. gen.‘ 1495, ARG. 9, 73. ‚Wan ouch einer einen graben uffthuot, so sol der, so under ime ligt, im ein ußz. gäben, es sye in ackern oder matten, damit das wasser sin abgang habe.‘ 1519, AA Rq. 1922, 225. ‚Wo ouch güeter aneinander stossent und uff der einen sythen ein graben ist ... so soll der, uf dessen theil der graben ist, den graben in eeren halten, der ander den zun machen, und soll allwegen der under dem oberen u. geben.‘ 1597, ZFSR. 23, 446. ‚Item führer so ist auch der Statt Recht von der Ußzügen wegen, also daß alle die, so denn ligende Güetter hand, besonder enent der Bruck, da sollend je die underen Güetter den oberen Ußz. geben ohn Widerred.‘ 1629, G Rq. 2013, 823. ‚Wann in Güeteren sich alte Dolen undt Gräben erfindten solten, solle jeder undere Besitzer dem oberen lauth alter Uöbung den Außz. zu geben schuldtig seyn.‘ 1756, SCHW Rq. 149. S. noch Bd IX 1721 o. (1510, NDW LB.). Auch Dim., Querrinne in einem Weg GLEngi; Syn. *Ab-z. 6a* (wo Weiteres); vgl. *Kanette* (Bd III 309). ‚*Ūszügli,* bei Holzritten [*Holz-Ritt* Bd VI 1715] Ableitungsgräben, damit bei Gewittern oder starken Regenfällen diese Ritte nicht völlig ausgewaschen werden.‘ GLEngi (MBaumgartner). ‚Abzugsdohlen von Alpwegen ... werden bei uns *Üszüg* genannt‘ ebd. (HMarti).

5. Rinne zum horizontalen Leiten von geschlagenem Holz GRPr.; vgl. *Holz-Leissen* (Bd III 1421). ‚Welche Arbeitserleichterung es bedeutet, Holz über Holz gleiten zu lassen, zeigt sich noch klarer beim *Ū.* Der Ausz. ist die horizontale Entsprechung zum vertikalen Schutz; er leistet horizontal, dh. dem Hang entlang, dasselbe was der Schutz vertikal, dh. hangabwärts leistet: Er lenkt und erleichtert das Gleiten des Holzes. Auch hier wieder variiert die Ausführung je nach Ort und Zeit vom großen, auf lange Sicht errichteten Ausz. bis zum kleinsten, von Moment zu Moment improvisierten Auszüglein. Ein eigentlicher Ausz. wird nötig, wenn man eine grössere Partie Holz zuerst dem Hang nach verschieben muss, um ein günstiges Ries zu erreichen.' WSchmitter 1953, 84 (mit Abb. 8).

6. Stelle, wo die geflössten Baumstämme aus dem Wasser gehoben werden. ‚[Da die obere Säge] allernechst bim Waßer und Ynfluß deßelbigen, ouch zum nechsten bim Rächen und Ußz. der Böümen ist, deßwegen ouch für die beste Saagen geachtet wirt, [hat sie 20 ₶ jährlichen Zins zu zahlen].' 1609, B StR. 9, 48.

7. was räumlich verlängert, ausgezogen wird bzw. die räumliche Verlängerung selbst. **a)** (verzierter) Aufsatz, Prunk-, Zierdach; vgl. *Üf-satz 1ba2* (Bd VII 1530); *Tabernakel 2b* (Bd XII 64). ‚Sol ... meyster Jacob den ... landslüten [von BFrut.] ein taffelen machen in ir kilchen nach dem besten geschnitten und gemalet ... und sol der ußz. uff der tafel zweymal ußgezogen werden, ouch under in der tafel stan Sant Annen, Sant Sebastian und Sant Joachim, und aber im obristen chor sin ein Gott.' 1509, Z Anz. 1901, 274. ‚Von den außzügen und ihren gezierden [Überschr.; dann:] Die außzüge, so da hoch sind, daß die säul nach gerechtigkeit daran mögen gebraucht werden, derselbigen rundung sollen allwegen wol hoch gemachet werden, von zwei vierkant oder zwey theile weit. Aber die anderen außzüge, so da nider sind [usw.].' HBluem 1579 (modern.). ‚Witter ist auch verdingt worden, ein ussz. ze machen uff die neuw flachtaffel des newen altars.' 1582, Z Anz. 1884, 26. ‚Damit Br. Thomas der Schnitzlerey warten und die Auszüg über die Cellen- und Zimmerthüren verfertigen können [usw.].' 1719, ebd. 1961, 90. ‚Accord betreffend der Chorstühlen Ausz., Orgel und andere Arbeiten ... 1. Solle er das gantze Chorgestül beyder Seithen durch alle Vergehrungen ... mit einem sauberen, zierlichen ... Laubwerck ausziehren, also dass das Laubwerck oder Zieraden an den allerschmäligsten Orten wenigstens ein starker Werckschu hoch seye, in der Mitte aber zwischen den Pfeyleren und über das Ruggtäfel ... wenigstens 3 starcke Schu dis Laub in die Höche getrieben werde. Auch sollen über diese 2 letste Auszüg auff einer Seithen des Herrn Prelaten, auff der andern Seithen aber des Convents Wappen eingeflecht werden. 2. Wird er den Orgelkasten mit Auszügen über die Tachungen, die Seithen mit Blindtflügeln mit gleichem erhebten Laubwerck ... versehen ... 3. Solle er auch zu 2 Altär die Auszüg machen, nemlich 2 Schein, beyläufig 4 Schu in der Höche, in dern einten der Namen Jesus, und Maria auff der andern Seithen seyn solle.' 1737, IHess 1914, 66. S. noch Bd XIV 883 M. (1671, Z Anz. 1899). — **b)** Ausziehstuhl, als Notsitz dienendes Brett, das aus dem Kirchenstuhl gezogen werden kann; Syn. *Üs-zug-Stuel* (Bd XI 327, wo ein weiteres). ‚Außzüglein, Ausziehbänkli der Kirchenstühle.' 1707, ZHausen a/A. (Kirchenb.). — **c)** verlängernder Teil am Ausziehtisch; verbr.; vgl. *Üs-zugs-Tisch* (Bd XIII 1927).

8. a) (Teil-)Abschrift, Exzerpt, auch Vidimus; Syn. *Ab-schrift* (Bd IX 1583). ‚Außz., Abschrifft, antigraphum, exemplum.' Denzl. 1677. S. noch Bd IX 1584 o. (Fris.; Mal.). ‚Vollständiger Ausz. aus den allgemeinen helvetischen Gesetzen und Verordnungen ... ein Handbuch für Beamte und Bürger.' Titel einer Gesetzessammlung von 1800. ‚Darumm nun dise beschrybung innhalltt alle ding, hendell und sachen ... Und hierinn gantz nüt begriffen oder gestellt, dann alleyn was gezogen us den rechten, waren handlungen, schrifftten, missyfen ... nit us abgenomnen copyen oder uszüg der dingen.' Salat, Ref.-Chr. 916. ‚Niclauß Zurkhenden all trucken durchsuochen, ußz. thuon der briefen.' 1548, B RM. 1, 484. ‚Sol ein ußz. [des ‚schultheysen eydt von Sursew'] in die Surseewer trucken glegt werden in die cantzly.' um 1584, L StR. 2012, 196. ‚Min herr seckelmeyster ... unnd ich, der stattschryber, söllend mitt herrn propst und capittel der stifft Sant Ursen reden, daß sy einen ußz. machend [der] Sant Ursen legend und history halb, unnd selbigen m. H. zuostellend, damitt sy herr Canisio möge mittgetheillt werden.' 1590, F Gbl. 37, 120. ‚Außz. aus einem Buech machen, summam libri colligere.' Denzl. 1677. ‚Außz. einiger ... errichteter Punkten, welche in dem ... in Druck herausgegebnen Gesatz und Ordnungen außzulassen gutbefunden worden.' 1769 Zg Rq. 428. Im ausgeführten Bild: *D' Müs ... bīssen öppe*ⁿ *es Fläckli us* ᵈ*em Züg ... oder gōnd gar imene*ⁿ *G'lērte*ⁿ *hinder sini staubige*ⁿ *Büecher und machen em Üszüg.* RMeyer 1833, 41. — **b)** Zusammenstellung bei der Rechnungs-, Registerführung; j. allg. *Ērsch*ᵗ *näch*ʰ*ër* [sc. nach dem bargeldlosen Bezahlen], *we*ⁿⁿ *me*ⁿ *d' Uszüg vo*ⁿ ᵈᵉ*r Bank zueg'schickt überchöm, chönn me*ⁿ *'s lëse*ⁿ [wie hoch die Kosten waren]. GKrneta 2014, 144. ‚Ein buwmeister sol ouch alle fronfasten ein summarischen ußz. syner rechnung minen herren den verordneten zuo der statt sachen fürlegen, was im selben viertheil jars von gebüwen wegen uffgangen.' 1594, L StR. 2012, 469. ‚[Titel eines Verzeichnisses:] Ußz. der brandstüren, so den unsern von Wollhusen an iren kläglichen schaden und wassersnott, so sy uff Johannis Baptistae a[nn]o 1596 erlitten, hin und wider uff mgh. fürbittlichen brieff gestürt worden.' 1597, LE. Rq. 2016, 479. ‚[Im Zshang mit den nicht bezahlten Schulden mögest du dem Gläubiger schreiben] er welte mir ein Zeitlang daß Best thuen [vgl. *best 2ba* Bd IV 1786], welche Zeit sich etwas lang ußhin sich verzoch, und allerley Unglick dorin fiel ... auch Unrichtikeit in überschickten Ußzügen, welche also zelest richtig gemacht und bezalt volgender Weis [usw.].' FPlatter 1612, 331. ‚Wegen hinderstelliger Zahlung der Stüwren soll man jedem Sechser, der noch schuldig, ein U. geben, das sy fürderlich die Herren Ansprecher, denen man schuldig, selber zahlent.' 1658, LWill. Rq. 2002, 377. ‚Damit man die wegen Annemmung neüwer Landtleüthen etwan gemachte Verträg sambt einem vollkhommen Außz. der zu beyden Theillen angenommnen Landtleüthen gegeneinander ... eröffne.' 1740, JSG. 35, 327. — **c)** einer Rolle zugeordnete Regieanweisung im Theater. ‚Ein ussz. pro Patre Aeterno, was die engel ze schaffen, wann und wo.' 1597, L Ostersp. (Evans) 53 (Regieanweisung). ‚Den tempelherren ouch ein ussz., wie offt sy in tempel ze gan und anders, ouch dem Nicodemo sins bsonder.' ebd. ‚Den leerern ein ussz. machen, wann und uff wän sy ze reden.' ebd.

9. im Militärwesen. **a)** ausgeh. von 1, Aufbruch in den Krieg, Feld-, Kriegszug. *Lang hei*ⁿ *d' Lüt no*ᶜʰ *a*ⁿ'ⁿ *Himmel ufe*ⁿ *g'luegt und sech iri Gedanke*ⁿ *g'macht derbī, b'sunders die, wo öppe*ⁿ *Verwandti under* ᵈ*em Ü. g'ha*ⁿ *hei*ⁿ [im Zshang mit den Mailänderkriegen]. RvTavel 1913², 86 (BStdt). ‚Wenn man ouch die reis gemeinlich und u. gebotten wirt, welher burger das hört und nit usgat, er züch dan redlich sachen für, des huß sol man zegrund zerstören.' vor 1309, Aar. StR. 26. ‚Inn dem ... Bericht jüngster Uffruhr und vermittelst von Gott gesägneten U-s deroselben Stillung [sind] etliche Sachen begriffen [die eine Zensur des Berichts notwendig machen].' 1653, B Anz. 1914, 27. ,Kein Außz. mehr thuen ohn Vorwüßen gemeiner Landtleüth [Überschr.; dann:] Item es ist ... vor new und alten Räthen einhellig erkent und beschlosen worden, daz mann fürohin kein Auszüg mehr thuen solle, es seye gleich in der Eydgnoschafft oder für die Eydgnoschafft, ohne Vorwüsen einer Landtsgemeindt oder aber alle Kirchhörinen.' 1655, Ap Rq. 2009, 332. ,[Der zürnende Gott hat das Volk heimgesucht.] Erstlich mit motenden Aufruhren, die ohne Außz. gestillet worden, hernach mit außgebrochner Empörung in unserem Vatterland sonderbar; darauf an underschidenlichen Orten mit Aufruhren, welche gemeine und besonderbare Außzüge erforderet. Letstlich sind die hohen Stände selbs zum anderen Mal wider einanderen außgezogen.' JMüller 1673, 137/8. S. noch Bd VI 218 M. (1524, Strickler); XI 274 u. (1653, Z Ratsbeschluss). — **b)** Aushebung, Aufgebot von Truppen, Musterung SchSt. (Sulger); Synn. *Üf-bruch 3* (Bd V 370); *Üs-schutz 2aβ* (Bd VIII 1713). ,Wann es sich begäben wird ... das wir reysen müessen, so söllent unser amptlutt acht haben, das in dem ußz. der reisern kein gevärd gebrucht wärde, allso das ... mer pfarrer ußzogen, dann aber die anzal ervordert.' 1530, B StR. 6, 418. ,Ü. tuon', Kriegsleute ausheben, aufbieten; zur Sache vgl. JSteinemann 1919, 23. ,Außz. thuon, kriegßleüt außnemmen, facere delectum militum.' Fris.; Mal. ,Es sollen auch alle gesellschaften und zünft einen ausz. thuon von wohlgerüsten burgern ... summa 181 mann.' 1563, HOHuber Chr. 40. ,Daaruff, als die gesandten von den Eidgnoßen verritten, hand gemeine 3 Pündt, so hyevor ouch an die Engadyner mit allem ernst geschriben, ein ußz. thon, ita hic appellant, id est ußgenommen in die 3000 man, trifft zuo Cur hundert und 30 man.' 1565, QSG. 24, 594. J. auch i. S. v. Manöver, Übung, Inspektion. ,Die lobl. Statt- und Frey-Companie [hat] ihr abermaligen Ausz. gehalten. Nachdem selbige bei 3 Stunden auffem Münsterplatz vor ugH. Häuptern ihre Exercitia ... rühmlich nach der besten Kriegsformel abgelegt haben, nahmen sie ihren Marsch über Nacht auf Binningen, alda divertirten sie sich den Tag und die Nacht hindurch mit Feuerwercken.' 1756, JHBieler 1720/72, 43; ähnl. 1765, ebd. 157. ,Auch zu Chur pflegt man alle Jahr oder alle zwei Jahre an einem schönen Sonntag einen so genannten Ausz. zu halten, um sich auf dem Roßboden, so heißt der Musterplatz, recht lustig zu machen; denn ohne den H[erren] Churern ihre militärischen Verdienste absprechen zu wollen, so muß ich gestehen, daß es mir so vorkam, als ob sie die Kunst, mit Schinken, Würsten, Pasteten, Tourten und Burgunderflaschen zu exerzieren, noch besser als das preußische Exercitium verständen. Für Fourage war da besser als für die Munition gesorgt.' 1790, JMichel 1921, 29. — **c)** Auswahl unter den (jüngeren, i. d. R. unverheirateten) Wehrpflichtigen, offensiv einsetzbares, die Hauptlast des Kampfes tragendes Element der Milizarmee. α) in der ä. Heeresorganisation, Truppenkontingent, marschbereites Korps. ,In summa, man hat sich uber unser Vermögen köstlich, auch mit villen Pferdten und bei dem Panner biß 128 Ross fir die Officier, Stuckh und Bagage gehabt, zu unserem Nachtheil und Schaden. Die letste Auszüg waren hernach ohne Pracht, usseret einem Stückhli, Proviantkaren etc. etc. nit uber 2 Pferdt, waren auch nit mehr nöthig.' JLBünti A. XVIII., 232. Mit Bez. auf die Mehrteiligkeit. ,[Der Kriegsrat erhält 1813 die Vollmacht] die sämmtlichen Pikettruppen (Miliz des ersten Auszuges) zur Organisation, Einrichtung, ordentlichen Bewaffnung und zu dem nothwendigen Unterrichte ... zu ziehen.' Aa Gem. 1, 165. ,Es werden dan abermalen ... alle Banerherren, Zendenhouptlüt und Kriegsamptsleüt hiemit ernstlich vermant, das sy ohn allen Verzug mustren lassen und nit allein den ersten Ussz. der 300 Mannen, sunders ouch by aller menigklich visitieren, wie alle diejenige, so vor 14 Jaren uff sind, mit Wehr und Waffen versehen sygen.' 1613, W Absch. 9, 336. ,Als ... der erst Aussz. uss dem Buchsigricht fortzog, muesste Do. Post gegen Abend der ander Ausschutz hernach. Und morndes Fr. kamen etliche wider heim ... holeten d Fahnen, und wider fort. Abends kam wiederumb Post, solle alles auf Arberg zue lauffen etc., haben schon einander angegriffen etc.' 1653, BoAa JB. 1960, 168. ,Damit der trostliche Zuesammenzug in erforderlichem Nothfall ylents beschehen möge, solle jedes Orth seinen dreyfachen Außz. sambt aller Zuegehördt, sonderlich der nothwendigen Munition in allerbester und solcher Bereitschafft halten, daß auff erste Mahnung man ohngesaumbt auffbrechen und dem nothlydenden Orth zue Rettung beispringen könne, es seie mit einem einfachen, zwei- oder dem gantzen dryfachen Außz. ... Der erste Außz. solle beschehen mit dem Schützenfahnen oder einem anderen Fahnen deß Orthß Ehrenfarb; der ander mit dem Stattfahnen; der dritt mit dem Panner.' 1668, Absch. 6, 1676. ,Hochoberkeitliche Erkantnus wegen der Lieutenantsstell im anderen Ausz.' 1703, BSi. Rq. 1912, 183. S. noch Bd VII 1749 o. (1499, B Brief); XIII 1986 M. (1604, B). 2194 M. (1672, B RM.); XIV 564 u. (1476, AaL. StR.). I. S. v. Bereitschaftsdienst ,[Im Falle eines überraschenden Angriffs] söllend [die nächstgelegenen Dörfer] nach inen gegäbnen wortzeichen den nechsten der statt zuo louffen ... namlich die, so im ußz. sind, und, so es die noturft erforderet, die übrigen all, was spieß und stangen tragen mag.' 1587, BKonolf. Rq. 320. ,Es söllendt aber nur diejänigen, welche in den [vier] Landtgrichten geseßen und im U. sindt, sich alhar zue unser Statt verfüegen ... Diejänigen aber, so nit im Ußz. sindt, sollend anheimsch verblyben.' 1603, ebd. 322. ,Von jungen kriegs- und reißbaren Personen [Überschr.; dann:] Demnach mögend die jungen reißbare Personen, so im Außz. sind, uff der Beürt, da sie haußheblich sind, ein recht Allment als ein anderer Beürtmann besetzen [usw.].' 1675, BFrut. Rq. 295. ,1796 ... ist an beeidigter Gmeind erkennt worden, daß künftighin alljährlich auf das Neujahr die ganze Compagnie, so auf das Piquet kommt, mit Nummern, welche durch das Loos gezogen werden, in Ausz. gesezt werde.' 1796, Zg Rq. 1116; s. auch Sp. 565 u. S. noch Bd V 370/1 (1666, U LB.). — β) in der schweizerischen Armee von 1850 bis 1994 die jüngste, I. Heeresklasse der regulären Armee; allg. bzw. Militärspr.; vgl. *Land-Sturm 1b* (Bd XI 1493); *Land-Wer 3b* (Bd XVI 915), wo je Weiteres, sowie zur Sache PWaldburger, Auszug, Landwehr, Landsturm, Allgemeine schweizerische Militärzeitschrift 116, 68/72. *Sü send vo[n] Trogen in'n Wald öberi[n] marschiert, lüter rassegi, jungi Porste[n] vom Ü. Vornen ist de[r] Hop[t]me[n] g'loffe[n].* ELeuthold 1986, 27.

10. in der Pharmazie, Essenz, Extrakt GW. (‚das Wichtigste aus dem Inhalt … einer Droge.‘ Gabath.).

11. beim Wägen, Zugewicht, das der Käufer erhält „L; Zg“ (St.[2]); ZZoll.; Syn. *Für-z. II 5,* auch *Ūs-Ge-wicht* (Bd XV 436). ‚Superpondium, quoddam quasi auctarium, quod super pondus apponitur, ubergwicht, außz.‘ Fris. 1568, 1433b. ‚Kauft ein Metzger zB. ein Kalb, so zieht er jetzt noch dem Bauern auf den Zentner 2 ℔ *Ū.* ab‘ ZZoll. (HBruppacher). ‚Im wegen gibt man kein ußz., sonder sol alles yngstellt und allwegen von einem halben zentner 1 ℔ und von einem gantzen 2 ℔ für den ußz. abzogen und dem verköüffer abgerechnet werden.‘ 2. H. XVI., L StR. 2012, 260. ‚Die Landlüt mögend bei der Landgwicht oder schwären Gwicht hinweg geben nach irem Belieben. Jedoch sollend sie die Waag einstellen und uf ein Zentner ein Pfund und uf ein halben Zentner ein halb Ußz. geben, und nit mehr.‘ 1674, G Rq. 1951, 191. ‚Soll auch ein Thalseümer den Thalleüten ihren Anckhen verkaufen und ihnen nit minder darfür geben, als er gelöset hat, ausgenommen von 1 Pfd 1 A[ngster] under Ausz. darvon.‘ 1738, UwE. TR. 144. ‚Es solle auch in unser Waag auf jeden Zentner Anken, Salbeter und dergleichen ein Pfund Ausz. gemacht … werden.‘ 1764, G Rq. 1951, 473. S. noch Bd XVI 123 o. (Z Lit. 1644).

12. a) Einwand, Einrede, Rechtsverwahrung, meist in Beteuerungsformeln von Verträgen; von b nicht immer sicher zu trennen; Syn. *Īn-trag 1a* (Bd XIV 418, wo ein weiteres); vgl. *Īn-z. 6a.* ‚[Revers für einen Kaufvertrag:] So verziehen wir üns … des schirmes, daz es nüt mit gewonlichr ehafti si beschehen, des uszuges, daz üns geverde beschehen si.‘ 1294, Th UB. 3, 869. ‚So erzien ich … mich alles uszuges, der möchti büschen an geislichem old weltlichem ricte old von gewonheit … damit dü gedinge [nicht] möchtin kreincht [*chränken 1 2* Bd III 835] unt widerzogen werden.‘ 1302, Fontes 4, 110. ‚Hievor [vor der Verhaftung und Verurteilung beim nochmaligen Betreten von LE.] sol mich nüt schirmen, weder stettrecht nach landsrecht, weder geistlichs nach weltlichs recht, kein gesatz, kein friheit, gewönheit nach dehein ander uszüg nach sache, so jemant erdenken kan oder mag.‘ 1432, LE. Rq. 2016, 84. ‚[Dem Protest wurde stattgegeben]; diewil aber kein ussz. wider die richter noch wider ire commiss beschehen, do ward erkent, dass die richter toglich und ir gwalt kräftig wär.‘ Ansh. 3, 139. Neben Sinnverwandtem; vgl. b. ‚Die vorgenanten baid parthyen und all ir nachkommen [sollen] umb diz zwitracht und span ganz gericht sin und disem unserm spruch … nachgen und darby beliben, jetzo und zuo ewigen zyten ohn allen intrag, widerred und ouch ohne all ußzüg, nüw fünd und gevärd.‘ 1327, Th UB. 4, 515. ‚Und verzihe mich umb dise vorgeschriben ding alle und ieglichs, besunder alles beschribens rechtes, aller friheiten … und mit nammen des uszuges, den ich oder min erben möchten fürziehen wider disen brief … und aller anderr uszüge, schirmunge, fünden und geverden.‘ 1380, LW. Rq. 21. ‚Wir verzihen uns … aller ander uszügen, schirmungen, fünden, listen und geverden … wider disen brief oder wider dehein stuk, so an disem brief geschriben stat.‘ 1407, LWill. Rq. 2002, 12. ‚Der alth Schultheß older Stathalder [erkennt dann], daß er eß [näml. ‚der regierender Schultheiß‘ die Anklage] thuen solle, er habe dan ein Ussz. older Ußreth, daß ihn darvor schirmen mög, und im hiemit Rächt werde, daß solle dem andern auh Rächt sin.‘ 1641, AaB. StR. 298. ‚[Die 7 kath. Orte] schwerent und versprechent … alles und jedes, das diser Brieff ußweist, vest unnd stets zu halten … getrewlich unnd ohne Gefahr, auch alle Fünd, List und Ußzüg gentzlich ußgeschlossen.‘ Gulden Bund 1586/1658, 72. S. noch Bd VIII 1301 o. (1348, Gfd; 1364, Bs). Wohl hierher: ‚Außz., Außdingung, exceptio.‘ Denzl. 1677. — **b)** Gegenargument, (Rechts-)Vorwand, auch Ausflucht, Finte; von a nicht immer sicher zu trennen; Syn. *Īn-trag 1b* (Bd XIV 420); vgl. *Īn-z. 6b.* ‚Ambages agere, sich winden, krümmen und rencken, das ist vil ußzüg suochen oder vil umbred brauchen.‘ Fris. 1541, 49b. ‚Hie beschirmend aber sich die bäpstler mit disem ußz.: Es ist nieman so torechtig, das er den bapst für einen got hab; man halt inn für einen verwäser unnd statthalter Gottes.‘ Zwingli 2, 106. ‚Darumb ich ouch gemein Eidgnossen umb Gottes willen bitt, daß sy doch nun einen versuochschutz thüegind, sam sy die disputation wellind gen Zürich legen; da wirdt man sehen, wie Faber mit sinem gsind ußzüg suochen werdend.‘ ebd. 5, 149; s. auch Bd XIV 420 o. ‚Die [die Untertanen im Rheintal] weltend sy [die Appenzeller Obrigkeit] nit laßen faren, sonder behalten, und begertend darum von den Aydgnoßen aines beschaids, was sy tuon oder lon soltend. Daz waz nun ain unverstendiger, pürischer ußz.; dann der spruch vermocht allain, daz sy khain geschworn landtlüt im Ryntal han soltend.‘ Vad. (2010) 594; s. auch Bd XI 1144 u. ‚Und als nun der frid an denen von Zürich erwand, santen die tagherren zuo inen sechser orten … boten, si zuom flissigsten anzekeren und ze biten nochmals [den] friden zuo bewilligen. Welchen die von Zürich mit vil uszügen antworten: Nein; wan diser frid, zuodem dass er inen sampt allen des gotsworts anhangenden unerlich und nachtelig, nit, wie fürgeben, zuo friden, sondern me zuo unfriden dienlich sie.‘ Ansh. 5, 346. ‚Bitt e. w., das ir wellen mit im [dem Gatten] freündlich reden und betten, das er sich doch besseren welle, uff das es [nächtliche Versammlungen im Haus der Gattin] nit für ein oberkeyt keme, und mich ein antwurtt lossen wissend, mit was usszügen er eüch begegnett ist.‘ 1546, Amerbach-Korr. 6, 221. S. noch Bd XIV 541 u. (1527, Schaubg, Rq.).

13. Verzögerung, Aufschub; Syn. *Ūf-z. 5.* ‚[Der Vertreter des Papstes gebietet Luther] dass er personlich on einichen u. in 60 tagen zuo Rom vor im [näml. dem Papst] sölt erschinen.‘ Ansh. 4, 249. ‚Wann die unsern [sc. Luzerner Metzger] den frömbden sölliche käuff abzüchen wöllent, dasselbig wol thuon mögent, doch der gstallt, das sy dieselbigen käuff samenthafft one einichen ussz. unnd mitt baarer bezallung züchent.‘ 1592, LE. Rq. 2016, 474. S. noch Bd IX 685 M. (1546, Z RB.); XII 790 o. (1527, Z RB.); XIV 46 M. (1464, Brief).

14. Ausziehen der Kleider. S. Bd IX 245 M. (AaBr. Schulordn. 1515).

Mhd. *ūszuc;* vgl. Gr. WB. I 1042; [2]III 1647; Martin-Lienh. II 895; ChSchmidt 1901, 389; Ochs WB. I 103; Jutz I 209; Schm.[2] II 1098; Fischer I 543; DRWb. I 1154; Frühnhd. WB. II 1572.

Kriegs-Ū.: **a)** = *Ū. 9a* (Sp. 538). ‚[Dass Hergiswil, Küssnacht und Immensee einst zur Stadt Luzern gehört haben, lässt sich auch daraus ersehen] das dise Dörffer gan Lucern stüren und, so man Kr.-ußzüg gethan, mitt Harnast und Gwör ouch dahin dienen müeßen.‘ RCys. (JSchmid 1969) 368. ‚[Schultheiss und Rat der Stadt Luzern bestätigen einen Vergleich zw. den Ämtern Habsburg und Weggis in der Meinung, dass dem Amt Habsburg] alle Abzüg, welche gegen dem Ampt Weggis fallen und es innemen wird, ordenlich sollen zuesamengelegt unnd in Formb der Reisgelter für alle vaterländische Kr.-uszüg uffbehalten ... werden.‘ 1680, LW. Rq. 151. — **b)** entspr. *Ū. 9b,* militärisches Aufgebot. ‚Denckzedel, was h[err] landtvogt von Endtlibuoch zuo versorgen hat [Überschr.; später:] Das die geschwornen flyssig achtung gebent uff die kr.-ußzüg, und was mithin manglet und abgatt, allwegen unverzogenlich wider erfüllent, ouch guotte ordnung und guotte uffsehen halltend ... Sovil dann die belangend, so zu den kr.-uszügen ußzogen und verordnet, söllend diesälbigen einem vogt uff dem schwertag sonderbar fürgestellt werden, damitt man desto besser sähen möge, wie ein jeder zue den waffen, darzue er usgenommen, gerüst, geschickt oder tugenlich sye, und man allwegen einem jeden zeigen und undersagen könne, was mangellt. ‘ 1591, LE. Rq. 2016, 465. — Sanᵏt-Niklaus- *Samichlais-, -glais-Ū.:* ‚St. Nikolaus-Auszug aus dem Dorf‘ Ndw (Niederberger); vgl. *Ū. 1a* sowie *Sankt-Niklaus-Īn-z.* (wo Weiteres). — Regimënts-Ū.: = *R.-Um-z.* (Sp. 513). ‚[Es] hat der löbliche aussere Stand von Zeit zu Zeit ... einen prächtigen und sehr kostbaren Regimentsumzug ... Zu diesem prächtigen Auffzug erzeiget eine gnädige Oberkeit ihre hohe Freygebigkeit, indem sie nicht nur alles Pulfer, Artillerie, Zelten etc. dargeben, sondern noch eine Quantität an Wein austheilen läßt. Nichtsdestoweniger kostet ein solcher R.-ausz. einen regierenden Herrn Schuldheissen des ausseren Stands ... ein grosses Geld.‘ Gruner 1732, 481. — Reis-Ū.: entspr. *Ū. 9b,* militärisches Aufgebot im Kriegsfall. ‚[Widerstand aller Ämter gegen die projektierte Reorganisation des Militärwesens in den Oberen Freien Ämtern:] Wann also diesere Leüthe in einem Reißausz. aufgebotten und ziechen müeßten, verbliebe nicht mehr in dem Landt alß 662 Mann.‘ 1773, Aa Rq. 2006, 148. — Schuel-Ū.: entspr. *Ū. 1c,* Schulausflug ApK.; Syn. *Sch.-Reis* (Bd VI 1296). *Weⁿⁿ mer en Sch. g'chaⁿ hand, häd N. mier adę en rōteⁿ Faneⁿ mit ᵈem eidgenössischeⁿ Chrüz druff z' līchiⁿd g'gëⁿ.* JHartmann 1987, 99. — Zëdel-Ū.: entspr. *Ū. 8a,* Abschrift eines Grundpfandtitels; vgl. *Zëdel 4cβ* (Sp. 282). ‚Z.-Auszüge [Überschr.; dann:] Wenn mehrere Personen am gleichen Zedel Anspruch haben, so behält die älteste oder die, welche am meisten daraus zu fordern hat, den Zedel, und den übrigen werden Auszüge zugestellt, die vom Schreiber des Orts, wo der Zedel errichtet wurde, ausgefertiget werden müssen.‘ JCSchäfer 1810, 210. — Ūs-züger m.: **1. a)** entspr. *Ūs-zug 9cα,* Angehöriger eines ausgehobenen bzw. im Feld befindlichen Truppenkontingents. ‚Von hier aus dem Adelboden wahren [1847] auch fünfundvierzig Mann von aller Waffen Gatung im Feld, die Reservisten sind wiederum zurük, aber die Auszüger sind noch im Feld.‘ BAd. Heimatbr. 43, 4 (Brief). ‚[Dem Magistrat von Thun wurde aufgetragen] seine auszüger mit ziger, käs, anken, gedignem fleisch und pfennigen zu versehen.‘ 1443, vRodt 1831, 139 (modern.). ‚Dieweillen die Stell der Hauptmannschafft über das Fendli Ußzüger von Burgdorff, Haßli, Oberburg ... durch Befürderung Heinrich Düren zum Vennerambt verlediget [usw.].‘ 1643, BBurgd. Rq. 239. ‚[Am 24. November findet] eine allgemeine Musterung unserer Landen und Gepieten ... von allen Ußzügeren und übrigen Manschaft [statt].‘ 1655, BSa. Rq. 313. ‚Gegen Abend kamen d Ausszüger wider von Langenthal.‘ 1653, BoAa. JB. 1960, 167. ‚Oberländisch Regiment. Die erste Compagney Außzüger ist zue Thun, und ist auch deren Lärmenplatz zue Thun.‘ 1681, BInt. Rq. 550. ‚Den 2. Christmonat hab ich dem Jacob Kaderli zu Höchstetten Harschiergält bezalt für die Auszüger nach Sebärg 17 Bz. 2 Kr.‘ 1759, BAlchenstorf (Sackkal.). S. noch Bd VIII 1713/14 (1743, B; vRodt 1834). — **b)** entspr. *Ūs-zug 9cβ,* Angehöriger der I. Heeresklasse. Militärspr. *Der Minger Ërnst heig 's jo z' Bërn obeⁿ g'sehⁿ, d' Fändrich sig fascht dürᶜʰ d's Band eⁿwëgg Ūszüger g'sīⁿ. Ër chömi jo schoⁿ balᵈ iⁿ'ⁿ Landsturm.* WMarti 2001, 150. S. noch Bd XVI 915 M. (JHug 1959). — **2.** ausgeh. von 1a, das Truppenkontingent selbst, „marschfertiges Korps“ (St.), von 1a nicht immer sicher zu trennen. ‚[Es soll] ussert den dryen alten Ußzügeren inn dero Landtschafften noch ein andrer Ußzug von vierthusent Mannen ußgezogen und ersten Nothfahl b'reit und uffgerüst gemacht werden.‘ 1624, BE. Rq. 514; ebd. öfter. — Vgl. Gr. WB. ²III 1652; DRWb. I 1156; Frühnhd. WB. I 1577; KMeyer 2006, 74; HFenske 1973, 222. — ūs-zügig: **1.** entspr. *Ūs-zug 7c,* auszieh-, verlängerbar. ‚In der Eydtgenossenstuben: 1 außz-en steinnen Disch, 1 höltzenen, den man auch ausziehen kann.‘ 1690, Z Anz. 1974, 173 (AaB. Rathaus-Inv.). — **2.** entspr. *Ūs-zug 12b,* hinhaltend, ausweichend. ‚[Ungehindert] diß alles, damit dann ir lieben Eydgnossen sechen mogen, ein statt Bern inen zuo aller fründtschaft geneigt und des, so gemeiner Eydgnoschaft loblich und guot were, nit ußz. ze sin, so wil sy gern daby von den mitteln und wegen, so angezöigt werden, rot laßen beschechen.‘ 1483, B StR. 9, 235. S. noch Bd XIV 420 o. (Zwingli). — Vgl. Frühnhd. WB. I 1578.

Ātem- (bzw. *Ō-; -eⁿ*): wie nhd.; verbr., aber nicht recht ma. **a)** eig.; Syn. *Z. 1bα,* auch *Schnūf 1b* (Bd IX 1156). *Der N. het läng umenandg'luegt, grīft mit der Hannᵈ aⁿ d' Stirneⁿ, stönet töiff ūf uⁿᵈ tuselet wider īⁿ. Balᵈ het meⁿ siner starchen Āteⁿzüg g'hört.* EBalmer 1928, 59 (BM.). [Alle atmeten auf, als der Geiger zu spielen aufhörte und] *durᶜʰ die offnig Tür uf d' Altaneⁿ useⁿ g'gangeⁿ ist und lang mit schwāreⁿ Ōtmeⁿzügeⁿ iⁿ die still, schwarz Nacht useⁿg'luegt hed.* Heimatland 1911, 93 (L). ‚[Aus der Tatsache, dass wir nicht verhindern können, dass wir ‚altind, siechind und sterbind‘, ist leicht zu ermessen], daß wir keinen athemz. thuond, one das Gott unnsere krafft, die den atem zücht, unnd der athem ouch im athem ist.‘ Zwingli 6, 1, 458. ‚[Die 1692 des Kindsmords Angeklagte sagt aus:] Das [neugeborene] Kind hat ein Athemzügli gethan ... han s drukt ins Hälsli ... hat nüd lang mit ihm gewahrt.‘ 1780/3, HPest. 9, 125. Mit Bez. auf den letzten Moment des Lebens; vgl. *Änd-Z.* sowie die Fügungen unter *Z. 1bα* (Sp. 471 u.). *Er hät sīner Lëbtig g'logeⁿ, bis zum letsten Ā.* GW. ‚[Der verletzte Gamsbock] *ist wörschīnliᶜʰ iⁿ deⁿ letsteⁿ Ō.-zügeⁿ am Tōd nächg'standeⁿ.*‘ OSchaufelb. 1971, 62 (ZO.). ‚Der Junker habe ... nur die Händ zesamengeschlagen und noch dryg Athenzüg gethon und verscheiden.‘ 1619, Z. ‚Als N. noch etlich Athemzüg gethan, seye er verscheiden.‘ 1728, Z; s. das Vorangeh. Bd XVI 1836 M.

S. noch Bd XVI 854 u. (Grübel 1560). ‚Keinen A. (davon) tun', gar nichts, überhaupt nichts verlauten lassen; Syn. *(k)eⁱ(n) Schnūf tueⁿ* (Bd IX 1157 o.). S. Bd X 1725 o. (Breitenst. 1860). — **b)** übertr. bzw. bildlich, als Zeitmass, kurzer Moment, Augenblick, meist in festeren Fügungen; vgl. *Augen-Blick 2* (Bd V 62). *Er hät al^les iⁿ éi^{ne}m Ā. g'seit* SchR. (Meyer). *Si chaⁿⁿ iⁿ á^{ne}m Ā. brülleⁿ ond lacheⁿ* ThMü. (Wepf). *En Ō. lang isch^t er dört g'standen und het z'rugg g'luegt.* JReinh. 1907[2], 190. *Im glīchen Ō.* [wie die Kirchengesetz-Kommission gewählt wurde] *weleⁿ si eⁿ Wirtshūskummissiōn, wo deⁿ Wirt soll hëlffeⁿ.* Bs Nationalztg 1895, Nr 3, 1. — Ahd. *ātumzug,* mhd. *ātemzuc;* vgl. Gr. WB. I 593; [2]III 371; VII 1148 (‚Odem-'); Martin-Lienh. II 895 (‚Odem-'); ChSchmidt 1901, 18; Frühnhd. WB. II 276. Die Qualität des anlautenden Vokals schwankt und dürfte vielfach vom schriftsprachlichen Gebrauch des Wortes beeinflusst sein. Auffällig ist auch die Form *Ötmeⁿz.* (Heimatland 1911).

Auto-: **1.** Eisenbahnzug, auf dem Motorfahrzeuge verladen werden; allg. *Iⁿ 'reⁿ Wucheⁿ gōⁿ mer uf Hamburg mit ^dem Outoz.* B (Internet). — **2.** Lastkraftwagen BsStdt (indiv.?); Syn. *Last-Z. Uff dëm A., wō-n-e^lsō b'sunders g'mietlig sīnes Wëgs g'faren isch^t, lis i^{ch} in Riseⁿbuechstabeⁿ:* ‹Herbert Kriechler, Bielefeld, Möbeltransporte›. Bs Nationalztg 1973, 11. Aug. (RBChrist).

Ëxtra-, in GlM. (CStreiff); ThHw. (ABachmann) *Ëxterę-:* **a)** eigtl., wie nhd., ausserfahrplanmässige Zugsverbindung; allg.; Syn. *Ë.-Zügel;* Gegs. *Ordinǟri-Z.* [Die Schulkinder] *fareⁿ grad iⁿ'ⁿ Banhof īⁿ mit irem Ë.* WIngold 1938, 5. *D' Zīt ist chuⁿ, wo ich haⁿ mües-^seⁿ aⁿ d's Hei^mguⁿ tänggeⁿ; der Ë. ist äm halbi ölfi iⁿ der Ängi abg'fareⁿ.* CStreiff 1907, Nr 275. *Wenn der Ë.* [der neu eingeweihten Bahnlinie Bern–Neuenburg] *ērst am Viertel vor elfi aⁿchömi, mög si vilicht nid b'choⁿ, bis zum Z'mittag wider dā z' sīⁿ.* WMarti 2001, 143. — **b)** übertr., meist Dim., Ausnahme, Sonderbehandlung; wohl allg.; Syn. *Ë.-Wurst* (Bd XVI 1561). *Si muess doch allęwīl en Ë.-zigli macheⁿ.* RSuter. — Vgl. Gr. WB. [2]VIII 2528.

Facheleⁿ-, *Fackel-, Fackleⁿ-:* Umzug mit Lampions oder Fackeln; verbr.; Syn. *Facklen-Um-z.;* vgl. ASV. II Komm. 224. ‚In ungeordneten *Fackleⁿzüg* schweiften die jungen Burschen durch das Städtchen und über die Hügel von Aarburg.' ASV. II Komm. 224. *Tanteⁿ, chumm doch au^{ch} choⁿ luegeⁿ! G'sehsch^t ... dört däiⁿ Facheleⁿz., uf dem Bërgli ëneⁿ ... und wie si* [sc. *eusi Buebeⁿ*] *vorwërts marschiereⁿ.* Joach. 1885, 70 (S). — Vgl. Gr. WB. III 1229; [2]IX 24; Ochs WB. II 2; Fischer II 910.

Vëh-: entspr. *Z. 3,* Viehgespann Sch (WB.); vgl. *Pfärd-, Rinder-, Ross-, Stier-Z.* — Vgl. Gr. WB. XII 2, 105; Fischer II 1492.

Ūf-falls-: = *Z. 10c* (Sp. 487); Syn. *Ge-schreiing b* (Bd IX 1463); vgl. *Ūf-fall 2* (Bd I 737). ‚Wann jemand einen Auffahl zu ziehen begehrt, er schuldig seyn solle zu zeigen und darzulegen, daß er dem gethanen Auffahlsz. genugsam gewachsen seye.' Leu, R. 4, 615. ‚Bey Empfang dieses Briefs [der Gemeindeordnung von ZBalm] solle die Gemeind ein Buch anschaffen und dann in demselben eingeschrieben werden ... alle diejenigen, welche zu Burgern auf- und angenohmen werden, es seye bey Anlas Auffahlsz., Kauff oder Heürat, wann sie das erste Mahl in die Gemeind kommen oder angenohmen werden.' 1795, Z Rq. 1910, 381. — Ū.-Züger m.: wer im Konkursfall die Rechte und Pflichten des Schuldners übernimmt; Syn. *Züger,* auch *Geschreiter* (*ge-schreit a* Bd IX 1462). ‚Dem Auffallsz. und seinem Rechtsnachfolger nur steht zwei Jahre lang nach dem Zuge das Recht zu, sammethaft abzuzahlen, insofern er es aus eigenen Mitteln thun kann.' Bluntschli, RG. 2, 255. ‚Herr Fürsprech Schinz bitte dagegen namens der Frau Harri-Keller um Entsprechung des gestellten Begehrens, gestützt auf die ... angeführten Actenstücke, in Erwägung ... daß dann an die Stelle jener Gläubiger die Auffallszüger getreten sind, welche erklären, daß sie für die Forderungen, mit welchen sie im Koncurse der Recurrentin den Zug gethan haben, befriedigt seien.' Z Rechtspfl. 2, 238. ‚So ein Herr Ober- oder Landvogt sollte über einen ausgetrettnen oder verstorbenen Schuldner den Auffahl ergehen lassen, wegen Kürze der Zeit oder sonsten besorgender Gefahr im Verzug aber die gewohnten Rechte nicht ergehen könnten, sondern solche abgekürzet werden müßten, so solle ohngeachtet desse der Rathschreiber und seine Bötte für den volligen Rechtstrieb [*Rëchts-Trib* Bd XIV 176] und Anschläge [*An-schlag 1e* Bd IX 213] bezahlt und hierinnen nichts hinterhalten, sondern dem Auffahlsz. angerechnet und von selbigem der Canzley, nebst anderen Kosten, bezahlt werden.' Z Ratschreiberordn. 1761, 197. ‚Bey vorfallenden Auffählen, wann ein Auffahlsz. die ihme in der Kirchgemeind Bauma zugefallene Heimath und Güter selbst bewerben oder sie an jemand käuflich überlaßen wolte, solle weder der Auffahlsz. noch sein Kaüffer mehr als den halben Einzug [*Īn-zug 5c* Sp. 526], so wie er ihme nach der Categorie, darin er sich befindet, vorgeschrieben ist, zu bezahlen schuldig seyn.' 1793, Z Rq. 1910, 427. ‚Ein Landsfremder solle [in der Gemeinde ZBalm] das zum Einzug [*Īn-zug 5c* Sp. 526] Bestimmte [‚30 ℔ ... samt einem Feürkübel und 10 ℔ der Kirche zu Pfeffikon'] doppelt bezahlen, ein Auffahlsz. aber sazungsmäßig behandelt werden.' 1795, ebd. 382.

Voll-: **1.** wie nhd., das Vollziehen, Ausführen; vgl. *Be-würkung* (Bd XVI 1485). ‚Ob ouch das werck vor ußgang der zylen zuo end und v. gebracht wurde, sol im nitdesterminder die zuogesagte summ, sovil dero noch ußständig wäre, gelangen und bezalt werden.' 1516, Z Anz. 1920, 264. ‚Sonst sollte efg. gnädigem ansinnen schleuniger v. beschehen sein.' 1551, Amerbach-Korr. 8, 147. ‚Welhes [näml. die Entbindung von der Abzugssteuer] hernach vilfeltig mit verneren Usprüchen unnd wüerkhlichem Volz. gegen Adelspersohnen jederzeith ... gehalten worden.' 1624, Th Rq. 2017, 1035. ‚[Es ergeht der] Befelch, daz der Herr unverzogenlich in seinem Quartier zu V. deßen [die Truppen bewaffnet bereitzuhalten] die gebührende Anordnung verschaffen ... thue.' 1672, ebd. 1504. S. noch Bd XIII 1325 M. (Ansh.). — **2.** in der Fügung ‚im V. seyn, im Überfluß', Überfluss haben, antecedere BHa. (BHa. 1729, danach Id. B und lt Zyro). — Mhd. *volzuc;* vgl. Gr. WB. XII 2, 735. — Sträff-V.: wie nhd. *Üⁿse^r Schwigersun isch^t jetz no^{ch} grad eⁿ Zīt in Witzwil im Str.* PLenz 2010, 44 (BLang.). — voll-züglich ‚-u-': fest, beständig. ‚Wie dan der römsch keiser Maximilian nun zwei jar har trungenlich geworben hat an gmein Eidgnossen um ein gmeine vereinung, den franzesischen küng als gmeinen viend zuo gmeinem, erlichen friden und damit das meyländisch herzogtuom in sichere ruow ze bringen, und aber partischer pratick halb nüt v-s erworben [usw.].' ANSH. 4, 45.

Fëld-: wie nhd.; allg.; Syn. *Z. 2bβ,* auch *Reis 1a* (Bd VI 1288). *Der Junker ... het vo^{n} nüt anderem mē welle^{n} wüssen als vo^{n} F.-züg und Abe^{n}tür.* RVTAVEL 1913², 139. ‚[Es werden] auch der künig us Polen, Muschcoviter, der fürst in Sibenburgen sich in dise christenliche expedition und f. als in ein gmeins werk mit aller ir macht begeben wellen.' 1595, W Absch. 7, 416. ‚Wie man sich in F.-zügen, Schlachten, Convojieren, Beuthen, Scharmützieren ... und anderen dergleichen fürfallenden Sachen verhalten solle [Überschr.].' KRIEGSB. 1644, 113. ‚Kurtze, doch gründliche Beschreibung des F-s, welcher geschehen von dem hochloblichen Stand Ury wider ihre rebellische Underthanen der Landvogtey Livenen.' 1755, U Neuj. 1955/6, 28. Bildl.: *Das ist e^{n} richtige^{r} F.,* ‚für eine gemeinsame Arbeit kamen viele Leute zusammen' WVt. (FZimmermann); vgl. *Z. 2aε.* — Vgl. Gr. WB. III 1492; ²IX 327; Ochs WB. II 40; Fischer VI 1870. — Rippli-F.: spöttische Bezeichnung eines am (Wirtshaus-)Tisch endenden Aufbruchs eidgenössischer Truppen ins Feld; vgl. *Zwätschgen-Chrieg* (Bd III 797). ‚Als Baselstadt und Baselland i. J. 1831 politisch sich trennten, legte die Tagsatzung zur Herstellung der bürgerlichen Ruhe eidgenössische Truppen in Stadt und Landschaft. Da es hier aber keine anderen Gefechte gab als solche hinter dem Tische gegen Frisches und Geräuchertes, so nannten die Truppen selbst dieses militärisch langweilige Aufgebot den *R.*' ARG. 1874, 457 (Rochh.).

Fänli-: entspr. *Z. 2aα,* ‚Zug von Fähnchen tragenden Knaben beim Schützenfest oder bei Gabenschiessen [aus Anlass des Amtsantritts] des Oberstschützenmeisters' BsStdt (ä. Angabe); vgl. *Um-z. 1c.* ‚Die ältern Leute unsrer Generation haben in den ersten Jahrzehnten unsers Jahrhunderts noch den letzten Ausläufer dieser Sitte in dem sogenannten Fähnliz. mit dem weiß und schwarzen Röllelimann an dessen Spitze gesehen.' Bs TB. 1858, 56.

Finster-: entspr. *Z. 6a,* Fischzug auf Lachse bei Dunkelheit. ‚Die vischer zuo Rinow sond och kain garn im lachsat zuo abend noch in der nacht noch zuo morgen, och sond si den vinsterz. nit ziehen, bis das ain apt zucht.' 1259, Z Ant. Mitt. 63, 216. Vgl.: ‚Die vischer zuo Rynow söllend ouch yn dem lachsat anrennen und den vinstern zug nit ziehen noch stechen, bis ynen sollichs befolhen oder erloubt wirt von aynem abbt.' 1507, Z Ant. Mitt. 63, 216.

Ver-z. I: **1.** Weggang; Syn. *Ūs-z. 1a* (wo weitere). ‚[Zwingli hat] am end siner predig eroffnet, er werde füro etliche zit nit predigen; uf morn aber welle er inen ainzaigen, warumb. Vermeintend, er wurde inen morn noch ainmal predigen und darby ursachen sines v-s erwisen.' KESSL. 325. — **2.** Verzögerung; Syn. *Ūf-z. 5* (wo weitere), auch *An-stand 2a* (Bd XI 976). ‚[Ich] will uch gern mer [Geld] schicken, dan zuo yeder zyt an gelt noch euwerm willen hinabzeschicken kein v. sein soll.' 1550, AMERBACH-Korr. 7, 409. S. noch Bd IX 244 u. (Fris.; Mal.); XIV 422 o. (1493, PBütler 1914); Sp. 503 o. (Mal.). Neben Sinnverwandtem. ‚Nachdem der cost, so uf die vertigung sölichs geschützes täglich erwachst, merklich und gross, ist nach unserm bedunken not, unnotturftig verzüg und sümniss abzuostellen.' 1499, QSG. 20, 389. ‚Das end der beschrybung [ist] nüt verfrüeitt, möcht aber durch v. und hinlässickeytt wol verspät werden.' SALAT, Ref.-Chr. 38. S. noch Bd IX 210 u. (1531, Salat; 1687, AAK. StR.). ‚Gefär in V.', drohende Gefahr; s. Sp. 546 M. (Z Ratschreiberordn. 1761). In verbalen Fügungen. *V. tue^{n},* langsamer gehen, arbeiten GGr. *Du muest e^{n} chli^{n} V. toę^{n}, suss chomm i^{ch} g'wüss nid no^{ch}hi^{n}.* EGGENBERGER-Schäpper. ‚In v. stellen', verzögern, verschleppen. ‚Alls ... die Eydgnossen ir botten von bsundrer articklen wegen zuo inen gen Zürch geschicktt, da wurdend verhörtt und inen geantwurdt, si Zürcher wettend schrifftlich anntwurdt stellen unnd inen die nachschicken, das aber nie bschach. Allso stalltend s all ding inn v.' SALAT, Ref.-Chr. 207. S. noch Bd XIII 805 o. (1499, Brief). ‚Āne v.' uä., sofort, unverzüglich; Syn. ‚äne üf-z.' (Sp. 504 o.). ‚Sobald dann das erst zeichen daselbs also verlüttet, sol der, so die erste mäss läsen wil, von stund an one v. über alltar gan und allso füran die andern, so ouch mäss läsen wöllent.' 1413, L StR. 1998, 198. ‚Gand schnell zuo mimm stalmeyster und sagend im, daz er mir Bayard bringe on vertz.' HAIMONSK. 1531, 209. ‚Und die in der sust uff- und abladen, sondt die fuorlüt von stundt verttigen on v.' 1547, L StR. 2012, 222. ‚Und zu dem Ende hin sollen diejenige, welche in dem eint- oder andern sich vergehen, ohne V. bey dem hiesigen Amt angezeigt werden.' 1774, TH Rq. 2017, 2454. S. noch Bd IX 210 u. (1539, Bs Rq.); Sp. 540 o. (1613, W Absch.). — Deutlicher i. S. v. **a)** Aufschub AAF., Ke.; GW. (Gabath.); vgl. *Für-schub 1a* (Bd VIII 84); *Ver-dank b* (Bd XIII 616). *Er häd e^{n}ke^{n} V. g'gë^{n},* er duldete keinen Aufschub AAF., Ke. (SMeier). ‚Do si für Bremgarten kamend, do waren der 5 Orten botschaften da, hieltend rat mit zuogetanen toren, santen haruss die schultheissen zuo Bremgarten, Mutschelern und Honneckern, um v. biss nach dem rat ze halten.' ANSH. 5, 242. ‚Wo aber keyne potte gand, alldann soll der ansprächer sines güetigen lengeren v-s nit ze entgelten haben, ouch nit verbunden sin, anderwärtz ze pfenden.' 1572, AAR. StR. 245. ‚Was sy [die Beamten der Feuerpolizei] sonst notwendigs fundent, daz ansechenlich wäre unnd dheinen v. lyden möchte ... daz sollendt sy den nächsten in geschrifft verzeichnen laßen.' 1593, L StR. 2012, 352. ‚[Die ausfahrenden Dämonen haben bei der Heilung eines besessenen Knaben] jederzeit gar jämmerlich geschrauwen, man solle ihnen nur noch ein halb Stund V. lassen, sie müessen in die Höll.' RCYS. (Br.) 60. S. noch Bd XI 2412 u. (Zwingli); XIII 617 o. (Fris.). Mit Bez. auf Schuldforderungen, Stundung, Prolongation GW. (Gabath.): *I^{ch} tue^{n} der V.,* ‚ich habe Geduld mit dir und gebe dir mehr Zeit als üblich zur Erfüllung deiner Verpflichtungen.' — **b)** Säumigkeit, Rückstand; Syn. *Sūmung a* (Bd VII 969). *I^{ch} bi^{n} im V.,* im Rückstand, zB. mit der Bezahlung der Miete oder Steuern; allg. ‚Ob sich einer [näml. der Schuldner] uff den tag usseren wölt, damit dem cleger v. beschäche, da sol der weibel einem ze huß ze hoff gan und pfand nämmen und ußtragen, biß der cleger bezalt wirt.' um 1480, AAK. StR. 53. ‚So verr sich ouch begäben, das der schuldner geverlichen verzugen anhangen und der schuld missgichtig und abred wurde sin, und aber dero mitt recht bewist, darumb sol derselb um drü pfund buoss verfallen sin.' 1499, ALECHNER 1906, 193. — Vgl. Gr. WB. XII 1, 2, 2666; Ochs WB. II 130; Jutz I 906; Allgäuer 1672; Schm.² II 1098; Fischer II 1433; VI 1904. — ver-zügig: entspr. *Ver-zug I 2,* hinhaltend, aufschiebend; Syn. das Folg. 1. ‚[NN. beklagen sich, sie hätten auf ein schriftliches Ersuchen um Entrichtung von Zinsen] allain v. widerschriften und kain bezalung [bekommen].' 1532, JSG. 38, 27*. – Vgl. Gr. WB. XII 1, 2, 2674; Fischer II 1433. – ver-zügli^ch^ I: **1.** entspr. *Ver-zug I 2,* verzögernd, aufhaltend; Syn. das Vor. ‚[Herzog Ulrich v. Württemberg schreibt in seiner Antwort an König Ferdinand] sin ... ansuochen, bitten und werben, och alles, das sich mit dem bundt zuo Schwaben zuotragen und begeben hat, alles von dem gegentail dahin v-er wis gedütet und gespilet sin.' KESSL. 415. – **2.** unergiebig, wenig nahrhaft, von Speisen GLMühl. (ä. Angabe); Syn. *un-fuerig* (Bd I 976); vgl. *un-be-schiesslich* (Bd VIII 1422). *Das hebet ane^n^ und ist nid e^l^so v.,* ‚dh. es verzieht sich nicht so schnell, von einer Speise'. – Vgl. Gr. WB. XII 1, 2, 2674; Fischer II 1433. – un-ver-züglich I: wie nhd. ‚Alle diese hinderlegende Schriften [näml. Testamente] sollen u. auf hiesigem Rathhaus in das Waisengewölb gelegt werden.' 1783, B StR. 7, 143. – Vgl. Gr. WB. XI 3, 2136; Fischer VI 273.

[Ver-z. II (auch *Verzuch.* WB.): Vergebung, Amnestie PRi.; Syn. *Ver-zīhing. Niš šind š' enhër chomod, djö hend š' g'wesst, ke* [ital. *che*] *š' hän^d^ der V. d'š Chennegš.* MBAUEN 1978, 208. – Diese Wortgruppe gründet in der lautlichen und morphologischen Kontamination von *ver-zīhen* und *ver-ziehen;* s. die Anm. zu ersterem. – ver-züglich II: entspr. dem Vor., ‚schnell, leicht verzeihend' GRL. (Serardi); Syn. *ver-zīhlich. V. Lüt,* ‚Leute, die einander leicht, schnell verzeihen'. – un-ver-züglich II: ‚nicht gern, leicht verzeihend, nicht nachtragend' GRL. (Serardi); Syn. *un-ver-zīhlich.*]

Vor-, in GRAv.; GW. Für-z. I:

1. als Vorgangsbezeichnung
   a) das Voran-, Vorausgehen
   b) erster Angriff bzw. das Recht darauf
   c) erster Fischzug bzw. das Recht darauf
   d) *i^n'n^ V. cho^n^,* das Gleichgewicht verlieren
   e) Bevorzugung
   f) Bezichtigung, Vorwurf
2. Voraustrupp, Vorhut eines Heeres in Marschordnung
3. wie nhd.
   a) Privileg, Vorrang, Vorrecht, Vorzugsstellung
   b) Vorteil, günstige Eigenschaft
4. a) Zugvorrichtung am Wagen oder Pflug
   α) Deichsel, auch Zugkette
   β) Vorderachse des Wagens samt Rädern oder Zugstange
   γ) Strick für vor der Deichsel angespanntes Vieh
   b) das vordere angespannte Tier am Wagen
5. schmale Giebel-, Frontlaube, Galerie am Bauernhaus

1. als Vorgangsbezeichnung. **a)** das Voran-, Vorausgehen. S. Sp. 509 o. (um 1600, L StR. 2012). – **b)** erster Angriff bzw. das Recht darauf; Syn. *Vor-strīt* (Bd XI 2394). ‚[Die Eidgenossen] zugent morndes an den berg gen Trumtan. Do gab man den von Zürich und den von Zug den v., und falten ain turn und branten die burg und die hüser uf dem berg.' Z Chr. XV., 173. ‚[Es] wurdend der drien stätten [B, F und S] paner gon Schafhusen zuogewisen, mit der und Zürich ins Högöw ze reisen, voran denen, so den v. an d Switzer begert hattend, ze begegnen.' ANSH. 2, 122. ‚Den v. han', das Recht auf den ersten Angriff haben; Syn. ‚den vorstrīt haben' (Bd XI 2394 o.). ‚Im selben strit oder schlacht hand die von Winterthur den v. gehan.' BOSSH. Chr. 3. ‚[Es ist] auch berichtet worden, das ettlich Gmeinden und sonderbare Personen im Oberen Punt disen Zug verhinderten, die doch im Veldzug den V. haben soltend.' ANHORN 1603/29, 300. S. noch Bd IX 1707 u. (HBrennw. Chr.). Jmdem ‚den v. lässen', das Recht auf den ersten Angriff einräumen. ‚Diewil der herzog und die Schwoben zwitrechtig sind, uns und dem rich nüt hand der eren wellen vergunen, den angriff ze tuon, so wüssend wir nüt, was wir uns zuo inen versehen sond, wend recht dem herzogen den v. lassen.' HBRENNW. Chr. 1, 369. ‚Heruff ward das mer under den Zwölff Orten, das sy den zuogewanten uff das mal den v. woltent lasßen [näml. beim Angriff auf Genua] und die eer gönnen [näml. Genua als erste einnehmen zu können]. Die zuogewandten ... beduchtend sich dises fürnemmens ettwas beschwärdt, mit anzeugung, das inen frembd were, das sich die Zwölff Ort solcher wyß von inen sündern, die doch bißhar in allen schlachten selber zanck umb den v. und angriff gehapt hettent.' JSTUMPF 1536, 1, 67. – **c)** entspr. *Z. 6a,* erster Fischzug bzw. das Recht darauf. ‚[Es soll kein Weidmann den andern nötigen] an einem sunentag oder zwölfbottentag den varz. ze tuonde ... welicher darüber den varz. nimpt, da er nit recht zuo hat, das im ein andrer wol mag die ruotten ussziehen.' 1457, Z RB. ‚Recht und gewonheit were, das jemand den andern nöttigen selt, den v. an dem sunentag ze tuonde, und och den niemant tuon sölte.' ebd. S. noch Bd XIV 260 M. (1419, AA Rq. 1922). – **d)** *i^n'n^ V. cho^n^,* das Gleichgewicht verlieren B (‚das Übergewicht bekommen.' ä. Angabe); Syn. *'s Überg'wicht übercho^n^* (Bd XV 435 o.). – **e)** Bevorzugung. ‚[Die Länge der Brandröhren von Haubitzen] zu bestimmen, dienen zwey verschiedene Mittel ... wovon doch letztere [sc. ‚die Proben'] wegen der vielen Abweichungen ... den V. so sehr verdienen.' B Unterricht 1793, 8. – **f)** Vorwurf, Schuldzuweisung, ‚imputatio culpae' BHa. (Id. B). ‚Ein V., was man einem vorweisen kann.' BHa. 1729. – **2.** Voraustrupp, Vorhut eines Heeres in Marschordnung; Syn. *Vor-trab 1* (Bd XIV 45); vgl. *Mittel-, Näch-Z. 2.* ‚[Die Eidgenossen sind] mit irer macht ... von statt gezogen und gegen dem hertzogen ... gekert, und ist in dem v. gewesen die paner und vennlin von Bern, Switz, Biel und noch eins.' 1476, Bs Chr. 2, 363. ‚Und alsbald der v. deren von Zurich in die gegny der 5 Orten kamen, gryffen die 5 Ort sy von stunden an an. Do kam das geschrey zuo dem panner von Zurich. Do zoch das Ziricher panner in grosser yl dem vorhuffen zuo, wiewol by dissem angriff by dennen von Zurich nieman dan sy allein warent.' 1. H. XVI., ebd. 6, 142. ‚Also zugend dis zwo stät [näml. Z und S] dannen, rowend und brennend, was inen begegnet, gon Stüsslingen, da ir eidgnossen und berüemts v-s ze erwarten.' ANSH. 2, 125. ‚Man sahe dise mannliche Frauw [Bona Lombarda] alle Zeit gewaapnet, wann Gelegenheit Streitens vorfiel. Und wann das Fueßvolck anzueführen war, erzeiget sie sich im V. als ein wackere, unerschrockne Heldin.' GULER 1616, 166v. ‚Erstlich ziehent die drey Fenlein in der Vorhut oder V. unnd vier Fenlein in dem Mittelzug, und abermahl drey zu dem Nachzug.' VFRIDER. 1619, 71. ‚[Die] Regimenter ... werden in drey Theile abgetheilet, namlich in die Avantguarde, V. oder Vorhut, 2. in die Battaille, Corpus oder Mittelzeug [sic], 3. in die Retroguarde, Deriereguarde, Nachhut oder Nachzug. Alß in den V. gehört ein Theil Fußvolk, ein Theil Reuter und ein Theil Artillerey, Munition und

Rüstwägen. In den Mittelzug gehört ein Theil Fußvolk, Reuter und Artillerey, Munition und Wägen. In den Nachzug gleichmässig der übrige Theil der Infanterey, Cavalerey und Artillerey.' KRIEGSB. 1667, 155. — **3.** wie nhd.; vgl. *Vor-teil 1b, 2ba* (Bd XII 1500. 1503). **a)** Privileg, Vorrang, Vorrecht, Vorzugsstellung GRAv.; GW.; weiterhin; Synn. *Fürderling 1* (Bd I 1001); *Vor-tritt 2* (Bd XIV 1522, wo weitere). ,V., praerogativa, vorteil, fürderling.' FRIS.; MAL.; s. auch Bd XII 1504 o. *Das Chint het albig eⁿ weng deⁿ Fürz. g'häⁿ* GRAv. (Tsch.). ,Die Schäfferin muß dem den V. geben, der mit ihr gleich gekleidet ist.' 1767, HPEST. (Briefe) 1, 92 (ASchulthess an HPest.). ,Verdienet dieses leztere [Gras], eben weil es der Gesundheit des Viehs zuträglicher ist, nicht den V.?' RHOLZER 1779, 78. Deutlicher mit rechtlichem Bez. ,[Die Schiffleute] söllend ouch die güetter laden, wie mgh. vorige ordnung und bekantnuß wyßt, allso das ouch die ellttisten güetter vordannen gevertiget werden, doch das daby kein vortheil und ein früntliche glychheit ... gebrucht werde, und das die Lifiner old andre ... nit allso den v. haben söllend, sonder allzytt nach gstalltt der sachen ... gehandlet werde.' 1573, L StR. 2012, 483. ,Sie [die Stadt La Rochelle] hatt auch den V. auf dem Meer, damit sie König Carle der 5. 1362 begabet unndt privilegiert hatt.' THPLATTER 1604/5, 458. ,[Beim Verbot des Getreidefürkaufs] bleiben meiner gnädigen Herren und Oberen, der des Thurgoüws regierender hohen Orten, landsherrliche Vorzüge und Gerechtigkeiten gegen ihre Angehörige feyrlich vorbehalten auf hochoberkeitliche, glaubwürdige Attestata, als welche hiesiger hohen Obrigkeit vorgewiesen werden sollen, in dieser Landgraffschafft ihre Nothdurfft sich ankauffen zu können.' 1749, TH Rq. 2017, 2211. — **b)** Vorteil, günstige Eigenschaft B; SCHR.; weiterhin. *'s hät deⁿ V., das^s meⁿ 's chaⁿⁿ usenandschrübeⁿ.* MEYER. — **4. a)** Zugvorrichtung am Wagen oder Pflug. α) (Doppel- oder Gabel-) Deichsel, auch Zugkette SCHSt. (Sulger); ZKn., Wäd., Wila, Zoll.; ZG; von β nicht immer sicher zu trennen; Syn. *Landen 1c* (Bd III 1312, wo weitere); vgl. *Lang-Z. 1. Iⁿ der Lōg li^gt de^r Grindel, das lang Holz, wo zum hindereⁿ Teil vom Pflueg gōt. Die zwei Chettleⁿstuchi sind der V.; si gönd voⁿ der Achs über deⁿ Grindel zum Zaum* ZWila. ,1 forz. mit legysen.' 1515, Z Anz. 1902/3, 207 (BsPfeff. Schlossinv.). ,Ein v. an den wagen 15 β.' 1538/9, BInt. (Amtsrechn.). ,Der Müller ist mit dem V. oder Gablen gefahren.' 1755, BFraubr. (Amtsrechn.). ,Die Feuersprize bestehet aus dem Wagen mit vier Rädern, vornen mit einem Handdiechsel oder mit einem V. für ein Pferd versehen.' FEUERSP. 1790, 9. S. noch Bd IX 778 u. (1676, AAB. Rechn.); XI 74 o. (1474/5, BHarms 1910); XV 745 u. (1631/2, BStJohannsen). Im Bild: ,Die göttlich Gnad, ein starckes Rad, ist an deß Phaebi Wagen, die Hoffnung dann die Pfert spant an, Glaub muß den V. tragen.' JCWEISSENB. 1702, 1 (Prolog). — β) Vorderachse des (Last-)Wagens oder Pflugkarrens samt Rädern und Zugstange BAeschi, E., U., Unterseen; „L; Z"; von α nicht immer sicher zu trennen; Synn. *Vorder-Reding* (Bd VI 496); *Vor-Wagen* (Bd XV 739, wo Weiteres). Vom Vorderwagen eines Geschützes; vgl. *Protz-Wagen* (Bd XV 757). ,14 Vorzüglin mit Rädern.' 1648, Z Anz. 1913, 160 (Bs Zeughausinv.). — γ) ,ein Strick für vor der Deichsel angespanntes Vieh' SThierst. — **b)** ,am Wagen das vordere angespannte Tier' NDW (Matthys). — **5.** schmale, auch nur behelfsmässige, brüstungslose Giebel-, Frontlaube, Galerie am Bauernhaus BBöd., Gr., Int., Lütschinentäler, Wilderswil; vgl. *Für-z. II 6.* ,V. ... Das ist eine Galerie, welche sich in einer Breite von etwa 70 cm vor den Fenstern des zweiten Stockes der ganzen Hausfront entlang hinzieht.' BÄRND. 1908, 440. *Von deneⁿ Läuben hed muⁿ zem Pfeister üs chennen uf^deⁿ V. schrīten ... Aber dā hed alls g'lodelled, am meisteⁿ d' Bodeⁿ-lädeⁿ.* SBRAWAND 1982, 128. [Die Frau des Bauherrn sagt] *es wellti eⁿ V. am niuwen Hūs, das sīg chätzersgäbig fer dā d' Wesch z' trechnen ... es Hūs g'se^hi o^{uch} minder wilds firha^r, wenⁿ dā eⁿ V. sīgi.* LGEISER-Heimann 1985, 80/1. — Vgl. Gr. WB. XII 2, 2010; Martin-Lienh. II 895; Ochs WB. II 214; Jutz I 984; Schm.[2] II 1097; Fischer II 1690; VI 1904. Bed. 1f nur aus Id. B klar ersichtlich. — Amts-V.: entspr. *V. 3a,* rechtliche Vorrangstellung. ,Damit auch die Wohlanständigkeit und richterliches Ehransehen besser beobachtet und die Vorgesetzte und Richter im Eüsserlichen als solche sich geziemend aufführen und ihren Amtsv. zeigen [sollen diese] mit einem Seitengewehr versehen, bei denen Gerichten aber annoch mit Mäntel angetan erscheinen.' 1775, ZG Rq. 704. — vor-zügli^{ch}: **1.** entspr. *Vorzug 3b,* zum Vorteil gereichend. ,Beinebens sollen die wehrend diesem obgemeldten Geschäft geloffenen, vertrieslichen und hitzigen Reden von Gerichts wegen aufgehebt und keinem Theil v. sein.' 1768, ZFSR. 2c, 164. — **2.** wie nhd.; verbr., aber kaum volkst. *De^r Choch ... verwent üⁿs jedeⁿ Ōbend met emeⁿ vorzöglecheⁿ, schmackhafteⁿ Z'nacht.* LGEHRIG-Grob 2007, 72 (LH.). Wohl iron.: *Bim Zëhndeⁿ hed er 's schwärst Chorn hindenab g'noⁿ und für sich b'halten und 's vorzüglichst ^dim Pfar^rer 'brōcht.* JBEGLI 1871, 34 (L). — Vgl. Gr. WB. XII 2, 2016; Ochs WB. II 214; Fischer II 1691. — Vor-züglichkeit f.: = *Vor-zug 3a* (Sp. 551). ,Der Schultheiß soll befehlen, daß diese Sachen [näml. Pfand-Angelegenheiten] aufgeschrieben werden und in Sicherheit kommen, sonderlich wenn es Rittere oder Ordensleute ansahe, welche aller Orten einige Vorzüglichkeiten genossen, andere aber konte man in der Stadt frey pfänden.' 1779, BThun Handfeste 98. — Vgl. Gr. WB. XII 2, 2018.

Für-z. II: **1. a)** Vorrücken, Vormarsch eines Heeres. ,Alls wir [näml. die Berner, die Mannschaft nach Yverdon ausrücken liessen], so haben sich [die Feinde] schantlich uss dem väld flüchtenklich gefüeget, und die unsern nitt dester minder iren f. beharret. Was si aber fürnemmen, mogen wir nitt wissen.' 1476, Bs Chr. 2, 338. ,Uf dise stat [,Kobelz'] hatten die niderländschen stät in pfingstfürtagen am f., als ir gschüz eins schlags abgelassen und doch niemand getroffen, eine waglen under einem kind zerschossen.' ANSH. 2, 212. ,NN. [von] der frantzosischen Bharti stunden ihn offner Straß, woltten ihn [den Kaiserlichen] den Fürtzug weren über alle geschworne und bottne Friden.' KSUTER ZG Chr. 1549, 77 (Abschr. von 1610). ,Der Franzos hielt im jennertag zuo Solothurn, begärt dem könig 6000 eidtgnossen, alein zuo verwarung Frankrichs, das die Hispanier im f. kein infall tetend.' 1567, HBULL. D. 88. S. noch Bd V 261 u. (Wurstisen 1580). — **b)** Vorbeigehen; Syn. *Für-gang 3* (Bd II 346). ,Dann ich wil euch jetz nicht im F. sehen.' 1683/1707, I. KOR. 16, 7; ,in der übervart.' 1525/89; ,im Vorbeigehen.' 1768/2007. — **c)** in der Fügung *Firz. haⁿ* WVt. (FZimmermann). ,Jemand, der sich in einer schwierigen Situation aus dem Staub gemacht hat, *het F.*' ,Einer, der beim Schiessen nicht ruhig sein kann, *het F.*' — **2. a)** (gerichtliche) Einwendung, Hinderung; Syn. *Īn-z. 6a* (wo weitere); vgl. *Ūs-z. 12a*. ,Wer sich einer zügnüst vor lantgericht vermist [*ver-mëssen 4* Bd IV 458], ist, das der sin sach nit erwist ze dem lantgerichten uss, als recht ist, so sol er dem, der derselben zügnüst gewartot hat, sinen schaden ablegen, als gewonlich ist. Es sye denn, das er darwider redlich fürzüg haben müg.' 1406, Th Rq. 2017, 43. ,Wir wellend s aber als die, so den landsfriden in keinen weg begerend ze schwächren, jetzmal bim nächsten lassen bliben und nit in f-s wys geäfert han.' 1531, Absch. 4, 1b, 946. In der Formel ,ā n e f.' uä., ohne rechtliche Einwände, ohne Einspruch. ,So sollen wir und unser nachkomen inen den acker oder wingarten lichen āne f.' 1342, SchSt. Urbar. ,Die [Vögte sollen] helfen, das er gesnide und getrösche vor dem zil, also das dem gotzhus sin notdurft widervar āne allen f.' 1347, Z Rq. 1915, 32. ,Do sulen wir zuo allen siten ungemant unverzogenlich zuo varn und schiken, wie das gerochen und abgeleit werd … ān allen f.' Z Bundesbr. 1351, 106. ,Das die … kilchgenossen zuo Mentzingen hinfür jerlich … einem lütpriester zuo Barr für … selgrett güetlich usrichten und āne fürzüg 6 rinsch g. weren und bezalen söllent.' 1480, Zg UB. 662. S. noch Bd XIII 300 M. (1371, Zg UB.). 584 o. (1357, Zellw. Urk.); XVI 1024 u. (1433, Z). Neben Sinnverwandtem. ,Ouch sint in disen sachen sunderlich usgelassen die, so den purgern in ir nüwerunge und dem ufsatze unser gerichten ze helfe und ze troste kamen, die und ir kint mugent wol des rates Zürich sin und werden āne alle widerrede und f.' 1336, Z Ant. Mitt. 1936, 116. ,Wirdet ouch üns … der styft und bystuom … gegeben und verlihen, so süllen wir denne ān widerred und f. den vorgenanten schulthaissen … ünsern byschofflichen brief geben.' 1388, AaK. StR. 20. ,Also daz die selben sechs fiertal kernen … ze rechtem vorzins … ān alles verziehen, in rechtz, ewigs zins wyse verrichtenklich ān allen schaden und f. gewert und geantwort sol werden.' 1439, AaB. Urk. 1, 555. S. noch Bd XI 650 M. (1391, G); XIII 523 M. (1347, LStdt); XVI 156 o. (1362, Th UB.). — **b)** Verzögerung; Syn. *Ūf-z. 5* (wo weitere). ,Swelcher vürsprech mit valscheit vil vürzüges tuot mit der ger, darumb das der krieg lange wer, und werde im guotes dester me, der mag eweklїches we vürhten, das niemer zergat.' Schachzabelb. 5747. Neben Sinnverwandtem. ,[Es kommt vor, dass] ettlich die unnsern und ander … widren und ouch allerley fürzüg und gevärd bruchen.' 1484, BThun Rq. 177. ,Das ratschriben und rechtvertigung umb schulden sye unverdenkliche jar allso geüebt, darinnen si sollichen fürzüg und verzilung haben, das es nit inen, aber wol minen herren und denen si schuldig syen, zuo beschwärdt diene.' 1489, Waldm. 2, 12. S. noch Bd VII 209 M. (1532, Absch.). — **3.** Anschuldigung, tw. auch übergeh. in die Bed. Schaden, Nachteil; vgl. *An-z. 5c*. ,F., beschältung, lesterung, vertragung, schmähung, criminatio.' Fris.; Mal. ,Opprobratio, ein verweysung, schältung, schmächlicher f., aufrupffung.' Fris. ,Als Amman Hentzli begärtt, das man in gäntzlich begnaden well, das er, so er dargan wurdtt, zuo dagen ritten möch, hiemitt im daß und den sinen keyn f. bring, hand sich mine herren erlüttrett, das man ime uß denen sachen, so er gägen mine heren gfältt, uß gnaden värzigen und värgäben, und mög wyderum an grich, an radtt und an rächtt gan.' 1572, JSG. 32, 282; hierher? ,Soll genanten eerenlütten nüt schaden, weder an guott, er und anderem, ouch dhein f. nitt habent, weder si noch die irrenn, unbkümerett.' 1576, LWill. Rq. 2002, 400. ,Ob einer … einen an die Kryden zeeren liesse, sol über die Bueß ime darumb weder Gericht noch Recht ergan, und solches ouch demselbigen zecher kein F. sin.' RCys. (JSchmid 1969) 1118. ,Ursach ist, daß man bis dato harus und solchem Mehren vil und groß Unheil, Firz., Zank, Nyd, Haß und Widerwillen gegen villen verursachet.' 1644, ZFsR. 10b, 121/2. — **4.** Verhüllung; vgl. *Über-z. 3*. ,Obductio, uberzug, f., bedeckung.' Fris. — **5.** Zugabe; Syn. *Ūs-z. 11* (wo ein weiteres). ,Das man eim in kauff zuogibt, zuogab, übermäß, f., auctarium.' Fris.; Mal. — **6.** wohl = *Vor-Zeichen II* (Sp. 181); vgl. *Vor-z. 5*. ,Die herren söllent ouch ir gotzhus deken āne der tallüten schaden, ān allein den f., da söllent die tallüt schindlen zuogeben.' 1413, Gfd 11, 204. — Mhd. *vürzuc*; vgl. Gr. WB. IV 1, 1, 959; Ochs WB. I 264; Fischer II 1889; WB. mhd. Urk. III 2300. — F ü r - z ü g e r m., *Für-zügeri*ⁿ f.: Bewohner(in) der Gebiete vor der Zügenschlucht, des einstigen Kreises Belfort GrD. *Elter Lūt hei*ⁿ *noch z' erzelle*ⁿ *g'wisst, e*ⁿ*māl heije*ⁿ *d' Fürzüger de*ⁿ *Wald bis gän Ardǖš a*ⁿ*-g'sproche*ⁿ [*an-sprëchen 2b* Bd X 769]. MSchmid 1982, 12. *Zu-n-ere*ⁿ *Frau*ʷ *in der Tobelmüli ist en Husiereri*ⁿ *cho*ⁿ*, e*ⁿ *Fürzügeri*ⁿ. ABüchli 1958, 302. — Zur Wortbildg vgl. *Für-Schlösser* (Bd IX 741). Im Stiernamen *Fürzüglerpürzler* GrD. (Der freie Rätier, 5. Nov. 1941). — f ü r - z ü g - l i c h: entspr. *Für-zug II 3*, zum Vorwurf gereichend, auch nachteilig; Syn. *ūf-heblich* (Bd II 942). ,Von wägen der reden, so Hans Göttschy grett … da die rätt Hansen in rächt gnun und mit urttell für ein gmeind gschlagen, ist berattschlagtt, das sich die rätt sollen veranttwurtt han mitt glimpf und mit eeren und ir nitt mer f. sin, und sölle Hanßen ouch nütt schaden.' 1561, JSG. 32, 237. ,[Die Richter haben eine zu Unrecht der Hexerei Angeklagte] der Gefangenschafft erlassen unnd ein Schyn mitttheilen lassen, das solches iro noch den irigen uffheblich oder f. syn solle.' 1627, JSchacher 1947, 51.

F u r g g e ⁿ - *-un:* Name eines Windes WLö. (,von der Lötschenlücke her.' ä. Angabe); vgl. *Furken 7* (Bd I 1013). ,Die vier Winde in Lötschen seien *der Hōᶜʰ-blattner, der alt Lētscher oder der Hertu oder F., der Fēn und der Locher.*' JGuntern 1963, 232.

F a s s - : Vorrichtung zum Zusammenziehen der Fassdauben beim Fassbau mittels eines Drahtseiles und eines Spannapparats. Küferspr.; Syn. *Chüeffer-Winden* (Bd XVI 550); vgl. zur Sache Brockhaus ¹⁴VI 593. ,Eine letzte Prozedur [beim Herstellen eines Fasses] ist das *Förme*ⁿ des Fasses mit dem *Stahlseili* oder dem *F.* Dieser dient auch als Notverband für einen *g'sprungne*ⁿ *Reift.*' Bärnd. 1922, 415. — Vgl. WDW. unter dem Stichwort ,Fasszug'.

F i s c h - : **1.** entspr. *Z. 7c*, gewohnheitsmässig zurückgelegte Wege von wandernden Fischen in Flüssen ZrS. *Mängem Fisch ist jetzt de*ʳ *Zuegang zum Züriᶜʰsē versper*ʳ*t. De*ʳ *F. törf aber nüd underbroche*ⁿ *wërde*ⁿ. *Wër es Hindernis in'n Fluss setzt, se*ˡ*t müesˢe*ⁿ *defür sorge*ⁿ*, dass d' Fisch deswëge*ⁿ *glīch wīter obsiᶜʰ chönd.* HHasler 1940, 8. — **2. a)** = *Z. 6a* (Sp. 480), wie nhd., Fischfang mit dem Netz ZlS.; weiterhin; Syn. *Fischeten 2* (Bd I 1108, wo ein weiteres). *'s Blettli häd* *si^ch na^ch immer g'chērt, und ime^n rëchte^n F. händ er all verlore^n Künte^n wider übertrümpft.* EESCHMANN 1922³, 8. S. noch Bd XIV 1583 o. (1706, FMu. StR.). – **b)** = *Z. 6b* (Sp. 481, wo Weiteres), Stelle, wo Fische gefangen werden, wohl auch bevorzugter Aufenthaltsort best. Fische; Syn. *Fischeten 1* (Bd I 1108, wo ein weiteres). ‚[Die Fischer klagen] wie das dieselben herren ... unervolget alles rechten obnan an dem ... sew, indwendig irem inbeschlossnen vach, einen guoten v., nemlich den zug, genant an den swiren bi der gruntfuren, da die visch gewonlich iren strich zuo dem leiche haben, mit grossen steinen und flüen haben verworffen und in der mas unüebig gemacht, das nieman mit garnen daselbs fürwerthin zuo vischen ziechen mög.' 1430, BInt. Rq. 154; s. auch Bd XVI 1416 M. ‚Hienach uf s. Michels tag hat ein ufrüege, böse rot zuo Undersewen von gotshuslüten und Hassle versampt ... den lustbarlichen, unnuzlichen v., sunderlich der albecken, ouch sin wuor und schwelli, mit gwaltiger, gwapneter hand zerstört und zerrissen.' ANSH. 5, 298. ‚[N. schreibt] wie die ... Herren zuo Kham ... vor langen Zitten dasälbs ein Fischenzen und Fischfang gehopt und von wägen Ville der Fischen daselbsß in dem See ein besonderen F. und Wonung gehept.... Und thäglich von Kham daselbst hingefaren und kurtz Wil Fisch gefangen, und nampt man die Glägenheit zum Zug von wegen des F-s.' KSUTER ZG Chr. 1549, 41 (Abschr. 1610). – Vgl. Gr. WB. III 1689; ²IX 550; DRWb. III 563.

Fötzel-: Heischeumzug am 2. Januar. BLeiss. (SDS. V 64); vgl. *Fotzel 5* (Bd I 1155).

Fläsche^n-: **1.** wie nhd. Flaschenzug; allg.; Syn. *Ūf-z. 3aa.* ‚Trochlea ... rota, Winde oder Scheibe, daran man etwas auffziehet, daran das Seyl ist, Fleschenz., Rolle am Galgbrunnen, darinn das Seyl gehet.' DENZL. 1677. 1716. [Die Mutter hat] *ei^n Boge^n a^n'^n Hägge^n vom Fl. g'hänkt u^nd z'säme^n mit de^n Ching der Höi^wboge^n bis uf d' Hŏchi vom Vatter 'zoge^n.* FSTAUFFER, Über Egge u dür Gräbe, 2003, 48. ‚[Um eine alte Linde auszugraben] habend daran mer dan 200 man zühen müessen, mitt grossen, starcken seilen, fl.-zügen, hebgschirrenn und anderen instrumenten.' WICKIANA 189. ‚Ich entrichtet ... 8 möschinnenn schybenn dem N. inn ein fläschennz. ze gyessen ... 165 ℔ 19 β 4 ₰.' 1591, Z Anz. 1916, 322. ‚Der Statt Werkmeister ... soll schweren ... die Fl.-züg one eines Buwmeisters Erlauben niemand ze lichen.' um 1600, L StR. 2012, 469. ‚Sy sollend [beim Herrichten eines Hochgerichts] aber auch die Sülen sauber bestächen und wyß anbestrichen, die Fürst mit irem Fl. hellfen hinaufzüchen.' 1636, B Blätter 1909, 291. ‚[In eine] curiose Maschinen von dickem Sohlleder ... ist ein Mann geschloffen und anderhalb Manns dief 4 Minuten lang an einem Fleschenz. ins Wasser an Boden gelassen ... worden.' JHBIELER 1720/72, 23. ‚Der Meister habe zu meinem Gebäuw den Flaschenz. gebraucht, das seye ein kostbares Werkzeug, sie habe[n] es aus Möriken gelehnt.' 1796, AAL. S. noch Bd VII 757 u. (1648, L Handwerksreformation); XIII 1680 u. (1678, B Blätter 1912); XV 1192 u. (1556, AAB.; Spleiss 1667). Spielend mit *Zug 1bγ:* ‚Voriges Jahr [traf ich] einen Mann ... der zu seinem Unglück auch einen allzuwohl geschmierten Flaschenzug im Halse hat. Er saß im Wirtshause, trank eben seine letzte Maaß aus und setzte nun noch einen guten Schoppen Brandtenwein oben drauf.' B Hink. Bot 1806, G3v. – **2.** mehrteilige Schmuckkette. **a)** Halskette mit nebeneinanderliegenden Kettenreihen „SCH; SCHW; Z (breites, mit Gold belegtes Halsgeschmeide." St.); vgl. *Flaschen-Chetten* (Bd III 565). ‚1 silbernen Löffel mit einem Brustbild an einer silbernen Gürtlen mit einem dreyfachen Fl., daran drei Roßen.' 1700, Z. ‚Ein guldene Halßketten oder Fl.' 1717, Z ‚1 goldene Erbsketten von 7 Fachten, ein einfacht Flaschenzügli, ein Treüring.' 1742, Z. In Zssen. ‚90 Fl. 30 β à 30¼ Cronen, an einer Fl.-halskettenen.' 1669, Z TB. 1900, 254. ‚Für ein silbernen Fl.-gürtlen, wog 11½ Lod.' 1690, ZUBERS TgB. ‚1 achtfach Fl.-Kettenli 16 Cronen.' 1723, Z. – **b)** Kettenreihe der Sennenkette API.; zur Sache vgl. Heierli 1924, 40. ‚Rechtsseitig trägt der Senn die nach Gewicht und Grösse stark variierende silberne Sennenkette, *d' Pätschchette^n.* Sie ist mit einem Haken am Hosenbrisli festgemacht und wird mit ihren Kettenreihen, *Fläsche^nzög,* und beweglichen Querleisten, *Scha^rnie^r* ... um den Hosenträger gewunden.' FFUCHS 1977, 178. – Vgl. Gr. WB. III 1727; ²IX 582; Martin-Lienh. II 895; Ochs WB. II 168; Jutz I 941; Allgäuer 567; Fischer II 1544. Als Lehnw. im Rätorom.; s. AIS. II 250. – fläschen-zügig: entspr. *Fläschen-Zug 2a.* ‚Ein 8fache fl-e, silberne Gürtlen mit einer großen Roosen, 41 Lot. Ein einfache fl-e Gürtlen mit einer Schlüsselkettinen, 22 Lot.' 1700, Z TB. 1900, 267. – fläsche^n-zügle(n): entspr. *Fläschen-Zug 1,* eine Last mit dem Flaschenzug befördern GRPany; GGr.; Syn. *(ūf-)fläschnen* (Bd I 1220).

Frī-: Freizügigkeit; Syn. *Z. 2bγ.* ‚Und irret nütz, so villicht vermeint, das durch solches abzugs ufflegung der fryz. niemans genummen, sunder allein das guot beschwert.' 1542, AMERBACH-Korr. 5, 493. S. noch Sp. 558 M. (1797, G Rq. 1903). – Vgl. Gr. WB. IV 1, 1, 125; Ochs WB. II 226; Fischer II 1737; DRWb. III 851. – frī-zügig: **1.** entspr. dem Vor., frei von Ein- und Abzugssteuern; vgl. *Ab-z. 4d, Īn-z. 5c.* ‚[Es sei NN. erlaubt] an iren vischentzen, zinsen, gülten und anderm in der Spilmatten der fryz-en art [*Art 2* Bd I 473], darzuo ouch allen iren fryheiten, gnaden [usw. teilzuhaben].' 1473, BInt. Rq. 241. ‚Es söllend ouch die gotzhuslüt fryz. sin von einer pursamy zuo der andern in dem gotzhusgericht.' 1521, ebd. 303. ‚[Sollte es] sich gefuogenn, das jemands der unseren von Liestal inn ein ander ampt unnd oberkheyt ... oder hingegen jemands uß anderen unsernn ampterenn gon Liestal wurde ziehen, die sollend dheinen abzug geben, sonder also vonn einer in die andere unser oberkheit ze ziehenn fryzugig sin.' 1525, Bs Ref. 1, 387. ‚[Die Städte Aarau und Lenzburg vereinbaren] fryz. gegeneinandern z syn.' 1598, AAL. StR. 289. ‚Daß beider Stetten [Bern und Basel] Burgere, so des wahren und ganzen Burgrechtens genießend, umb alle Erbfehl, liggende und fahrende Güeter freyzugig sind.' 1652, AA Rq. 1922, 264. ‚Urkhundt uß Toggenburg, das beide Grafschaften, Toggenburg und Kyburg, mit eignem Guet freygz. gegeneinanderen sygen.' 1657, GT. ‚Die bern- und lucernischen Burger waren vor altem gegeneinander freyz. wie nicht weniger die beydseitigen Underthanen vermög Erläuterung von anno 1571.' 1715, B StR. 9, 765. – **2.** wie nhd. **a)** nicht den gängigen Moralvorstellungen entsprechend, oft von der Kleidung; verbr. *N. hät g'seit, das^s eusi Tochter vil z'freiz. ume^nlauft* Z (Internet). – **b)** ungehemmt, offenherzig, ungezwungen; verbr. *I^n 'r G'fange^nschaft het der N. fr. vo^n all sīne^n Mitstrīter verzellt* BE. (Internet). – Vgl. Gr.

WB. IV 1, 1, 125; ²IX 979; DRWb. III 851. — Frī-zügigkeit f.: = *Frī-Zug* (s. o.). ‚Von 1750 bis 1819 war das Amt Schwarzenburg mit der Freizügigkeit belastet, einem nachgeschleppten Rechtszopf aus der ursprünglichen politischen Einheit des vormaligen Untertanengebiets. Wo sich einer niederliess, war er Burger, unter Verlust seiner frühern Heimathörigkeit.' BÄRND. 1911, 574. ‚[Schultheiss und Rat entscheiden] namlichen und des ersten von der fryzügigeit [der] gotzhuslüten und der güetern wegen, zuo den der ... probst zuo hannden sins gotzhus vermeint recht zuo haben.' 1473, BInt. Rq. 240. ‚Weilen aber die Freyz. zwüschen diesen beiden Landschaften [Ober- und Niedersimmental] mehr für ein Zunder der Zweytracht als für ein Beneficium anzusehen, so soll selbige dergestalten aufgehoben seyn, dass ein jeder an dem Ort, da er einerboren oder sich hiebevor einerkauft hat, für sich und die seinigen heimatsangehörig seyn und bleiben soll.' 1757, BSi. Rq. 1912, 208. — Vgl. Gr. WB. IV 1, 1, 125; DRWb. III 851.

Gegeⁿ- (bzw. *Gägeⁿ-*): **1.** in der Fügung *im G.* 1) als Gegenleistung; verbr. *Si het miᶜʰ spontān g'frōget, ob si ires Rössli ... chönnti bi mir īⁿstelleⁿ, im Gägeⁿz. gibt si mer Rītunterricht.* INTERNET. — 2) dagegen, hingegen; verbr. *[Iᶜʰ han] voⁿ der Marotteⁿ b'richtet, dasˢ hüt im Plural überall es -neⁿ aⁿg'hänkt wërdi ... Im Gägeⁿz. g'hört meⁿ vil mē als früecher, dass eⁿ Mërzalform wëgg'lāⁿ wird, wo 's eigentlech eini brūchti* BStdt (Internet). — **2. a)** Gegenangriff. ‚[Der Bote hat] unns küngklich brieff überantwürt, darus ... wir luter verstan, wie üwer künglich majestat us den händelln, nü gegen dem burgunschen hertzogen mit unnsern zuogewanten und unnserm g. bi Granson glücklichen begangen, befröwt ist.' 1476, Bs Chr. 2, 398. — **b)** entgegengesandte Delegation oä.; Syn. das Folg.; vgl. *Üs-z. 2.* ‚Meister Gorius Sickinger, dem Maler von Solothurn, wägen gemachter Contrafactur deß G-s, so man den Herren Gsanten der 3 Pündten gethan, zue einer Verehrung entricht luth Rhatzedels 6 Silberkronen, thuend 21 𝔈 12 β.' 1602, Z Anz. 1911, 181. ‚Zedel an m. H. Seckelmeister Ougspurger, sölle Gregorio Sickinger, dem Maler von Solothurn, die abgerissnen Exemplar des pündtischen G-s bezalen.' ebd. ‚[Es soll] ein jeder nüwerwelter Ambtsman ohne einich Geleit, Gleitsherren noch anders Gepreng ... sich uf sein anvertrouwet Ambt begeben und Possess nemmen, ihme ouch einicher G. beschechen.' 1653, B StR. 5, 671. — Vgl. Gr. WB. IV 1, 2, 2305.

Ent-gegen: = dem Vor. 2b. ‚Demnach die mehrmalige Erfarung mitgebracht ... daß die Einzihlung und von Zeit zue Zeit angesechne Meßigung in den Aufritten der Ambtleüten, derselben Außbegleitungen, Entgegenzügen und darmit underlouffendem Gepreng und übergroßen Vercöstigung mit den vilfaltigen Panqueten [usw. Anstoss fanden] sindt meine gnedige Herren zue disem weiteren Endtschluß ze schreiten verursachet worden [dass neugewählte Amtsleute zukünftig auf derlei ‚Gepreng' verzichten sollen].' 1653, B StR. 5, 671. ‚Sovil den Ritt [beim Regimentsumzug] betrifft, wellend ir Gn. nit zuelaßen, daß die von Worb verlautermaßen ein Endtg. thüeyind.' 1665, ebd. 749.

Gīgen-: entspr. *Z. 1cδ,* auf der Geige. S. Bd VIII 691 u. (1753, ADettl. 1905).

Gülten-: entspr. *Z. 10b,* allein mit Schuldbrief abgesichert; vgl. *G.-Zēdel* (Sp. 290). ‚Beim G. hat das ausschließliche Vorrecht derjenige Züger, dessen Liegenschaft am stärksten von der im Kauff begriffenen her ... unmittelbar oder mittelbar belastet werden kann.' NDW Ges. 1868, 29. Vgl.: ‚[In NDW] wird, wo Zinßbrieff mehr als ein Unterpfand begreiffen, demjenigen, wo die Zinßbrieff sein Gut auch zum Unterpfand haben, das Zugrecht gegeben, auch zum ersten deme, wo den ersten Anstoß an dem verkaufften Gut hat und also fortan, jedoch gehen die ererbte und vorbehaltne oder angedingete Zugrecht dem Gültenzugrecht vor.' LEU, R. 3, 554.

Land-garn-: entspr. *Z. 6b,* Fischereirevier, in dem ein Landgarn ausgelegt ist; vgl. *Fisch-Z. 2b,* auch *Land-Garn* (Bd II 422). ‚Heiny Ströwli hat ein l. verschlagen.' um 1510, Z; vgl. ‚einen zug verschlahen' (Bd IX 434 o.). ‚Hanns Breittiner hat ouch einen l. bi Zollikon verschlagen.' ebd.; s. auch im Folg.

Summer-garn-: entspr. dem Vor.; vgl. *Summer-Garn* (Bd II 423). ‚Lienhart von Marpach hat ein landgarnzug und ein sumerg. verschlagen.' um 1510, Z.

Gätterli-: Durchfall B; Syn. *Durch-z. 2d,* auch *G.-Springer* (Bd X 905, wo ein weiteres).

Güeter-: **1.** entspr. *Z. 2bγ,* Güterverkehr ohne Ein- und Abzugssteuer. ‚[Wir verlangen] daß wegen der Gerichtsscheidung uns von alten Rechten und Übungen nichts solle genomen werden wegen dem Frey- und Güterz.' 1797, G Rq. 1903, 98. — **2.** entspr. *Z. 4,* Eisenbahnzug zur Beförderung von Waren; allg.; Gegs. *Përsōnen-Z.;* vgl. *G.-Fuer* (Bd I 972). *Eiⁿsmōl ist mer deʳ Zug abg'fareⁿ ameⁿ Morgeⁿ. Dō hät mir en Banangestellteʳ g'seit, es chömi glīᶜʰ en G. voⁿ Nänikeⁿ, wo bis uf Örlikeⁿ fari. Wänⁿ iᶜʰ well, chönⁿ iᶜʰ mit dëm G. gōⁿ. Ich bin erliechteret g'sīⁿ. Deʳ nächst Përsōneⁿzug wär sicher ērst in ereⁿ Stund g'fareⁿ* ZGut. S. noch Bd X 1581 u. (DMüller 1917). In der RA. *in eⁿ Gieterz. īⁿstīgeⁿ,* reich heiraten BsStdt. — **3.** entspr. *Z. 10b,* Näherkaufsrecht mit Bez. auf Grundbesitz. ‚Von den Güterzug [Überschr.; dann:] Wann 2, 3, 4, mehr oder minder Brüdern ein Gut miteinandern ererbten oder erkauften und dero einer von diesen sein Theil [verkaufen würde], so soll der Verkäüffer dann dieses durch den Weibel lassen ansagen und offenbahren den übrigen und andern dessen Brudern, so gleiches Recht zu dem Zug haben, gleich wie in dem Blutzug.' 1748, ZG Rq. 1129. — Vgl. Gr. WB. IV 1, 6, 1422; DRWb. IV 1331.

Gloggeⁿ-: wie nhd. Glockenzug, auch Türklingel; allg., heute †; Syn. *Lǖti-Z.,* auch *Lǖti II* (Bd III 1513). *D' Hüsdireⁿ mit ireⁿ vier Gl.-zig nëbeⁿdraⁿ, wo zwai dervoⁿ lam g'siⁿ sinᵈ und zwai sunst nimmen aⁿg'gëⁿ hänᵈ.* THBAERWART 1935, 135. S. noch Bd XIV 794 u. (ABächtold 1972). In RAA. *Gl.-züg butzeⁿ,* betteln AA; AP; GWe.; ZZoll. (von Handwerksburschen). ‚[Arbeitsscheue Menschen] kannten ... noch eine andere Art der Geldbeschaffung. Das war das ‹Fechten› [*fëchten 4* Bd I 665], das *Gl.-züg butzeⁿ,* dh. das Betteln von Haus zu Haus.' PHUGGER 1964, 49. *Gl.-züg macheⁿ,* Haustürglocken mutwillig läuten AASuhrent.; BsStdt. [Die Wirtshausgäste] *hän auᶜʰ gërn z' Nacht uff ᵈem Haimwëg Gl.-zig z'ringsum in der Nōᶜʰberschaft g'macht.* RBCHRIST. — Vgl. Gr. WB. IV 1, 5, 187; Ochs WB. II 433; Fischer II 705.

Grāt-: sagenhafte Prozession der Verstorbenen über Berg und Tal W (allg.), auch ‚die von den Berggräten her wehende eisige Luft' (ä. Angabe); Syn. *Tōten-Z.,* auch *Nacht-Volch* (Bd I 804, wo weitere); *Sinfonī* (Bd VII 1168); vgl. *Sinagōgen 2* (Bd VII 1085);

Winden I (Bd XVI 534) sowie zur Sache JGuntern 1978, 504 ff. ‚Eine eigene Erscheinung in den Walliser Bergen ist die Vorstellung von der Prozession der armen Seelen im *Gr.* Die Volksphantasie lässt die armen Seelen gerne nahe dem Schauplatz ihrer frühern Tätigkeit büssen, mit Vorliebe in den tiefen Spalten der ächzenden und stöhnenden Gletschermassen. Nächtlicherweise, vorzüglicherweise in Quatemberzeiten, ziehen nun die armen Seelen im weissen Kleid betend und klagend durch die Berge.' HBrockmann 1931, 51. ‚Der *Gr.*, das waren böse Geister, denen man nicht mehr helfen konnte. Erwischte der jemand, hängte er ihm eine Krankheit, einen Ausschlag oder ein gichtähnliches Leiden an. Man nannte es auch *d' Winn^{d}a.*' JGuntern 1963, 336 (WTörbel). *Šīne^{n} tōt Getti het er dā oi^{ch} g'seh^{n}, und dër het 'mu g'seit: Wier sī^{n} der Gr., und wier gē^{n} jetzu^{n} grad hie ämuber z' Widubrunnu^{n} und dernach^{h}ër ūf in 's Cholerli und uf d' Aspiniflüeh und damūf.* Wir Walser 17, 1, 31 (WOEms). *In ^{d}er Tōtuprossessiō^{n} het mu^{n} d' armu^{n} Sēle^{n} g'seh^{n} und d' einzelnu^{n} b'chännt, bim Sinagōg dergägund het mu^{n} nummu^{n} wunn^{d}erbari Müsig g'chērt. A^{l}s^{w}ie ist mu^{n} öu^{ch} in e^{n} Gr. cho^{n}. De^{nn} het mu^{n} d' Abg'storbnu^{n} nummu^{n} als chalte^{n} Zug g'spirrt, wa līsli^{ch} g'surrt, g'jāmrut oder gipfiffut het.* RWalter 1984, 74 (WGräch.). ‚Auf der Rinderalp von Unterbäch gibt es einen Gr. Als man dort einen Pferch errichtete, stob das Vieh in der Nacht hinaus, als ob es keinen Zaun gäbe. Wenn es den Sennen gelang, das letzte Stück Vieh mit dem Namen zu rufen, konnte man die Herde wieder besammeln, sonst aber lief sie fort und konnte erst am Morgen wieder zusammengetrieben werden.' JJegerlehner 1913, 251. ‚Zwischen Fiesch und Bellwald steht am Rande eines Abhanges der freundliche Weiler Bodmen, der ins Fiescherthal eine herrliche Aussicht gewährt. Unweit davon vertieft sich eine Schlucht, durch welche der sogenannte Bala-Bach herabfliesst. Ehe man aber in die Schlucht gelangt, begegnet man einer kleinen Kapelle, in welcher die Muttergottes verehrt wird. Und wenn die Bergbewohner nach Bodmen gehen wollen, pflegen sie in der Kirche einige Ave zu Ehren Mariens zu sprechen, umso mehr da die Schlucht wegen des unheimlichen Gr-es berüchtigt ist, der hier von der Höhe zur Tiefe fährt.' W Sagen 1, 76.

Kar^{r}e^{n}-hof-. Nur in der Wendg *mit kai^{ne}m K.*, ‚mit keiner Mühe, keiner Gewalt, auf keinerlei Weise' BsStdt (ä. Angabe). – Nach einem ehemaligen Sitz des Basler Lohnamtes (vgl. *Lōn-Amt* Bd I 245), ‚wo Angestellte waren, die für die Stadt zu arbeiten hatten' (ä. Angabe).

Hagel-: lokales Unwetter mit Hagelschlag; verbr.; Syn. *H.-Wëtter 1* (Bd XVI 2265, wo ein weiteres). S. Bd XVI 2250 M. (KSuter Zg Chr. 1549).

Halb-. Nur H.-zügler m.: wer (als Landwirt) ein Gespann mit nur einem Zugtier hat ZMönch. (ä. Angabe); vgl. ‚ein halber zug' (Sp. 478 o.). ‚H.-zügler und die ihr Gütlein bauen lassen, gab es [A. XIX. in ZMönch.] 43 auf 100 Bauern.'

Rĕck-holderen-: ehem. Kinderfest in ZWth.; vgl. unter *Rĕck-Holderen 1a* (Bd II 1189 o.), ferner *Milch-Z.* ‚Ganz dasselbe [ein Kinderfest mit Umzug und Brotausteilung] besagte zu Winterthur [im XVI.] der Reckholdernz., ein Jugendfest, welches gleichfalls mit einer Waldbegehung begann und mit einer Mutschelnvertheilung schloss.' Arg. 12, 47 (Rochh.).

Holz-: Transportweg für ins Tal zu führendes Holz U; Syn. *Z. 7aγ* (wo weitere), auch *Schleiff-Wëg a* (Bd XV 844); vgl. *Heuw-Z. 2a, Chās-Z.* ‚Anno domini 1530 uff sannt Martis tag uff der tantztily an einer offnen lanndtzgemeindt hand unser gemeinen lanndtlütt gesetzt als von der holtzzügen wegen, namlich das man die bruchen söll wie von alter har.' 1530, Schw LB. 171; s. auch in der Forts. Bd IV 296 u. – Als Flurn. *H.* LV. (Abhang; schon: ‚in den Holtzz. bey Vitznaw.' 1781, LW. Rq.; vgl. L NB. 2).

Hammer-: Traktionsvorrichtung zwischen Turmuhr und Schlaghammer. ‚Dem urenmacher N. zalt sin arbeit, so er ann der ur uff der Nydegk, alls das er das stygrhad ußgefylet, ein niüwen h. unnd anderes, was daran gemanglett, gemacht hatt.' 1585, Z Anz. 1916, 324. ‚Dem urenmacher N. vernüegt, daß groß werck im Zytgloggennthurm allerdingenn ußzebutzen, ouch das er zwo stangen an den h. ... gemacht.' 1590, ebd. 325; ebd. öfter.

Heim-: Rück-, Heimkehr, meist von Truppen; Syn. *Wider-Fart 1* (Bd I 1037); vgl. *Ab-z. 1a.* ‚[Betrachtung darüber] was uns allen das gebracht hat, das wir [nach dem Sieg über die Burgunder bei Grandson] so schnell h. getan und die vind nit witter gesuocht habent.' 1476, Waldm. 1, 171. ‚Es vermeynt ouch mencklich, die Venediger hettend inen [dh. dem kaiserlichen Heer] ein welsche suppen zuogericht, dan sy sturbend im heymz. ellentlich im feld, dorffern, strasßen und ställenn wie die touben mucken.' JStumpf 1536, 2, 7. S. noch Bd V 40 u. (JMurer 1559); XIII 332 o. (Ansh., 2. Beleg). Zeremoniell durchgeführt. ‚Als an min herren gelanget, das die zum Weggen herrn vogt Gimpern uff sinem h. mit harnüschen und weeren entgegenzetzüchen bedacht sigen, habent sy sich entschlossen, diewyl es ein nüwerung und vorher nie gebrucht, so söllen sy das ouch nit thuon und zuo diser zyt ruowig sin.' 1564, Z RM. S. noch Bd XII 1587 u. (1697, Z). – Vgl. Gr. WB. IV 2, 885; Schm.^{2} II 1098; Fischer III 1383; DRWb. V 652; Frühnhd. WB. VII 157. – heim-zügig: ‚an Heimweh leidend' WVt. (FZimmermann); vgl. *h.-züg. Dü bist öü^{ch} gar kei^{n} Heimzigige^{r}*, ‚du kommst nicht gerne nach Hause zurück'. – Heim-zügigi f.: entspr. dem Vor. WVt. (FZimmermann), nur in der Fügung *kei^{n} Heimzigigi hä^{n}*, ‚immer als letzter von der Arbeit oder vom Ausgang kommen'.

Hin-: das Weggehen, der Weg-, Fortzug; Syn. *Ab-z. 1c* (wo Weiteres). ‚[Was auf der Tagsatzung beschlossen wurde] daz werd man inen fürderlich verkünden, und nit destminder, ob si mitler zit im h. vernemend, daz uff die kayserlichen schriften ein oder mer orten daheym plibend oder ob etliche ort verzogen werend und sich wider wandten, heym zuo ziechen, daz si dann desglich och tuon und wyder heymzüchen sollen.' 1510, RDurrer 1927, 64. ‚[1496 haben die Walliser ihren Bischof vertrieben.] Darzuo im [und seinen verwaisten Bruderskindern] ir hab mit gwalt im h. genommen.' Ansh. 2, 48. ‚[Lehrer N. hat uns] underthänig gepätten, ime söllichen h. [näml. von Bern nach Thun] zuo erlouben mit erpietung im fal, man sinen harnach villicht alhie manglen wurde, das [usw.].' 1577, ASchaer 1919, 59. ‚[Ich weiss nicht] ob du noch alltziit zuo Zürich verharret oder wytters gereysett syest; diewiill aber des meister Gerigs ... hausgesindt ietzunt dohin züchent unnd mich ires hintzugs verstendigett habent, so han ich nitt underlassen wellen, dich vorab unsers wollstandts zuo berichten.'

herr daßselbe verkauffte, so hate ein solchen Lachenman den Zug, sofehr er de[n] Kauff mit eigenem Mitlen außzuehalten im Vermögen steht. Fahls aber der Lantsman in Zeit deß Verkauffs deß Lächen nit würcklich bestuendte, sundter dißes schon abgethraten häte, so solle er deß Zugrechtens nicht [mehr] fehig sein, nach gewohnetem Bruch aber der nachere Züg der Lächenzüg vohrgehn solle.' 1491, LE. Rq. 2016, 284 (Abschr. XVIII.). ‚[Es wird bekräftigt, dass N.] ßeine Nagelschmitten auch an einen Fremden verlehnen möge, doch ßo, das zu allen Zeiten einem Burger der Stadt Willißau, welcher ein Meisternagler wäre, der L. vorzüglichen auf dießere Ehehaften ßolle gestatet werden.' 1776, LWill. Rq. 1994, 600; s. auch Sp. 515 u. (1797, ebd. 2002). 534 o. (ebd.). ‚[Es] sollen alle üblichen Ausnahmen zu Gunsten der Bürger der Stadt Bern, wie auch der Blut- oder L., als welche Rechte samtlich dem Burgerzug vorgehen, dabey vorbehalten seyn und diese Vergünstigung nur in so lange dauern, als es uns gefallen wird.' 1791, BBurgd. Rq. 598. — Vgl. DRWb. VIII 1014; Frühnhd. WB. IX 690 (in anderer Bed.). — Lēhen-züger m.: Inhaber eines Lehenszugrechts. ‚[Das Zugrecht kann] nur in dem Fall ungehindert ausgeübt werden ... da kein Blut- oder L. vorhanden wäre.' 1784, BE. Rq. 766.

Land(s)-: **1.** entspr. *Z. 6a,* Fischzug in Ufernähe oder vom Ufer aus. ‚Es sint ouch all landzüg uff Zürichsew verbotten, mit der bescheidenheit, dass iederman wol ziehen mag, wie nach er dem land wil, also dass er das garn über des schiffes port inziehen sol, und sol ouch dasselb schiff uff dem wasser sweben, und süllent och die vischer in dem schif sin, so si das garn ziehent, und sol ir keiner usserhalb dem schif uff dem grund stan, diewile si das garn ziehent.' 1386, Z Ant. Mitt. 63, 215. ‚Es sol nieman kein landzüg tuon; buos 30 β.' 1493, CHelbling 1916, 121. ‚Zum dritten komen die Landzüg oder nächern gägen dem Lant. Da sollent die rechte Netzen ihr Recht haben sunderbahr zue Nacht, dan dieselbe an den Abent gesetzt werden und die Nacht hindurch gesetzt bleiben biß zue dem Morgenn oder noch lenger.' 1736, LW. Rq. 271. — **2.** entspr. *Z. 10b,* Näherkaufsrecht der Landeseinwohner, der Gerichtsangehörigen; vgl. *Amts-Z. 2, Zwings-Z.* ‚Umb den landsz. der anstößeren halb [Überschr.; dann:] Item wen ein guot, d[a]s im land gelegen und eigen oder sunderbar ist ... von einem landkind verkouft wirt und nit ein ertwächsel nach dem lantrechten geben wirt und die anstößer sich des zugs undernemen wurden, so soll der, so unden uf daran stost ... den ersten zug haben.' 1598, BSa. Rq. 219. ‚Die [‚Landlüt'] der Castlaney Ösch, Rötschmund und Rossigniere aber sollend by ihrem Landzugrechten ... verblyben, also daß solche Züg der ligenden Güeteren in Jahrs- und Tagsfrist und vor Verfließung derselben zwüschen ihnen, [‚Sanen' einer- und ‚Ösch, Rötschmund und Rossigniere' andererseits] den Castlaneyen, beschechen mögend und getan werden sollend. Solcher Landz. aber sol den Bluetzug keineswegs verhinderen, sonder derselbig dem gemeinen Landz. in allweg vorgahn.' 1623, ebd. 241. ‚Wir, Schultheiß und Rhat der Statt Bern, thuen khund hiemit, das ... niemand einiche Güetter, es syend Matten, Weiden oder Bergrechtsame, uß gedachter Landschafft March an andere Ohrt verkauffen sölle, ußgenommen und vorbehalten Bluetzug, Weidzug und Landz.' 1644, BFrut. Rq. 216. ‚[Es] solle der Landschaft Obersimmental, im Fall ein Oberer Bergrechtene in diesem Gestellenberg an einen niedersimmentalischen Landmann verkaufen wurde, der L. jederweilen heiter vorbehalten bleiben.' 1757, BSi. Rq. 1912, 209. S. noch Sp. 515 u. (1797, LWill. Rq. 2002). — **3.** Kriegszug, Heerfahrt; Syn. *Z. 2bβ* (wo weitere). ‚So nu der manschafft halb ze Hagenwyl und Blydegg bey[d]ersidts were konntschafft dargebotten, so hettind wir gehört uß denselben kontschafften, das dieselben manschafften in lanndszugen, als gen Murten, Lannsen, Grannsen und annderschwahin, mit irer grafschafft hettin gereyßet.' 1511, Th Rq. 2017, 260. ‚Wiewol ouch war mochte sin, das dis manschafften gen Waltzhuot, gen Ynnsprugg, gen Wynntterthur, Gennow und annderschwahin mit dem gotzhuß hettin gereyßet, das were alles uß fryem willen und gar keynem landsz. beschehen.' ebd. 261. — Vgl. DRWb. VIII 703; Frühnhd. WB. IX 235.

Lang-: **1.** Zugkette oder ‚ein dickes Seil zum Vorspannen mehrerer Zugtiere' Aa (ä. Angabe), so Bb. (JLFrei), Jon. (‚wird verwendet, wenn vier Stück Vieh an den Pflug gespannt werden sollen.' SMeier); vgl. *Vor-z. 4aα. Sit mer L.-züg a^{n} de^{n} Pflüege^{n} häd, gōd 's Chēre^{n} liechter.* JLFrei. ‚6 gros Holzketten 10.–, 2 Krezketten, 1 L. 4.–' 1788, AaWildegg (Schlossinv.). — **2.** entspr. *Z. 1cζ,* best. Schwung im Schwingsport. Schwingerspr.; vgl. *Churz-Z.,* auch ‚lang ziehen' (Bd III 1321 u.), zur Sache JBMasüger 1955, 131. *Der Fischer het durch L. welle^{n} si^{n} Gegner iberobsi^{ch}stelle^{n}* Bs Fastn. Lit. 1934.

Lösch-: wie nhd., Einsatzeinheit der Feuerwehr; verbr. S. Bd XIV 32 M. (ZgStdt).

Last- BsStdt, *Laste^{n}-* AaWohl., auch schweizerhd.: Lastkraftwagen mit Anhänger; aaOO.; Syn. *Auto-Z. 2,* auch *Last-Wagen b* (Bd XV 749). *Zwischen ^{d}em L. und mir sinn^{d} no^{ch} siben anderi [Auto] hinder em drī^{n} g'schliche^{n}.* Bs Nationalztg 1973, 11. Aug. (RBChrist). — Vgl. Gr. WB. VI 267 (in anderer Bed.); KMeyer 2006, 173; Variantenwb. 439.

Lūti-: = *Gloggen-Z.* (Sp. 558) BStdt; vgl. *Lūti II* (Bd III 1513). *Wo si sech du^{e} alli drei so rëcht brav a^{n} dëm vermeintleche^{n} L. g'ha^{n} hei^{n}, isch^{t} du^{e} ändlech öpper d' Stëgen ab cho^{n}.* RvTavel 1910, 2, 60.

Lauwene(n)- (bzw. *-aub-, -ouw-* uä.) GrD., Kl., Rh., Says, Lau^{w}i- (bzw. *-aiw-, -ouw-* uä.) BBr., Gr., Ha., L., M., Si.; Gl, so Elm; GrIg., L., Trimm., UVaz; PMac.; GSev., W.; Ndw; W, so Bürch., Saas, Steg und lt St.: **a)** regelmässig von Lawinen heimgesuchtes und dadurch eingefurchtes, gegebenenfalls durch Schutzwälder kontrolliertes Hanggelände; aaOO.; Syn. *Z. 7aβ* (wo weitere), auch *Rawinen* (Bd VI 1875); vgl. *Risi I 1* (Bd VI 1369); *L.-Schuss* (Bd VIII 1722). *Natürlich buwt niemen es Hūs oder e^{n} Stall in e^{n} Louwiz. Aber es gi^{bt} Bërga, wo 's ki^{2n} ganz sichera Platz gi^{bt}.* Bratschi-Trüb. *Am Briensergrād hed 's etli^{ch}menga Leuwwiz.* Schild-Boss. *Wie* [der Mann] *e^{n} Stuck fürūs g'sin ist und grad a^{n} 'rm Laubenenz. verbī ist, het 's dobne^{n} in de^{n} Felsen ang'fangge^{n} chrachen.* ABüchli 1958, 251 (GrKl.). *An^{n}ę 1810, ja schoę^{n} in de^{n} Nünzgerjōr, sinn^{d} vom Löü^{w}iz. am Gunza allpott Löü^{w}ene^{n} gäge^{n} d's Runggtobel un^{d} dänn über ^{d}e^{n} Walserbërg a^{b}he^{r}chu^{n}.* JKuratli 1958^{2}, 147. ‚Wegen der Lauwenzügen ist gesatz und benamset, wo dieselbigen seigen und wie weyt sey gechen sollen.' 1729, Gr Rq. 337 (GrTenna Satzg). — **b)** Lawinenniedergang; Syn. *Lauwelen 1* (Bd

Schwingsport, bei der der Angreifer den Gegner nahe an sich heranzieht, ihn hochhebt und mit einer Drehbewegung auf den Rücken wirft. Schwingerspr.; Synn. *Churz* (Schwingerspr.); *Hüftschwung* (Schwingerspr.); vgl. *Lang-Z. 2,* ferner *churz ziehe*^{n} (Bd III 496 u., wo Weiteres) sowie zur Sache JBMasüger 1955, 131. ‚Wohl der beliebteste und heute am meisten ausgeführte Angriff ist der K. Er ist die radikalste und fürs Auge wohl eine der schönsten Angriffsarten. Der Kurz geht, wie der Name sagt, auf dem kürzesten Weg auf das Ziel los.‘ NZZtg 1977, 18. Aug.

Chās-: entspr. *Z. 7aγ,* Gleitrinne für den Käsetransport bzw. wohl auch der Transport selbst Ndw (‚Runse im Gebirge, durch die früher im Herbst der Käse von der Alp auf Tannästen zu Tal geschleift wurde.‘ Niederberger); UBürglen (SV. 1965); vgl. *Holz-Z., Heuw-Z. 2a* sowie zur Sache SV. 1965, 39/44. ‚Käszüge sind 2, der hinder und vordere. Durch den hindern kommen die Käse aus beyden Weistenboden, Gisleralp, Wängi, Riedermatt, Galtenebnet und Kintzerthen, beyläufig 1060 Stück Käse. Die Anfahrt geschieht in dem so genanten Loch. Der Zug ist von der Bodenfläche 2 Stunden hinauf. Diese Fahrt wird in einer halben Stunde gemacht.‘ SV. 1965, 41 (Brief 1816).

Chetti-, Chetteli-: **a)** Vorrichtung zum (An-) Heben schwerer Lasten, bes. Baumstämme BE., G., M.; Syn. *Holz-Tüfel b* (Bd XII 721, wo Weiteres). ‚Heiterenfahnen, was haben wir dennzumalen für eine Fuchti gha, bis wir die Fleischlauelen umen haben auf ihrer Stüd können stellen und mit einem Köttiz. zum Pangsiönli aufen fugen.‘ Bieler Tagbl. 1917, 7. Juli (JBürki). [Es] *cha*^{nn} *ei*^{ne}*m u*^{n}*hirsche*^{n} *mache*^{n}*, we*^{nn} *me*^{n} *all Morge*^{n} *schier e*^{n} *Chöttiz. mangleti für d' Lüt us* ^{d}*em Bett z' bringe*^{n}. Emmentalerbl. 1917, 23. Juni. S. noch Bd XII 721 u. (Bärnd. 1911). Im Vergleich; s. Bd IX 1662 u. (SGfeller 1911). — **b)** Flaschenzug Z (Dän.). — Vgl. Gr. WB. V 638 (in anderer Bed.).

Klōster-: entspr. *Z. 3.* **a)** Gespann der Vogteiverwaltung in BInt.; vgl. *Hūs-, Siechen-, Spitāl-, Stadt-Z.* ‚Holz uff die allmänt mit 2 cl.-zügen füeren lassen.‘ 1570/1, BUnterseen (Amtsrechn.). ‚14 Rollen zum Cl.‘ 1635/6, BInt. (Amtsrechn.). — **b)** übh. stattliches Gespann. ‚Namlich uff den Berghöfen [oberhalb von BWyn.] ist insonderheit alles wohl gestanden mit allerlei Hülli und Fülli, uff allen [grossen Aussen-] Höfen hat man Kl.-züg erhalten können.‘ Jost Chr. 1617/56, 96. — Zu Bed. a: Das ehem. Kloster Interlaken diente nach der Reformation als Sitz der Vogteiverwaltung.

Lands-knĕchten-: = *L.-Um-z.* (Sp. 512, wo Weiteres). S. Bd III 725 u. (unter *Lands-Chnĕcht 1*).

Chrieg(s)-: wie nhd.; allg. (nur historisierend); Syn. *Z. 2bβ* (wo weitere), auch *Chriegs-Ge-läuf* (Bd III 1144). ‚Reiß (die), kriegz., militia, expeditio.‘ Mal. *Der N. ist ordli*^{ch} *vomene*^{n} *Chr. vo*^{n} *Schwīz dur*^{ch}*e*^{n} [nach Einsiedeln] *cho*^{n}. Lienert 1891[1], 97. ‚[Es ist] erkennt worden, daß künftighin alljährlich auf das Neujahr die ganze Compagnie, so auf das Piquet kommt, mit Nummern, welche durch das Loos gezogen werden, in Auszug gesezt werde, und daß mann immer die ersten Nummern ... so viel, als man benöthiget, solle aus- und ab- und hinwegnehmen, wann ein Kriegsz. soll gethan werden.‘ 1796, Zg Rq. 1116. S. noch Bd I 117 M. (Cys.); VII 333 o. (1591, AaL. StR.). Wohl i. S. v. Heer: ‚Es ist jedermencklichem ... offenbar, wie diser Zyt an allen Orten, die an ein lobliche Eydgnoßschafft grentzend, große Heer- und Kriegszüg uf Fhüeßen sind und dahar allen benachparten ... Gefharen und Verthürungen alles deßjenigen, weßen der Mentsch geläben mues, antröuwet werdent.‘ 1625, B StR. 8, 47. — Vgl. Gr. WB. V 2302; Fischer IV 757; Frühnhd. WB. VIII 1681.

Kranch-: entspr. *Z. 5c,* Kran; Syn. *Chranen 1a* (Bd III 826); vgl. *Chranch* (Bd III 831), auch *Rad-, Schänkel-, Schnabel-Z., Stein-Z. 2.* S. Bd XV 432 M. (1496, B StR.). — Vgl. Gr. WB. V 2023; Fischer VI 2361 (je unter ‚Kranichzug‘).

Chrūz-: **1.** wie nhd. Kreuzzug; allg. *So ne*^{n} *Chr. het als Pilgerfart g'gulte*^{n}*, u*nd *d' Ritter, wo i*^{n} *'r Schlacht si*^{n} *g'storbe*^{n}*, hei*^{n} *als Märtyrer g'gulte*^{n} BSum. (Internet). ‚In obgemeltem kr., 1189, sind dem keiser nachzogen küng Philip von Frankrich und küng Richart von Engenlant, Löwenherz gnemt.‘ Ansh. 1, 38. — **2.** ‚Prozession mit Kreuz und Fahnen‘ Gl (ä. Angabe); Syn. *Chr.-Gang 1* (Bd II 349, wo ein weiteres). — Vgl. Gr. WB. V 2201 (in anderer Bed.); Ochs WB. III 280.

Līche^{n}-: **1.** wie nhd. Leichenzug; verbr., aber mit dem Brauch überall †; Syn. *Trūr-Z.,* auch *Līcht-Gang* (Bd II 350, wo Weiteres). *Vor Jōren ist en L. vom Riet gäge*^{n} *'s Dörfli zue underwëgs g'sī*^{n}. Brunner 101 (GoT.). *O*^{ch} *d' L.-züg het me*^{n} *... chönne*^{n} *beobachte*^{n}*, all di schwarz a*^{n}*g'leite*^{n} *Lüt mit mē oder weniger trūrige*^{n} *G'sichter u*nd *vergrännete*^{n} *Ouge*^{n}*, wo hinder* ^{d}*em Līche*^{n}*wage*^{n} *mit* ^{d}*em Sarg, wo Ross 'zoge*^{n} *hei*^{n}*, langsam si*^{n} *cho*^{n} *z' louffe*^{n}. BTraber 1997, 155 (BM.). *Wa di Tōte*^{n}*träger d's Sarch ūfg'lade*^{n} *hī*^{2n}*, sī*^{n} *mit* ^{d}*em Pfar*^{r}*ichrūzträger, de*^{n} *Gī*^{2}*stleche*^{n} *... zwē*^{n} *Cherzen tragendi Mëssdiener* ^{d}*em L. vorūs g'gange*^{n}. AJungo 1989, 23 (FStdt). *Epis, wō mer in der hitige*^{n} *Zīt in ere*^{n} *Stadt nie mē g'sehn, isch*^{t} *e*^{n} *L., der Sarg mit* ^{d}*em Verstorbene*^{n} *vorūs uff eme*^{n} *Wage*^{n} *... und e*^{n} *lange*^{n} *Zug vo*^{n} *Mentschen in schwarze*^{n} *Glaider hinde*^{n}*drī*^{n}. Bs Nationalztg 1970, 31. Okt. (RBChrist). Im Volksglauben: [Die Frau des Nachtwächters berichtet, sie habe das Totenvolk gesehen] *wie-n-e*^{n} *Vergrebnis, der L. mit* ^{d}*em Tōte*^{n}*bomm uf de*^{n} *Frithof gā*^{n}*, und am andere*^{n} *Tag isch*^{t} *denn ei*^{n}*s g'storbe*^{n}. ABüchli 1958, 118 (GrIg.). — **2.** spielend mit dem Vor., entspr. *Z. 4,* Eisenbahnzug mit defekten Waggons oder Lokomotiven auf der Fahrt in die Werkstatt. Eisenbahnerspr. *Das isch*^{t} *en sogenannte*^{r} *L., dë*^{r} *bringt di kabutte*^{n} *Wäge*^{n} *uf Altstette*^{n} *i*^{n} *d' Wage*^{n}*wërchstatt* AaB. ‚Lokomotivzüge, die mit defekten Lokomotiven verkehren, nennt man etwas makaber auch Leichenzüge. Diese speziellen Leichenzüge entstehen, weil die Lokomotiven selten dort einen Defekt haben, wo man sie reparieren kann ... Oft befinden sich in einem solchen Leichenz. auch Lokomotiven, die abgebrochen und so zu Grabe getragen werden.‘ Internet. — Vgl. Gr. WB. VI 624; Ochs WB. III 429; Allgäuer 1046; Fischer IV 1135.

Luft-: **a)** wie nhd.; j. allg.; Syn. *Wind-Z.,* auch *Luft 2* (Bd III 1157); *Transt II* (Bd XIV 1232, wo ein weiteres). [Es] *wäit e*^{n}*kei*^{n} *L.* AMeyer 1960, 71. — **b)** Zugluft, spiffero PGr. (WB.); Syn. *Durch-Z. 1,* auch *Durch-Wind* (Bd XVI 526, wo ein weiteres). — Vgl. Gr. WB. VI 1265.

Lēhen-: entspr. *Z. 10b,* dem Inhaber eines Lehens zustehendes Näherkaufsrecht; Syn. *Trager-Z.,* auch *Lēhens-zug-Rëcht* (Bd VI 308). ‚[Wenn jemand] uff einem Guet zue Lehn sitzet undt der Eigentuems-

schlittnen des Bergheus von Tristen und aus Fineln. Schnaps als wärmender Trunk.' SV. 1932, 57 (BFrutigtal). *Das Heu^{w} hed me^{n} ērst im Winter im H. heime^{n} chönnen. En Tschuppe^{n} Nächpūre^{n} heind ši^{ch} z'sämme^{n}getān und enand g'holfen. Für den H. muess me^{n} d's Heu^{w} in Burdene^{n} fassen. E^{l}sō en Burdi hed fast ūsg'sehn wie en übergrousse^{r} Salāmi. Me^{n} ist enand an d' Hand g'gangen und denn is^{t} 's dür^{ch} di Töbel uf ^{d}em Schnē aper i^{n} 's Tal g'gangen.* Wir Walser 2012, 2, 54 (GrKl.). ,Das Heu wird stets zunächst in den braunen, luftig *ūf'trōleten* Bargen geborgen, welche die Mähder bis 2000 m über Meer beleben. Im Winter, wenn der Schnee tief und fest genug ist, rüsten sich die Männer zum *H.*, der als anstrengende, aber doch willkommene Abwechslung das eintönige Winterleben unterbricht.' CSchröter 1895, 176. *Ši hein 's nid līcht g'han, ünš Underschnitter 'Būre^{n}. Alls hein š' mid der eigne^{n} Chraft müesse^{n} mache^{n}, jede^{n} Schnitz mid der Sēge^{n}ssa mēje^{n} und e^{n} jede^{n} Halen Häu^{w} uf de^{n} Stall puggle^{n} ... und de^{n} Winter in den H. oder z' Wald gā^{n}.* MSchmid 1982, 16. *Man^{n}a sin uf ^{d}em H. Der Att ōg. Si hī^{2}n der Halblīnrock ab'zogna^{n} und ziehn an ire^{n} Schlitte^{n} mit de^{n} runde^{n} Tueheten druff. Si chömen ī^{2}na^{r} hinder ^{d}em anderen uber d' Egga a^{b}ha^{n}, helte^{n} starch vorī^{n}, und mi^{n} g'seęht, wi^{e}-n-ire^{n} starhe^{n} Rügga wërhe^{n}.* MLauber 1954, 75. — **2. a)** entspr. *Z. 7aγ*, Gleitrinne für den Heutransport BStSteph. (SDS.-Phonogr.), Si. (Bratschi-Trüb); vgl. *Holz-, Chǟs-Z. Mi^{n} tuet de^{nn} di beęde^{n} Burdeni z'säme^{n} zu-n-ere^{n} Ledi und tuet under di vorderi der Schlitte^{n} oder ... e^{n} Gäl^{l}i* [Gälli Bd II 207] *drunder, und de^{nn} fert mu^{n} de^{n} Höu^{w}z. a^{b}hi^{n}, gäge^{n} d's Tal zue, der Höu^{w}läss oder der Höu^{w}z.* SDS.-Phonogr. 1, 44. — **b)** schmales Rasenband an einer Felswand ObW (HChrist 1869, 125; Synn. *H.-Bett 2* (Bd IV 1813); *Schnuer II 3a* (Bd IX 1298, wo weitere); vgl. *H.-Sīten* (Bd VII 1455). ,Pfadlos gerathen wir hinaus auf eine der schmalen und immer schmaler werdenden Terrassen (Heuzüge), die mit herrlichem, hochwallendem Rasen prangen. Denn nirgends ist die Alpenflor reicher als an diesen, dem Weidgang nicht erreichbaren, zwischen Felswänden sich bergenden Orten.' HChrist 1869. — Vgl. Jutz I 1395; Allgäuer 829; Fischer III 1567. — Flurn. (wohl zumeist zu Bed. 2a). *H.* GlGl. (ortsnamen.ch); ,UAtt., Flüel., Sil., Spir.' (Runsen, Waldschneisen. U NB.). — Heuw-zügel m.: entspr. dem Vor. 1a, wer mit dem winterlichen Abtransport des Bergheus betraut ist; Syn. die Folgg., auch *H.-Zieher.* ,Einem tagwanner ... sol man [im Winter bis zum 25. März] zum tag 15 β und denn von deshin, bis das man anschlet, ze megen zum tag 18 β geben, doch so sol man einem höwz., die das höw zum versten reichend, zum tag öch 18 β geben.' 1497, BSi. Rq 1912, 60. — Heu^{w}-züger m.: = dem Vor. BFrut.; GrKl., Rh. — Heu^{w}-zügler m.: = den Vorr. WLö. (JGuntern 1978, 891).

Joggeli-: = *J.-Um-z.* (Sp. 511) AaL. ,Anlässlich des Endschiessens der Schützen (Ende September, anfangs Oktober) wird der *J.* durchgeführt. Die Teilnehmer hüllen sich in Leintücher und tragen Servietten als Kopfbedeckung.' ASV. II Komm. 296. ,Dises Jar fand der mitternächtlige *J.* Montag, den 6. Okt. 02 statt.' Lägernbote 1902, 18. Okt.

Kauf-: entspr. *Z. 10b*, Näherkaufsrecht. ,K. der Unehelichen. Unehelich geboren Fründ bis in vierten Grad mögend auch zum K. gelangen, wan kein ehelicher Bluetsverwandter im vierten Grad inclusive den Kauf ziehen will. Dann wann ein Ehelicher dem Verkaüfer in dem vierten Grad oder näher verwandt ist, mag er den Unehelichen, ob er schon näher verwandt wäre, vom K. tryben und denselben nemmen.' 1534, F StB. 1. H. XVII., 151. ,[Dem Vogt] in Befelch aufgetragen, in meiner ... Herren und Oberen loblicher Statt Bern Namen zue Handen dero Schloßes Louppen gedeüten vierten Theil Zeenden in Ansechen der schon habenden zweyen vierten Theilen zue ziechen, also deßwegen den Kouffz. zue thuen.' 1679, BLaup. Rq. 43. Vgl.: ,In allen Gauen und Thälern der Schweiz bestand von den Feudalzeiten her das Kaufzugrecht, welches durch den bürgerlichen Eigennutz und Stolz der Munizipalstädte zumal noch verstärkt ward, so daß die Ausübung dieses widernatürlichen Rechts nicht nur von den Bluts- und Sippschaftsverwandten des Verkäufers ... sondern annoch von einem Bürger gegen einen Nichtbürger ... stattfinden konnte.' Schweizerb. 1831, 330. — Vgl. Gr. WB. V 347; DRWb. VII 672. — Kauf(s)-züger m.: **a)** wer ein Näherkaufsrecht besitzt. ,Diewyl ze gedenken, daz etliche wol vermügliche Personen, so derglichen ligende Güeter ze kouffen Begird und Willen tragend, zue dem Antritt mit barem Gelt starke und große Summen versprechend und erlegend, damit vermeinend, andere, die des verkoufften Guets zügig, mit dem, daz inen ir ußgeben Gelt also baar soll ersetzt werden, hinder sich und abzehalten, deßhalb erlüteret, daz die Person, so des Kouffs zügig, von dato vor Gricht ergangner Kouffserlüterung ein Monatsfrist, selbige Summe ze erlegen, sölle von dem Köüffer Zil und Borgen haben, alsdann selbiger Monat verschinen und das Gelt, so paar versprochen, er Züger nit erleite, so sölle der begert Kouffsz. von synem fürgenommen Zug sy und den Köüffer der Verhinderung synes Zugs schadlos halten.' 1608, Aa Rq. 1922, 306. — **b)** Käufer. ,Der ... Weinkäüfen halben ist angesehen und verordnet, daß fürterhin in einem Kauf oder Tausch auf das erst 100 Gl. ferners nit als drey Pfund und dan ferners von 100 Gl. ein Pfund, bis auf 1000 Gulden, und hernach von 100 Gulden zehen Schilling verweinkaufet und der Kaufz. weiters zue bezalen nit schuldig sein solle.' vor 1688, Aar. StR. 405. — Vgl. DRWb. VII 672.

Chämi^{n}-: = *Z. 5e* (Sp. 480, wo weitere Synn.), Rauchabzug. [Wichtig war es] *der Ch. ganz offe^{n} z' mache^{n}, dass die hüffe^{n} Hitz dir^{ch} d's Chemi^{n} ūf und üss het chenne^{n} flihje^{n}.* MEttlin 1992, 80 (GrObS.).

Chännel-: als nachbarschaftliches Gemeinschaftswerk organisiertes Einbauen und Reparieren von hölzernen Wasserleitungen mit Hilfe von Seilen und Haken bzw. auch die Wasserleitung selbst bzw. ein Abschnitt derselben WAusserb., Eggerberg; vgl. *Suen II* (Bd VII 1109) sowie zur Sache FGStebler 1915, 61/3. ,Eine der schwierigsten Arbeiten bei dem Unterhalt der Leitungen ist der *Chän^{n}ilz.* oder das Plazieren der hölzernen Kännel in den Felsen ... Manche Gattin und manche Jungfrau denkt tagsüber an ihren Gatten oder Geliebten und macht einen Kirchenbesuch, wo sie aus geängstigtem Herzen betet, dass der *Chän^{n}ilz.* doch ohne Unglück sich abwickle.' FGStebler 1915, 61. ,Das Gletscherwasser rauscht wiederum durch die Rinne, und bald meldet der Wasserhammer dem ängstlich harrenden Dorfe, dass der *Chän^{n}ilz.* gelungen.' HBrockmann 1931, 43.

Churz-: entspr. *Z. 1cζ*, best. Schwung im

1582, MGUNTERN 1578/88, 115. S. noch Bd XV 964 o. (1501, Z). Übertr. in der Fügung ‚am h., in Hinzügen ligen‘, ableben, verscheiden; vgl. die Synn. unter *Z. 1ba* (Sp. 471/2). ‚Die [Frau sprach] wie daß das kind legi am h.‘ 1427, Z RB. ‚Alsbaldt ich [dem kranken Weber] den Puls griffe, hieße ich yederman mitt ihme betten, dann er in Hinzügen lage, Händt unndt Füeß waren schon kalt, wie er auch ehe dann in einer Stundt hernach Todts ist verscheiden.‘ THPLATTER 1604/5, 220. ‚N. spricht zue seinem in Hinzügen ligenden Freund.‘ JGROSS 1624, 88. – Mhd. *hinzuc;* vgl. Gr. WB. IV 2, 1551; ChSchmidt 1901, 172; Schm.[2] II 1098; Fischer III 1677; DRWb. V 1077.

Hand-: **a)** entspr. *Z. 1cγ,* Handschrift; vgl. *zügig.* ‚Der Schuelmeister [soll] der Kindern Schrifften flyssig beschauwen, inen die Fähler zeigen, auch mit dem H. Verbesserens lehren.‘ 1637, ANÄF 1891, 51 (Schulordn.). – **b)** Paraphe, Namenszug, -kürzel. ‚Ein Mann redet ein Wort, und die Erzeugnisse der Welttheile wechseln sich wie die Erzeugnisse nachbarlicher Gärten. Ein H. mangelt, und tausende zittern für ihr Leben, das Brod der Menge hängt an diesem H.‘ HPEST. 12, 47. – Vgl. DRWb. V 173.

Hinder-: **a)** Hinterhalt. ‚So läg der küng wit in sinr lantschaft, den wir än merklich gross sorg eins h-s nit könnden besuochen.‘ 1499, QSG. 20, 335. – **b)** Widerstand. ‚Wer man wol Willens gewesen, wyter zue züchen, so was der Halbteil der Knechten mit Raubguett verloffen und sorget man H.‘ um 1640, CALVENF. 1899, 2, 48. – **c)** Verzögerung. ‚Nach beger unser eignossen werdent die unsern in dem namen Gottes rucken än h.‘ 1499, QSG. 20, 29. ‚Wenn ein lantman den andren ... mit recht sich undertstadt anzuolangen, soll der kleger in ... schwer sachen sin fordrung in gschrift verfasset han, oder, in mindren sachen, von mund darthuon uf dem tag in gericht än kein h.‘ 1522, W Absch. 2, 128. – **d)** Verweigerung. ‚[Es] ist unser will und meynung, dass ir üch ... zuo üwer pfarrkilchen verfüegend und än allen gfarlichen h. Gottes wort hörind.‘ 1531, B Ref. 1380. – **e)** Hindernis? ‚[Die Militäringenieure haben die Aufgabe] Örther und Päß uffzueryssen, derselbigen Landtstrassen, Steg, Wäg, Flüß, Fahr, Mößer, Sümpf, Büchel, H.-züg uff das best möglich warzenemmen und ze verzeichnen und so möglich die nothwendigsten Orth gar in Grund ze leggen.‘ 1619, GJPETER 1907, 19. – Vgl. Gr. WB. IV 2, 1525; Fischer III 1670; DRWb. V 1068. – hinder-zügig: **a)** unwillig, widerspenstig, nachlässig, saumselig GRFid. (Tsch.), Schs (MKuoni), Valz. (Tsch.); Synn. *h.-stellig aa1* (Bd XI 178, wo weitere); *un-wërchsam* (Bd XVI 1298, wo ein weiteres). S. Bd V 1263/4 (Schwzd.). ‚Also sind wir zuo Meiland gelegen vom mentag ... bis uf donstag früe; denn die zwen botten ... sind allwegen h. gesin und langsam von statt [gegangen].‘ 1521, STRICKL. 1, 89. ‚Item sol ouch der ansprecher gewarnet sin siner ansprach und clagt, dieselbigen inzegeben schriftlich oder muntlich wol gelutt-tert uf den ersten tag, und wo er darin h.-czigig weri, so stadt er dem versprecher umb den kosten angentcz zuo bezalen.‘ 1525, ebd. 260. ‚Welcher den eydt ee begert ze thuon, soll im nagelassen werden, und demnach der ander ouch, und welcher darin h.-zigig ist und den eydt fur gefärdt nit thuon wil, sol er nach unsrem alten bruch alwegs gebrucht von siner ansprach mit recht gestossen werden.‘ 1548, W Rq. 354. – **b)** irreleitend. ‚Namlich so ist es ein närrisch, unnütz, ja ein h-s ding von dem waren gotsdienst, das nütsöllend gsang, so man allenthalben in den templen rüchlet, das nit allein der gmein man nit verstat, sunder ouch vil der pfaffen.‘ ZWINGLI 2, 788.

Hunds-: Starrkrampf AP (ä. Angabe); Syn. *Nërven-Z.* (wo ein weiteres), auch *H.-Chrampf* (Bd III 825).

Haupt-: entspr. *Z. 6b;* vgl. *Haupt 6* (Bd II 1497). ‚Damit die, so mit den Garnen im Thunersee fischend, in ihren Haubtzügen durch die, so Grundnetzen setzen, nit verhinderet werden, haben wir zur Vermeidung künftigen Irrthumbs die Haubtzüg diser Ordnung einverleiben laßen, wie die hernach folgen. Der erste Haubtz. ist bey dem Schloß Weißenauw an dem Schwirren im See. [Es folgt die Liste der 49 weiteren Hauptzüge.]‘ 1745, BInt. Rq. 602. S. noch Bd XIV 321 o. (1537, HTürler 1895).

Här-: **1.** entspr. *Z. 8,* feine Nut im gezogenen Gewehrlauf; Syn. *Schmirgel-Z.;* vgl. *Schnëggen-Z. 1.* ‚[Die alten] schwerfälligen Feuergewehre wurden [im XVIII.] gegen Stuzer und Rohre mit Haar-, Sturm-, Rosen- und Sternenzügen vertauscht, die eine größere Schußgenauigkeit gewähren.‘ JCSCHÄFER 1810, 183. ‚Solle keinem erlaubt sein, mit der Muskete den scharpfen oder geschnittenen Zug zu gebrauchen, sondern ein jeder sich des Schmiergel- oder Haarzugs behelfen und damit sich vergnügen lassen.‘ 1744, Z; s. die Forts. Bd VI 1235 o. – **2.** ‚Haarputz, Art, wie das Haar geordnet wird‘ GRValz. (Tsch.). – Vgl. Gr. WB. IV 2, 41; Fischer VI 2113; DRWb. IV 1361.

Her(es)-, auch ‚hör(es)-‘: Feld-, Kriegszug; Syn. *Z. 2bβ* (wo weitere). ‚Wir haben uns, namlich Zürich, Bern, Fryburg, Solloturn und Schaffhusen, in disem Hegöw zuo Stüsslingen im dorf undergeredt, wie wir disen hörz. fürnämen wöllten, und was dern von Zürich ernstig meinung, wir söllten gan Überlingen ziechen und dieselb statt än ir landschaft schädigen.‘ 1499, QSG. 20, 78. ‚[Briefadresse:] Den edlen, strängen etc. houptmann, lütiner, venner und gemeynen unsern miträten und burgern im höresz. ins Argöuw. Ilends, ilends.‘ 1529, B Ref. 1069. ‚Alls nammlich, so ein gemeiner hörz. beschehe oder krieg gefüert würde wider die unglöübigen, da sol er [ein Ritter des Heiligen Grabes] in eigener person erschynen.‘ JvLAUFEN 1583/4, 115. S. noch Bd XIII 1551 o. (Ansh.). 2015 o. (1529, BInt. Rq.). 2228 u. (Guler 1616). – Vgl. Gr. WB. IV 2, 762; Fischer III 1536; DRWb. V 540; Frühnhd. WB. VII 1978 (‚herzug‘ Bed. 1; Bed. 2 gehört zu unserem *Her-Züg*).

Hūs-: entspr. *Z. 3,* Gespann, Fuhrwerk im Dienste einer ‚Haus‘ genannten Verwaltungsinstanz; vgl. *Klöster-Z. a, Siechen-, Spitāl-, Stadt-Z.* ‚Als der statt panner in dem Wältschlandt gsin ist, hat der hußz. dem herren schultheißen von Wattenwyl synen züg füeren müessen. Hab ich damalen von N. ein roß entlenet, welches 69 tag in dem zug brucht worden.‘ 1589/90, B Blätter 1914, 189 (BThorberg Rechn.). ‚Dem wirt ein hengst in sinen h. verkoufft.‘ 1597/8, BInt. (Amtsr.).

Heu^{w}-: **1.** winterlicher Transport des Berg-, Wildheus ins Tal BFrut., Frutigtal; GRA., Av., D., Kl., Tschier.; WLö.; Syn. *H.-Zügi;* vgl. *Heuw-Schleipfen* (Bd IX 133) sowie zur Sache CLorez 1943, 144/54, ferner die Abb. bei Silvia Conzett, Wildheuet in Tschiertschen, 1989, 26, sowie bei CSchröter 1895, 177. ‚Gemeinsamer Heuz.: gegenseitig aushilfsweises Herunter-

III 1539). ,Were sach, daß groß mercklich erdbrüch, lowizüg und steinbrüch, wie sich das begebe, daß man [den Weg] gründtlich von grund neüw müeßte machen, söllen und wöllen aber [wir] inen von liebe, fründtschafft und nachbarschafft wegen ... den halben theil des costens helffen tragen.' 1498, BInt. Rq. 266. ,Fürs ander, wo die Gemeinden ettwas Wald ufthuen und niderhouwen weltend, dardurch Gefar der Louwizügen halber ze erwarten, sol es ebenmessig one eins Herrn Praelaten Wüssen, Willen unnd Consentieren nit geschechen.' 1610, G Rq. 2013, 766. ,Wann aber zue Fall keme, das die Madrischer nit möchtent kon wegen schweren od[er] grossen Leuwenzügen und die Stras ufthan müeste werden [usw.].' 1652, GrAv. Strassenordn. S. noch Bd VIII 1722 M. (Sererh. 1742). – Vgl. Jutz II 235; Allgäuer 1032; Frühnhd. WB. IX 503. – Örtlichkeitsnamen (nicht immer klar vom Appellativ zu trennen). *L.* GrAv. (*Laue*ⁿ*-;* Alpteil. Rät. NB.), Fan. (*Läui-;* Wald, Weide. ebd.), Ferrera (*Lawen-*. MSzadrowsky 1940/1), Furna (*Laube*ⁿ*-Zügli;* Lawinenzugtobel. Rät. NB.), Hald. (*Leui-;* Lawinenzug. ebd.), Ig. (*Läui-;* ,Alp, steil, feucht'), Jenins (*Läui-;* Wald mit Lawinenzügen. Rät. NB.), Mol. (*Läui-*. ebd.), S. (*Laubala-*. ebd.), StPeter (*Läuizüg;* Lawinenzüge. ebd.), Says (*Lauba-;* Alp. ebd.), Seew. (*Läuwi-;* Weide. ebd.), Spl. (*Laubene*ⁿ*-;* Lawinenzug. ebd.), Tam. (*Läui-;* Rät. NB.), Tschier. (*Läui-*. ebd.), UVaz (*Löui-;* Wald. ebd.); LMarb.; GPfäf.; TB. (*Löuwe*ⁿ*-;* Lawinenrunse. PZinsli 1984); Obw (*Laui-;* HMüller 1952); UwE.; USchattdorf. *Töte*ⁿ*-L.* SchwGers. (*Töte*ⁿ*lauizug;* Lawinenzug. Schw NB.).

Meieⁿ-, in der ä. Spr. einmal ,Mei-' (AaAar. 1758/66 [Schulordn.]): jährliches, heute am ersten Freitag im Juli stattfindendes Jugendfest in AaAar. sowie nach ä. Angaben auch in anderen Städten des (Berner) Aargaus (wo die Feste heute andere Namen tragen); vgl. *Rëck-holderen-, Rueten-Z.* sowie *Solënnität 1b2* (Bd VII 783) und zur Sache ASV. I Komm. 1230 ff.; Stadt Aarau (Hrsg.): 400 Jahre Aarauer Maienzug, 1988; Aar. Neuj. 1964, 8–43; PErismann, Aarau, Bern 1950, 18/9. *Di andereⁿ par Möl, wo n iᶜʰ noᶜʰ an'n M. choⁿ biⁿ, het 's mer immer nur bis uf d' Schanz g'längt, zum Bankett* AaAar. (Festrede 2015, Paul Riniker). *Wër hed Lust, an'n M.-Voröbeⁿᵈ mitz'choⁿ?* AaRohr (Internet). ,Bei schönstem Wetter feierten die Aarauer am Freitag ihren traditionellen Maienz., ein Jugendfest, wie es die Städte des ehemaligen bernischen Aargaus alle kennen.' ebd. 1986, 5./6. Juli. Jugendfest in AaAar. sowie nach ä. Angaben auch in AaL. und (auch lt Meyer zu Seil.) ,anderen aargauischen Städten'; vgl. unter *Maien 1* (Bd IV 3). ,In Aarau war es seit alten Zeiten die schöne Sitte, dass an einem Frühlingstage alljährlich die Kinder der Stadt paarweis und geschmückt mit Blumen oder Maien zur Kirche zogen, von ihren Eltern begleitet. Dort hörten sie die ihnen geweihte Predigt, empfingen ein Geschenk ... und kehrten fröhlich heim. Und dieses Fest der Kinder hiess der Maienz.' HHerzog 1884, 125. ,Maienz., wie man dieses Fest in einer unserer Nachbarstädte (Aarau) nennt, wäre doch eine passendere Benennung für ein Freudenfest als dieser fatale ältere Name Ruthenzug.' NZZtg 1909, 20. Jan. ,Einem jedem Schulkind soll für den Umzug am Jugendfest oder Mayenz. 1 Bz., Brodt und Papier, den Herren aber für sich und ihre Frauen jedem 2 Gl. gegeben werden.' 1685, Oelh. 1840, 119. ,[Es] sind zu Urlaubtagen bestimbt ... nach dem Meyenz. drey ganz Tag.' 1686, MReimann 1914, 81. ,[Verfügung] daß der Meyenz. widerum eingeführt und diß Jahr gehalten werden solle, mit dem Gesang wie vor altem, zur Ergetzung und Freud der lieben Jugend auf den 27. Junii.' 1707, ebd. 172. Vgl.: ,Als auch dahero die Jugend und gmeyne Schuelkinder ihr Mahl uff den zwenzigisten Tag genoßen und ihr umbzuglichen Freüdentag gehalten, sollen s den fürterhin nach dem Meytag haben und glych morndes daruff in Meyen oder, wie man s nent, Rueten gan.' 1607, Aar. StR. 332. – Der Brauch stand möglicherweise ursprünglich im Zshang mit der jeweils im Mai stattfindenden Versammlung zur Verlesung und Beschwörung der städtischen Satzungen (s. *Maien-Ge-ding a* Bd XIII 541). Unser Beleg von 1607 aus dem Aar. StR., wo ,in Maien gan' mit ,in Rueten gan' gleichgesetzt wird, lässt aber auch an die in Ochs WB. III 534 belegte Bedeutung von *Maien* ,grünbelaubter Frühlingszweig von Birke oder Buche' (aaO. Bed. 2d) denken.

Müli-: entspr. *Z. 3,* schweres Fuhrwerk, mit dem der Müller das Getreide bei den Bauern abholt und das Mehl zurückbringt BE.; vgl. *M.-Wagen* (Bd XV 751). *Wō ischᵗ jitzę d' Chundeⁿmüli, wō ischᵗ jitz der Mülicharʳer, wō di rīcheⁿ Pureⁿmüller, wō di stolzeⁿ M.-züg?* Loosli 1911, 107. ,[Bestimmung] daß künftighin kein außerer Müller unternehmen solle, mit Mühliz. in die Herrschaft Worb ze fahren und einiches Gwächs allda zu mahlen ze reichen.' 1740, BKonolf. Rq. 443.

Milch-: ehemals Ausflug der Schüler von ZStdt und Wth. mit anschliessendem Imbiss, wo Milch und Brot gereicht wurden; vgl. zum Brauch Schwz. Lehrerztg 1912, 412, ferner *Rëck-holderen-Z.* ,Der schuoleren in Winterthur m. uf den Lindberg. [Überschr.; dann:] Nach gehaltnem examen, mittwoch fronfasten nach pfingsten, sind uß verwilligung der schuolherren zuo 8 tagen um die schuoler in die milch gezogen uf den Lindberg ... Es beschach aber diser zug nit nach altem bruch und gwonheit mit trummen und pfyffen, mit gwehren und fliegenden fänlinen, sonder guot schuolmeisterisch mit psalmenbüechlinen in der hand und christenlichem lobgesang von wegen jetziger zyt schweren und sorglichen läufen ... Nach gehaltnem gebet und danksagung zuo Gott wurdind die knaben mit vermanung, still und züchtig zuo syn, widerumb heim gelassen, und ward uß dem spital allen schuolern milch und brod genuogsam geben, auch zum überfluß jedem ein groß stuck brod heimzuotragen.' Mal. 1593 (Z TB. 1886) 176/7.

Menn-: entspr. *Z. 6c,* Schleppnetz. ,Es soll ouch dheiner zwey garn aneinander knüpffen, sonder solch mennzüg abgestelt syn und fürer nit geprucht werden by verfallen des eynungsbuoß.' 1555, ZGreif. – Kaum zu *M.-Züg.*

Messer-: entspr. *Z. 1c.* **a)** als versuchte Körperverletzung gewertetes Zücken eines Messers; Syn. *M.-Zuck;* vgl. *M.-Wurff* (Bd XVI 1440). ,Wellicher den anndern heist liegenn, das der einen fräffel [*Frëvel 4* Bd I 1287], namlich sovil einenn mässerz. bringt, sölle ablegenn, es were dann, das er den anndern möchte underrichten gelogenn habenn.' B Satzungenb XV., 421. – **b)** ,Zug (Schnitt) mit einem Messer' GW. (Gabath.). – Vgl. DRWb. IX 573; Frühnhd. WB. IX 2388.

Müsser-: entspr. *Z. 2bβ,* militärische Unternehmung gegen den Kastellan von Musso (dt. Müss) 1525/6 und 1531/2; vgl. zur Sache HLS. 9, 42. ,Der genfer- und m. lit als in missifen noch hinder minen herren, ouch was imm lettsten krieg sich zuotragen.

Wenn es aber Valerio [Anshelm] in d hand wurde, als es werden muoß, sol er acht die cronik ussschriben, da möcht es mir wol werden.' 1534, HBULL. Br. 4, 404 (Berchtold Haller an HBull.). S. noch Bd VIII 522 M. (1533/8, Z Ehegericht).

Mittel-: Hauptabteilung eines Heeres in Marschordnung, Hauptmacht; vgl. *Vor-Z. 2* (s. d., VFrider. 1619; Kriegsb. 1667), *Näch-Z. 2.*

Nä^{ch}-: **1.** Nachkommenschaft bei Mensch und Vieh GRLitzirüti; WVt. (FZimmermann); Syn. *Zucht A3* (Sp. 252); vgl. *N.-Zügel 1.* S. Bd XIII 2104 o. (ABüchli 1958). — **2.** Truppen, die in Marschordnung auf die Heeresspitze folgen; vgl. *Vor-Z. 2, Mittel-Z.* ,Als man zalt 1315 uf sant Otmars tag, nam herzog Lüpold von Österich sin adel zuo im in die vorhuot, liess dem fuossvolk und dem gemeinen züg den n.' HBRENNW. Chr. 1, 285. ,[Als die Eidgenossen in der Schlacht vor Pavia 1525] zuo dem thiergarten trungen, habend sy das gschütz nit so bald über die graben bringen mögen; dardurch des Franzosen raisiger zug etlichen buren ochsen und roß by dem gschütz erstochen, und also etlich stuckbüchsen verlieren müeßen; damit haben die Franzosen am n. großen schaden gethuon.' KESSL. 201. ,Den 10. Juli von der gantzen Landtsgemeindt ... verordnet, das die 300 Mann usziechen undt uf den Nothfahl der Landtsfahnen auch mit 300 Mann zue N. und Succurß parat stehen solle.' JLBÜNTI A. XVIII., 211. S. noch Bd XII 1326 u. (Ansh.); Sp. 550/1. (mehrere Belege). — **3.** in der Fügung ,i. n.', im Nachgang, später. ,Uf der selben nacht kamen ouch u. E. von Schwitz mit ir landspaner im n. gan Sangans und beliben daselbs die nacht über.' 1499, QSG. 20, 565. — **4.** Nachteil, Schaden; Syn. *Un-Nutz* (Bd IV 891; s. schon d., B Chorgerichtssatz. 1667); Gegs. *Vor-z. 3b.* ,Die Fuhrleute fahren durch der Bauern Zelgen und angesäydten Acker zu ihrem nit geringen Schaden und N.' 1628, B. ,Wir ... thuendt kundt hiemit, demnach die unseren lieben Getreüwen des Landts Haßli in Weißlandt durch ihre Abgeordnete uns mit mehrerem zue verstehen geben laßen, was für Ungelegenheiten, große Kösten und N. ihren Mitlandtlüthen daher erwachsind, daß sy ihre Güeter ußeren und weitentlegnen Personen versezind.' 1671, BHa. Rq. 280. ,Weilen beobachtet worden, daß, wie ohnlängsten gegen dem frantz. Hrn Ambaßadoren beschehen, also auch dißmahlen die Proposition in französischer Sprach abgelegt worden ... daß die Propositionen in der Sprach der hochen Oberkeit abgelegt werden sollind, alle besorgliche Nachzüg und Verkleinerung deß Souverainitetrechtens zue vermeiden.' 1703, B StR. 5, 744. I. S. v. Beeinträchtigung: ,Es habind ir Gn. ... bewilliget ... die Bruk [über die Saane bei Laupen] daselbsten ohne ir Gn. Beschwerd und Entgelt und hiemit in ihrem eignen Kosten ze bauwen und zu erhalten under Nießung deß Zolls laut der alten Zolltafelen, jedoch daß alles bescheche ohne N. ihr Gn. Rechtens und deß Brüggsommers zu Gümmenen.' 1669, BLaup. Rq. 72. Mit Bez. auf finanzielle Einbussen, finanziellen Verlust. ,Ein vogt oder pfleger soll alle jar ... getreuwlich anzeigen alles innemen, ußgeben, schuld, gegenschuld, vortheyl und n.' 1530, AARh. StR. 247. ,Habend min herren bede rath den abgang des gemeinen guots, darin wir leyder stecken, unnd sich an dem n. der jarrechnungen ... erfunden, zuo hertzen genommen unnd fur des ersten, solchen abgang eewig heling ze halten, einen uffgehepten eide geschworen.' 1531, Bs Ref. 5, 593. ,Es reicht der statt zuo beschwärlichem last und n., dass die spitalvögt mit irem husgesind uss der spitälen guott erhalten werden.' 1568, B. ,[Schultheiss und Rat urkunden, dass] die Herren Müntzmeister Wittnouwer [klagten, dass sie nach gegenwärtiger Münzordnung mit] großem Schaden und mercklichem N. arbeiten und müntzen müesint.' 1618, B StR. 9, 243. S. noch Bd VI 58/9 (B Wuchermand. 1613/28). — **5. a)** Schadenersatz, meist in der Fügung ,N. tuen'. ,Es erklagt sich Ueli Altherr, dass 2 Küe, welliche für tragend geben worden, nit tragend, desshalb begert er, man ime N. thuen solle.' 1615, JBRUSCH 1881, 157. ,A.: Hast nichts gehört da wegen der Kuhe, die ich dem Nöggel zu kauffen gab? Möchts auch gern wüssen. B.: Ja, da mit der Kuhe, ja, ja, hab davon gehört, sie solte bis Johani kälblen, nicht wahr, ja, ja, und tragt gar nicht. Ja, ich hab davon gehört, du verspillsch, must Nöggel N. thun, ja, ja.' UBRÄGG. GA 4, 233/4. S. noch Bd IX 385 u. (1636, Z); XIII 1937 o. (1681, Baumannsche Chr.). — **b)** Nachzahlung; Syn. *N.-Schutz 3* (Bd VIII 1723). ,Item ußgen 76 ℔ vogt Buller n. uff das teilgelt.' 1563/4, SCHW (Säckelm.-Rechn.). ,Item an der Aufart meinen Herren, den Rethen, undt Spilleüt, verzert 9 ℔, it[e]m umb Brot 2 ℔ undt Nochz. 9 ℔.' 1636/7, BsLie. (Stubenrechn.). — **6.** Anhang von Verehrern; Syn. *N.-zieheten,* auch *Ge-schleik 2c* (Bd IX 518); vgl. *Ge-schleiff 1b* (Bd IX 135). *Si hät scho^{n} all en Nö^{ch}z.* THMü. (Wepf). ,Im Jahr 1794 wurde eine gewisse verkostgeldete Weiß von Weißlingen aus dem Flecken gewiesen, weil sie auf ungeziemende Weise einen N. von Knaben führe.' KHauser 1895, 404. — Vgl. Gr. WB. VII 238; Ochs WB. IV 17; Schm.[2] II 1097; Fischer IV 1918; Südhess. WB. IV 896; DRWb. IX 1318; Frühnhd. WB. IX 3313. — Näch-zügel m.: **1.** Fischnachwuchs; vgl. *Näch-zug 1.* ,Im weiteren Durchgang der Fischergebrechen hat man den Hürling- und Seelenfang [*Sēl 3* (Bd VII 709)] mit allgemeiner Überzeugung als schädlich und für den N. äusserst nachtheilig erfunden.' 1790, TH Rq. 2017, 2583. — **2.** *Nöhe^{n}-zügli,* jüngstes, in deutlichem zeitlichem Abstand zu den ältern Geschwistern geborenes Kind, Nesthäkchen Bs (Spreng [Id. R.]); verbr.; Syn. *N.-zügler 1a,* auch *N.-Wiseli* (Bd XVI 2041, wo weitere). — näch-zügig: entspr. *Näch-zug 4,* schädlich; Syn. *n.-teilig* (Bd XII 1530, wo ein weiteres). S. Bd XIV 87 o. (1617, B StR.). — Nä(ch)-zügler m., Dim. *-züg(l)erli:* **1. a)** = *N.-zügel 2* (s. o.); verbr. *De^{r} Ruedeli ist en Nö^{ch}z. g'sī^{n}, de^{r} Nëstpflütter, wie me^{n} so seid.* ETOBLER 1986, 100 (APK.). *Der Gidi Marti im Hinderdorf z' Flums isch^{t} in de^{n} Fü^{n}fzge^{n} g'sī^{n}, wo si na^{ch} e^{n} Nou^{ch}züglerli überchu^{n} hind.* ASENTI 1988, 112 (GSaL.). *Es gäb 's vor der Abänderi^{n}g öppe^{n} no^{ch}, dass e^{n} Nächz. a^{n}rücki.* WMARTI 2001, 327 (BS.). — **b)** wer verspätet ist, etw. verspätet tut; verbr.; Syn. *Spätling 1a* (Bd X 598). *Ging no^{ch} hei^{n} die Nächzügler imene^{n} Egge^{n} chönne^{n} verschlüffe^{n}* [in der Kirche, als die Orgel schon zu spielen angefangen hatte]. EBALMER 1924, 13/4. *Das sind halt zwē^{n} Nö^{ch}-zügler, wo z' spōt üfg'stande^{n} sind* [von zwei Maikäfern, die im Frühling nach einem Maikäferjahr gesichtet werden]. WMÜLLER 1918, 69. *Spiled doch e^{n}mōl üs, Herr Oberrichter, ir sid gäng so en Zäggi und Nächz.* ONÄGELI 1898 (F.) 46 (imitierend für BStdt). — **2.** wer am Ende einer militärischen Einheit marschiert BStdt; SCHWSchw.; vgl. *Näch-zug 2* sowie *Zug 2aγ.* [Dem aufmarschierenden Bataillon folgen drei Einzelsoldaten, näml.] *der Sanitäter mit ^{d}em Pflasterchaste^{n} und die beiden andere^{n}, dene^{n} säg me^{n} Nächzügler, und die heige^{n} d' Ufgāb, z'säme^{n}z'lēse^{n}, was d' Soldāte^{n} verlore^{n} hei^{n}.* AvTavel 1940, 7/8. – Vgl. Gr. WB. VII 238); Ochs WB. IV 17; Jutz II 508; Allgäuer 1176; Schm.[2] II 1098. – Nāch-züglí^{n}g m.: = dem Vor. 1a Bs (Spreng).

Nacht-: **1.** = *N.-Volch* (Bd I 804) GGams, SaL.; vgl. *Grāt-Z.* ‚Der N. spielt zuweilen eine sonderbare Melodie, die man erlernen kann, wenn man sich in gewissen Nächten auf Wege hinstellt, wo Braut und Bahre sich kreuzen. Mit dieser Musik kann man die Zuhörenden zum Tanzen zwingen.' AfV. 2, 163. ‚N. wälzte sich ... auf seinem Lager als, wie es Mitternacht schlug, er ein unheimliches Rauschen und dumpfes Reden die Gasse herkommen hörte ... Er sah einen langen Leichenzug, die Bahre voraus, schattenähnliche Gestalten hinter ihr, das Dorf herziehen ... Der Zug wollte nicht enden, und ganz als Letzten sah er: sich selbst ... Er starb sehr bald, das letzte Opfer, welches die Pest holte. Es heißt in Gams der N., das N.-volk.' Henne 1874, 437. – **2.** entspr. *Z. 4,* wie nhd.; wohl allg. *Mir chönni^{n} vo^{n} Bërn im Banpostwage^{n} nach Züri^{ch} fare^{n}, dört di grössi Silpost a^{n}luege^{n} und im N. wider z'rugg nach Bërn.* Wingold 1938, 81. – Vgl. Gr. WB. VII 226; Fischer IV 1916.

Niklaus- *Chlaus-:* = dem Folg. SchwKü. *De^{r} Chl. gād ^{d}em Dorfplatz zue.* Schw Art 42.

San^{k}t-Niklause^{n}- *Samichlause^{n}-:* = *S.-Um-z.* (Sp. 512) Ndw †. ‚In Stanz im Kanton Unterwalden wird von sieben zu sieben Jahren, oft auch wohl in längern Zwischenräumen, ein grossartiger *S.* veranstaltet.' Nat.-Kal. 1866, 61.

Nërve^{n}-: Nervenzucken, Krampf, Starrkrampf ApH. (EMühlemann 1990) und lt TTobler; Syn. *Hunds-Z.* (wo ein weiteres), auch *Starr III 1a* (Bd XI 1197). *Er häd Nërve^{n}zög,* ‚er leidet an Zuckungen'. TTobler.

Nōt-: **a)** Gewaltanwendung. ‚Dwyl nun uns nieman entgegengat, solichen schaden, kosten, schmach und schand, n. und überfal abzetragen und ze ersetzen, werden wir mit den unsern fürfaren und erwarten, was an uns bracht wirt ... und pürlich antwurt geben.' 1528, Strickl. 1, 686/7. – **b)** Vergewaltigung; Syn. *N.-Zog* (Sp. 465, wo weitere). ‚Welher ein n. tuot und sich das mit drin erbern frowen, den darumb kunt ist, erfindet, der sol der herrschafft und dem verserten ablegen, als eins n-s recht ist.' 1457, BSi. Rq. 1912, 40. S. noch Bd XI 748 u. (1541, Aa Rq. 1922). – Vgl. Gr. WB. VII 963 (in anderer Bed.); Fischer IV 2077; VI 2696; DRWb. X 23. – nōt-zugen: vergewaltigen; Syn. *n.-zogen* (Sp. 465, wo weitere). ‚Item vil schöner, edler klosterfrowen wurdend [während des Sacco di Roma 1527] genodtzuget und hinweggefüert. Ettliche Romer habend ire töchter nach schantlichem mißbruchen wider von inen erkouft.' JStumpf 1536, 1, 348.

Be-: **1.** Näherkaufsrecht; Syn. *Z. 10b.* ‚Diewyl unsere Underthanen diser Grafschaft von B-s verkouffter eigner und zinsbarer Güeteren kein Satzung und Erlüterung und vilmalen nach vier, sechs oder mher Jaaren der verkoufften Güeteren, umb daz dieselbigen nit vor Gricht eröffnet und gevertiget worden, des Verköüfferen Fründ und Verwandte vermeint, zue söllichen den Zug ze haben, dannenhar sich vil Gspans, Zanks und Rechtsüebungen zuegetragen, habend wir hierüber volgende Articul bestätiget.' 1608, Aa Rq. 1922, 305. – **2.** in der Verbindg *in B. uf, über,* was ... betrifft, hinsichtlich; j. verbr. *Di Büez als ‹Bërndütschcoach› lërt mi^{ch} sëlber geng wider vil über mī^{n} eige^{n}ti Sprāch, o^{uch} grad in B. uf d' Unterschidę zu anderne^{n} Dialëkte^{n}* BStdt (Internet). ‚Schliesslich wurden wir von Herrn Präsident noch tringend ermahnt in B. über das Tanzen.' PHugger 1961, 53 (Vereinsprotokoll 1886). – **3.** = *Über-z. 3b* (Sp. 498); j. wohl allg. *I^{n} de^{n} Side^{n}tabēte^{n} a^{n} de^{n} Wände^{n} und uf de^{n} Bezüge^{n} vo^{n} de^{n} Stüel widerholt sich 's Muster vom Bettüberwurf.* VSchobinger 1979[1], 16. – Ahd. *bizug;* vgl. Gr. WB. I 1802; Ochs WB. I 182; DRWb. II 311. – Bezüger m.: wer eine Leistung bezieht, Bezieher; j. verbr., auch schweizerhd. *Die ganzi Stūr- und Abgābe^{n}politik sorgt derfür, das^{s} de^{r} Rīchtum dēt gedeiht und wachse^{n} tuet, wo-n-er ist. Stattdesse^{n} bedränge^{n}d die Bezüger von'n tüffe^{n} und mittlere^{n} Ī^{n}komme^{n} indirëkti Stūre^{n}, Abgābe^{n}, Gebüre^{n}* ZStdt. – Vgl. KMeyer 2006, 86; Variantenwb. 113, Bickel-Landolt [2]23. Lt HFenske 1973, 226 auch in der Bed. ‚Einforderer von Steuern'. – Bezügi GLElm, Obst., B^{e}-sügi GL, so Engi, Obst., S.; GWb. – f.: leichte, dunstige, streifenartige Bewölkung, etwa bei Föhn, gelegentlich Regen bringend; aaOO.; Synn. *Ge-hei I 1* (Bd II 851); *Timmer 1a* (Bd XII 1807), wo je weitere. – Vgl. Jutz I 322; Allgäuer 252. – bezügig: entspr. *Be-zug 1,* ein Näherkaufsrecht innehabend bzw. ausübend. ‚[Die Leute von Werrikon geben zum Ausdruck] daz sy sölich des verkofften holtzes b. sin söllen.' 1519, ZGreif. ‚Die von Wärikon sagen ... ob es dann schon dazuo käm, das er des holtzes mit inen b. sin sölt, so wöltindt sy die höltzer mit im teilen nach anzal der güeteren, was sy des bezügindt, und wöltindt im nit wytter noch mer geben dann nach anzal siner güettern, so er da im holtz hatt. Hetti er dann vil güettern da, so würde im so vil dester mer; sy meintindt aber nit, daz er kein zug daran mit inen hetti noch haben sölt, dann zuo sins hoffs notturfft, da holz zuo howen, und was da feil würdi, daz er des mit inon nit b. sin sölt, sowol wie dann wysen und akern den zug daran hetten.' ebd. ‚A. hab B. uff und in das sin gestelt, der meinung, er hab einen aker koufft, des er b. sye, ouch in dem sinen lig und zwischent dem sinen, er hab im ouch gar glougnett und grett, er sy im wäder heller noch pfening schuldig, und hab im nütz wellen geben.' 1527, ebd. S. noch Bd XII 1581 M. (1530, ZGreif.).

Bī-: wie nhd. Beizug; verbr., jedoch nicht recht ma.; vgl. *Zue-z. 4. Unter B. vo^{n} allne^{n} Nutzer isch^{t} es öis g'lunge^{n}, ei^{n}s für al^{l}i Beteiligte^{n} guets Projëkt üsz'arbeite^{n}* ZUst. (Internet). ‚Unter der Gerichtsvorsitzung des Herrn Hauptmans Kalesanz Theiler in Brig und mit Beyz. der Herrn Stafel-Vögten als [usw.].' W Blätter 1993, 65 (amtliche Schätzung 1836). – Vgl. Gr. WB. I 1411; DRWb. I 1491.

Buebe^{n}-*Zügli:* von Kindern gebildeter kleiner Fasnachtszug BsL., Stdt; vgl. *Binggis-Z.* ‚Kleine *B.-zigli* stolzierten durch die Hintergassen, verteilten bunte *Zëdel,* auf denen sie mit Grossbuchstaben allerlei holprige Verslein gekritzelt hatten.' Bs Natztg 1976, 6. März. ‚Ziemlich streng geschieden sind die Gruppen der Erwachsenen von den *B.-zigli,* die es sich jedoch nicht nehmen lassen, die Züge der Grossen in allen Teilen, wenn auch in etwas bescheideneren Formen, nachzuahmen.' HBrockmann 1931, 131.

Bock-: entspr. *Z. 7aγ,* (Abschnitt von einem) Holzgeleit mit einem Unterbau von Holzböcken und Stützpfeilern GR (AfV. 55, 81); vgl. *Bock 4i* (Bd IV 1124), zur Sache Dicz. X 92 ff.

Al-bock-: entspr. *Z. 6a*, Blaufelchenfang; vgl. *Al-Bock* (Bd IV 1127), auch *Trīschen-Z.* ,Vom a. [eingenommen] 97 𝔗 16 β 4 ₰.' 1533/4, BInt. (Amtsrechn.). ,Der alböck- und trischenzug Pauli Spätig erloupt.' 1551, B RM. 3, 63. ,Spättig und sinen gsellen den a. wider zuogesagt.' 1553, ebd.

Bummel-: wie nhd., Nahverkehrs-, Regionalzug mit Halt an allen Stationen; verbr.; Syn. *Pērsōnen-Z.*, auch *Schnägger 1c* (Bd IX 1177) sowie *Bummler* (verbr.); Gegs. *Schnëll-Z. Ich han de[n] B. verpasst und bin im Schnëllzug cho[n].* PAPPENZ. 23 (Z). Bildl.: *Politik im B. bringd kei[n]s G'setz zum Rīffe[n].* JDILLIER 1974, 35 (OBW). – Vgl. Ochs WB. I 367; Allgäuer 345; Fischer VI 1707; Variantenwb. 140 (wo als Teutonismus ausgezeichnet).

Ba(n)-: = *Z. 4* (Sp. 478) B †. *Mir hei[n] no[ch] mit de[n] Nase[n]lümpe[n] g'wunke[n], bis der B. verschwunden isch[t].* SCHWZ. Frauenh. 1904, 526.

Īse[n]-ban-: = dem Vor. GLM.; L; ZGStdt. *D' I.-züg sind nümme[n] bis i[n]'[n] Banhof ine[n]g'fare[n]* [nach der sog. Vorstadtkatastrophe von 1887]. HBOSSARD 1967, 52. S. noch Bd XII 1914 o. (OBW Kal. 1899); XIV 849 o. (CStreiff 1900). – Vgl. Gr. WB. III 368.

Sū[w]-banner-: **1.** historiographischer Terminus für die militärische Unternehmung einer Freischar aus der Innerschweiz im Jahr 1477; vgl. *Kolben-Banner* (Bd IV 1286) sowie zur Sache HLS. 10, 795. ,Bewundern wir an den Bernern die Zähigkeit und an den Zürchern opferfreudige Ausdauer, so werden wir im Eidgenossenlager doch als tonangebende Kriegsgurgeln die angriffslustigen Innerschweizer bezeichnen, die sich am vielen Gut und Blut der regulären Burgunderzüge nicht ersättigen konnten und noch zum Saub. als wilde Schar ausziehen mussten.' B TB. 1926, 17. Vgl.: ,Dann sie zogen auff der Äschermittwochen sampt ihrer Sewpaner mit solchem Trutz und Muethwillen, daß alle Erbarkeit sich dieses wilden Wesens sehr bekümmert.' MStettler 1626, 271. – **2.** ausgeh. von 1, von vandalistischen Ausschreitungen begleiteter Marsch einer Gruppe; allg., vorwiegend in der Zeitungsspr. *Harūs, ich wār für ne[n] Sū[w]b.!* SCHW Fasn. 1963, 20. *Muesch[t] der nume[n] māl d' Livebilder vo[n] Telebërn a[n]luege[n] … de[nn] g'sehsch[t], das[s] … das huere[n] Pack nume[n] ei[n]s im Sinn het g'ha[n] mit dëre[n] Vera[n]stalti[n]g: wider māl als Sou[w]b. dür[ch] d' Stadt zieh[n]* B (Internet). ,Im Umfeld der Reitschule [in Bern] organisieren Linksextreme Demonstrationen, die nicht selten in Saubannerzüge ausarten.' L Ztg 2017, 28. Okt. ,Für die Teilnahme an einem scherbenreichen Saub. … wurde ein 28-Jähriger schuldig gesprochen.' Bs Ztg 2016, 6. Sept. – **3.** informeller Besuch meist jüngerer Zünfter bei einer anderen Zunft am Zürcher Sechseläuten ZStdt (Zunftspr.). ,Ein wichtiger und traditioneller Teil der zünftigen Freundschaft sind Saub.-züge, die in der Nacht des Sechseläutens nach dem offiziellen Auszug stattfinden.' INTERNET. ,Hochgeachteter Herr Zunftmeister … Sollten Sie von einem (unerwarteten?) *Sou[w]b.* überrascht werden, sollten Sie das als grosse Anerkennung werten.' INTERNET. – Vgl. Variantenwb. 617; Bickel-Landolt [2]70.

Pëndler-: entspr. *Z. 4*, Eisenbahnzug, der hauptsächlich Pendler befördert; verbr. *Wenn dę Tag für Tag am Morge[n] für uf d' Büez so ne[n] P. nimsch[t] und am Ōbe[nd] für hei[m]z'fare[n] no[ch] grad einisch[t] eine[n], de[nn] si[n] das … sëchshundert Farte[n].* PLENZ 2012, 119 (BLang.).

Binggis-: entspr. *Z. 2aβ*, Kindergruppe einer Fasnachtsclique BsStdt; vgl. *Bueben-Zügli*, auch *Binggis 1* (Bd IV 1378). *'s Komitē, wo alles länggt, isch[t] nit als Dirëktōrium 'dänggt. Si ziehn[d] respëktvoll, und da[s] 'sch[t] guet, au[ch] vor [d]em B. der Huet.* GUNDELDINGER Ztg 2017, 22./23. März.

Bäpst(s)-: Heerzug zum oder für den Papst; vgl. *Rōm-Z.* ,Uoly Steiner, was ouch amman Steiners sun, ist pliben im pabstz.' A. XVI., ZG StMich. JzB. (Gfd 109) 87. ,Man wärde gemeinden [*ge-meinen I 1* Bd IV 307] von des bapstszugs wägen.' um 1520, Z. ,Hanß Ruodolf Laveter waß fändrich der statt Zürich im letsten bapstz. [a. 1521] und waß geschetzt der schönste mann under allen der Eydtgnoßen fändrichen.' 1568, ZWINGLIANA 2015, 58.

Bërg-: **1.** entspr. *Z. 2bβ*, Heerzug zum Gefecht am Gubel 1531 im Zweiten Kappelerkrieg. ,Ich hab Görg Ottlin nechstmals im abscheidt bevolhen, mir ettliche stuck des b-s in schrifft zuo verfassen.' JSTUMPF 1536, XVI. – **2.** wohl = *Z. 7aβ* (Sp. 482). ,[Im Zshang mit einem umstrittenen Strassenbauprojekt über den Panixerpass wird angeführt, dass eine Strasse] über die Sandalp wegen denen heüffigen B.-zügen und Schneefirnen nicht einmahl im Sommer möglich falle.' 1772, ZSG. 1962, 220. – **3.** wie nhd., Bergkette; nicht recht ma. *'s Krimgebirge isch[t] e[n] B., wo sich im Süde[n] vo[n] de[r] Krim öber de[r] Chüste[n] vom Schwarze[n] Mer erhebt.* ALEM. Wikipedia. – Vgl. Gr. WB. I 1521. – bërg-zügig: mit Drang zur Alpfahrt, von einer Kuh BM. (EBALMER 1927[1], 121). *Sō, hü! het Pēter befole[n]. Du[e] isch[t] Elsi vorab g'gange[n], hinderdrī[n] di b-sti Chue mit der grōste[n] Treichele[n].*

Burger-: entspr. *Z. 10b*, einem Gemeindebürger zustehendes Näherkaufsrecht. S. Sp. 567 o. (1791, BBurgd. Rq.).

Pērsōne[n]-: entspr. *Z. 4*, zur Beförderung von Personen, ä. auch Zug mit Halt an allen Stationen; allg.; Syn. *Bummel-Z.*; Gegs. *Güeter-Z. 2. Nōh und nōh hed mer si[ch] a[n] di Kumedi* [des Rangierens von Güterwaggons] *g'wennt. Ērst dō, wo der ērst Zug, das heisst e[n] P., cho[n] ist, dō hed 's wider en Ūflauff g'gē[n].* JRoos 1907, 8. S. noch Sp. 558 M. (ZGut.).

Bëse[n]-: entspr. *Z. 1cβ*, Kehr- (oder Wisch-) Bewegung mit dem Besen, Besenstreich BBöd.; S. *Mit grösse[n] B.-züge[n] wüscht 's* [näml. *'s Lisębēt*] *use[n], [d]as[s] 's stübt, wie wenn ne[n] Fürsprütze[n] dur[ch] d' Strōss fart.* JREINH. 1907[1], 73. *Chönntsch[t] dā e[n] B. tue[n]*, ,ein oberflächliches Kehren mit dem Besen'. GRITSCHARD 43.

Chien-bëse[n]-: = *Ch.-Um-z.* (Sp. 513, wo Weiteres) BsLie. S. Bd XV 740 o. (BsLie.).

Botsche[n]- *Pōtsche[n]-*: brauchtümlicher Umzug am Berchtoldstag in BInt. (,ein regelrechter, aus allerlei Gestalten bestehender Umzug der Ledigen.' NZZtg 1958, 2. Jan.); Syn. *Potschete[n]* (BInt.); vgl. *Botschen I* (Bd IV 1934), auch das Folg.

Bōzi-: brauchtümlicher Lärm- und Heischeumzug mit Treicheln und Trommeln in der Altjahrswoche in BHa.; Syn. *Trinkel-Z.*; vgl. *Bōzi 1b* (Bd IV 1995) sowie zur Sache PGlatthard 1981, 150. 184; ASV. II Komm. 244. 290, auch das Vor. sowie *Uber-sitzler-Z. Jitz chund der B. und d' Schnabelgeis[s] vor dra[n]* OHOPF.

Blī-: **a)** Fensterblei ,GRA., Valz.' (,bleierner Rahmen runder, alter Fensterscheiben.' Tsch.). — **b)** Vorrichtung des Glasers zum Ziehen des Fensterbleis. ‚In einer Kammer zeigte man uns die *Chrēzen* eines Wanderglasers und seinen Bleiz., eine in ihrer äussern Gestalt einer Lastwinde nicht unähnliche schwere Maschine.' BsL. Hbl. 1943, 257. ‚Der Falschmünzer wird gefragt, ob er einen angesprochen habe, dass er ihme eine Rustig wie ein Bleyz. machen solle. Er habe bey den Glaseren gesehen Bley ziehen, und habe ihne bedunckt, dass solches eine grosse Gewalt habe und zu dem Müntzmachen könte gebraucht werden.' 1715, B Turmb. — Vgl. Gr. WB. II 103; Adelung I 1072; Mothes I 413.

Blätere^{n}- (bzw. *-ō-, -ou-*): (Zug-)Pflaster bzw. die dafür verwendete Wirkstoffmischung GRHe.; GMs, W.; W (‚gegen Zahnweh.' Tscheinen); Syn. *Z. 9a* (wo weitere); vgl. *Schnüerli-Z., Salb-Zügel,* auch *Bl.-Pflaster* (Bd V 1262). ‚Herr Menelaus Winshemius, ein hocherfahrner und glükhafter Arzet in Frießland, mein getreuer Tisch- und Lehrherr, pflegte in das Mittel zu gehen und den Bl. zu erwehlen, damit dem Gift den Außgang zu suchen und zu machen. Derhalben er straks, um die Natur zum Mithelffer zu behalten, eine Blater, noch einmal so groß als der Schaden war, ja bey kleinen Beulen grösser alß einen halben Vierling, in das Gevierte mit disem Blaternz. (nemmet Spanische Mugken ohne Häubter und Flügel, ein halb Quintlein Attich ... und schwarze Nießwurzen, Senffsamen ... dürre Feigen und Hebeln, Widergiftessig, sovil vonnöthen) gezogen ... Bey welchem Blaterz. zu beobachten, daß [usw.].' JHLAV. 1668, 63/4; s. auch Bd V 1262 u. ‚Was anbelanget die Schrepfköpfe und Bl.-züge, hat uns bedunket, daß ihre Wirkung allzu langsam gewesen und ohne Frucht, zuweilen auch in Ansehnung dieser letsteren gefährlich [weil sie Entzündungen, etwa der Harnblase, verursachen können].' JJSCHEUCHZ. 1721, 26. S. noch Sp. 587 o. (JMuralt 1697). — Vgl. Adelung I 1050 (‚Blatterkraut, eine Art Hahnenfuß, welche wegen ihrer Schärfe Blasen oder Blattern ziehet, daher sie auch Blatterzug genannt wird.'). 1051, ferner Gr. WB. II 79 (‚Blatter-', clematis erecta).

Bluet(s)-: entspr. *Z. 10bγ,* Näherzugsrecht unter Verwandten; vgl. *Erbs-, Brueder-Z.* ‚Wen yemant dem andern ein kouf von bl-s wegen abzuozyhen understan und der keüfer darwider setzen wurde, ist von der landsgmeind erkent, d[a]s in solichem val d[a]s der keüfer an der verbietenden eid komen mag.' 1598, BSa. Rq. 217. ‚Solcher Landzug aber sol den Bl. keineswegs verhinderen, sonder derselbig dem gemeinen Landzug in allweg vorgahn, also und dergestalt, daß aller Völkeren und gemeinen Rechten gemäß die nächsten Bluetsfründ, sy syend von der einen oder anderen Castlaney oder anderswoher, den Zug darzue voruß haben sollend. Und wollend wir hiermit gesetzt und gelüteret haben, das solche Bl.-züg an dem einen wie den anderen Orten innerthalb Jahr und Tag und vor Verfließung derselben geschechen und getan werden mögend.' 1623, ebd. 241. ‚Daß man die Bl.-züg weder verkauffen noch hinwegschencken sölle [Überschr.; dann:] Wyl ein großer Mißbruch in Verkauffung und Hinwegschenckung der Bl.-zügen sich erfindt, und aber nit billich, daß einer Gwalt habe, dem anderen syn natürlichen Bl. hinwegzueschencken oder ze verkaufen ... so soll hiemit uß billichen Gründen verbotten und abgestelt sein, daß niemand fürthin ... syn Zug hinwegzueschencken noch zue verkauffen Gwalt haben sölle.' 1646, ebd. 295/6. ‚Von dem Bl. [Überschr.; später:] Wann 2, 3, 4, minder oder mehr Brüder von zwey Brüdern um ihr Erbgüter ausgekauft wurden und alsdann diese 2 Brüder miteinander die Erbsgüter besizten und deren einer verließe sein Theil, so soll der ander ziehen, so noch sein Theil behalten.' 1748, ZG Rq. 1128/9. ‚Ist an gewohnter Mayengemeind erkennt worden, daß alle Züg, die Bergleüt betreffend, aufgehäbt seyn sollen außert der Bl.' 1754, ebd. 1108/9. S. noch Sp. 515 u. (1797, LWill. Rq. 2002). 534 o. (ebd.). 567 o. (1791, BBurgd. Rq.). u. (1644, BFrut. Rq.). — Vgl. DRWb. II 390. — Bluet-züger m.: wer den *Bluets-Zug* (s. o.) geltend macht bzw. ausübt; vgl. *Ūf-falls-, Kaufs-, Lēhen-Z.* S. Bd XIII 1938 u. (1623, AAZof. StR.). — Vgl. DRWb. II 390.

Blitz-: **1.** entspr. *Z. 4,* (Fern-)Schnellzug, Expresszug; vgl. *Schnëll-Z. 1* BE.; U. Im Bild: *Vrēnelis Gidanke^{n} si^{n} de^{nn} mängisch^{t} sogar Bl. g'fare^{n}.* SGFELLER 1942, 192. — **2.** scherzh. Bezeichnung für einen Trinker SG. (SV. 1923, 37); Syn. *Schnëll-Z. 2;* vgl. *Z. 1bγ.* — Vgl. Ochs WB. I 266; Jutz I 389; Fischer VI 1667.

Brueder-: entspr. *Z. 10bγ,* Näherkaufsrecht unter Geschwistern; Syn. *Ge-schwister-Z.;* vgl. *Bluets-Z.* ‚In Nidwalden scheint das Zugrecht unter Brüdern (Bruderz.) eine Zeit lang als Gewohnheitsrecht gegolten zu haben; 1788 aber beschloß die Landsgemeinde, es sei dasselbe nur dann anzuerkennen, wenn es in Verträgen ausdrücklich festgesetzt (angedungen) worden sei.' BLUMER, RG. 1859, 127. ‚Der Geschwister- oder Bruderz. besteht da, wo bei Anschlägen, Ausstandverträgen, Theilungen udgl. Verhandlungen unter Geschwistern bezüglich gemeinschaftlich ererbter oder gemeinschaftlich erkaufter Güter vertragsweise für den Fall, daß eines der betreffenden Geschwister seinen Antheil am fraglichen Gute veräußern würde, zu Gunsten der übrigen Geschwister ein Zugrecht festgesetzt worden ist.' NDW Ges. 1868, 23. ‚Unter mehrern gleichzeitig zum Bruderz. sich meldenden Zugsberechtigten genießt derjenige, der schon Land von der betreffenden dem Zugrechte unterworfenen Liegenschaft besitzt, den Vorrang gegenüber demjenigen, der kein Land vom betreffenden Gute hat.' ebd. 29.

Brunne^{n}-: langer, starker Eisendraht oder dünner Holzstab, der durch Wasserleitungen, Teuchel, Zementröhren udgl. gezogen wird, um diese zu reinigen AAJon., Ke.; Bs; L; ZAff. (Fäsi), Zoll. und lt St.[2]; alles ä. Angaben; Synn. *Tüchel-Z., Durch-Z. 4a.* „Br., Eisendrähte von etwa 5–6 Zoll Durchmesser und einigen Schuhen Länge, die durch Gelenke verknüpft werden; oder auch zusammengebundene Haselruthen, die man mit einem vorn angehefteten Dorn oder Lappen durch die hölzernen Wasserröhren zieht, um sie zu reinigen." ST.[2] ‚Zu kaufen begehrt: Ein noch in gutem Stand befindlicher Br. mit Zugstange.' Bs Intelligenzbl. 1850, 14. Juni. — Vgl. Fischer I 1475 (in anderer Bed.).

Prüsse^{n}-: entspr. *Z. 2bβ,* Grenzbesetzung am Rhein angesichts der drohenden Kriegserklärung seitens Preussens im Neuenburgerhandel 1856/7; vgl. HLS. 9, 189/90. ‚N. dampete weiter von den Pfefferweibern zu Luzern, vom Preussenz. und vom reichen Merian und vom Käsmerian zu Basel und vom Lälli alldorten usw., obwohl niemand ihm zuhörte.' OBW Blätter 1900, 30 (PAMing). ‚Da kam die Zeit des Preussenzuges im Jahre 1858 [sic]. Da kam es nahe daran, dass Deutschland der Schweiz den Krieg erklärte. Das Militär in der Schweiz wurde aufgeboten. Mein Vater ... erzählte Folgendes aus diesem Preussenz. [es folgt ein kurzer Bericht].' AGWERDER, Liegenschaftsgeschichte Muotathal-Illgau 5, 1997, 335 (XBetschart, Familienchr. 2. H. XIX.).

Brüt-: = *Hōch-zīts-Z.* (Sp. 600), ‚das paarweise Aufziehen der Hochzeitleute und Hochzeitgäste in die Kirche' AP (T.); Syn. auch *Br.-Lauf 2* (Bd III 1117). – Auch bei Gr. WB. II 339.

Pfīffer-*Zī²gli:* kleine Fasnachtsgruppe von Piccolospielern BsStdt (RSuter); vgl. *Bueben-Zügli.*

Pfärd-: entspr. *Z. 3,* Pferdegespann, -fuhrwerk; Syn. *Ross-Z.;* vgl. *Vēh-, Rinder-, Stier-Z.* ‚[Es wird ein neuer Ziegler bestellt, der] bemitlet seye, damit er im Vermögen, die Materialia als Leim, Kalchsteinen, wie auch einen guten Pferdtz. sich anzuschaffen.' 1728, B StR. 8, 724. ‚Den Verbrauch des Holtzes im Entzi belangend ist es wahr, das heutzutag viel mehr abgeholtzet werde, weilen vormahls nur jene Bürger, welche mit Pf.-zügen versehen waren, dahin gewiesen wurden, in gegenwärtigen Zeiten aber jedem, der dessen bedürftig, das grössere Gaabholz [*Gāben-Holz 1* Bd II 1251] in denen entferntern Wälderen zu nemmen gestattet wird.' 1794, LWill. Rq. 1994, 714. – Vgl. Gr. WB. VII 1693.

Raub-: wie nhd.; allg., jedoch nicht recht ma.; Syn. *R.-Streiff* (Bd XI 2130). *D' Hunne^n, wo vo^n irem R. vom Oste^n a$^{n'n}$ Bode^{n}sē cho^n si^n, [heige^n] im Chlösterchëller z' Reichenau^w mē Most g'funde^n als Wī^n.* WINGOLD 1938, 79. *Uf d' Alp Stätz sei en Schinter chon, wa so R.-züg g'mached hed, e^n bömmege^r Man^n, und hei de^n Chnëchte^n d's Molche^n abverlangged.* ABÜCHLI 1958, 505 (GRMolinis). – Vgl. Gr. WB. VIII 234.

Rauch-: Rauchabzug; Syn. *Z. 5e;* vgl. *Ab-z. 6a.* ‚Der R. geht nicht gerade in den Rauchfang, sondern durch eine besondere Höhle, welche wenig oder viel, nach Belieben, in die Stube reichet und daselbst innwendig längst dem Feuerheerd eine Art Nebenofen bildet, der aus Kacheln besteht und beträchtlich wärmet.' GR Sammler 1782, 37. ‚Wan ich siehe und betrachte, daß in meinem sowol als in anderen Hüsseren der beste Brand zum Heitzen der Stuben fast gar unnütz und vergeblich gebrant wird ... da einstheils die Hitz von dem Feuer durch den R. ausfahrt und anderentheils die Glutt, wo es gegeben hat, bey dem Sutt oder Kochen verlohren gehet.' 1789, Z.

Rëche^n- *-u^n:* entspr. *Z. 1cβ,* mit dem Rechen TB.; vgl. *R.-Wisch* (Bd XVI 2126). *De^n Langsi est e^n R. mē wërt wider e^n Hampfalu^n Mest,* beim Säubern der Wiesen. GERSTNER.

Rëcht-: **1.** gerichtliche Zuerkennung des Verwertungsrechts im Vollstreckungsverfahren, insbes. im Säumnisverfahren. ‚So einer ... dem anderen etwaß ... schuldig ist und im der schuld ... gichtig ist ... där sol oder mag inn um die schuld pfenden, und sol im der schuldner söliche pfand gäben ... und söllend sölche pfand ein gantzen monat unverenderet blyben stan inn irem gewert. Die mag dann, wann ein monat verlüffen, der cleger, dem sy zum pfand gäben sind, um sin ansprach an offner gant hie Zoffingen nach unser statt rächt durch den weybel lassen ußrüeffen und verganten und darnach am rechten verttigen und nach dem r. dem schuldner darab oder daruß bietten lassen.' 1595, AAZof. StR. 241. ‚Form eines R-s [Überschr.; später:] Clegers fürspräch: Sittenmal es ime ordenlich ist ze wüssen tan und nit erschynt, das er woll möge syn Recht gegen ime zogen und eroberet han, es sye dann Sach, das er heiter bybringen und erzeigen, das inne Herren- oder Lybsnot hieran gesumpt oder verhindret habe, sol er dessen genießen, sovil recht ist.' oJ., ZFsR. 20b, 148 (Kopie von 1610). ‚Von R.-zügen in Appellatzsachen [Überschr.; dann:] Wann uff angesteltem Appellatztag unnd gesetzter Stund der Appellant nit erschint, sol der anderen Parthy, namlich der Geappellierten, durch Mittel der Bestätigung der undern Richtern Urtheil ihr Recht zogen und eroberet geben werden. Unnd so der Appellant erschint, sol sölches mit Uffhebung der gefelten Urtheil sampt Abtrag alles Kostens geschehen. Wölte aber der Appellant hernach sölchen wider ihne erlangten R. widertryben, mag sölches anderst nit beschechen, es sye dan Sach, daß der Appellant uff dem bestimpten Appellatztag zue erschynen durch Lybskranckheit, Herrendienst, Gefangenschafft oder Wassergrösse verhinderet ... wäre. In disen Fählen oder dero eintwäderen ist ihme sölichen R. abzuesetzen zuegelassen, sofeer daß er syner Widerparth ihren erlitnen Kosten abtrage und ersetze.' WAADT Stat. 1616, 470. ‚So aber der Schälter [in einem Ehrverletzungsprozess], so mit Urtheil und Rächt zue eyner Entschlachnuß erkennt wurde ... derselben Urtheil nit statthuen, sonders sy appellieren und wyters ziechen wöllte, soll ihm söliches ... in keinen Weg zueglassen, sonder er, der Schälter, angentz von Ring hinweg in die Gfänknuß gefüert und daselbsten vierzächen Tag lang enthalten und, so er in sölicher Zyt glychwol sich noch widerspennig erzeygen wurde, mit dem Eyd von Statt und Land verwisen und dem Cleger den Rächtz., desglychen des Schälters Hab und Guet zuebekennt werden.' 1623, AAZof. StR. 350. ‚Rechtzüg [Überschr.; dann:] Die Erteilung der R.-zügen über Urteilen, so für Räht und Burger appelliert worden, ist dem Gwalt der teütschen Appellatzcammer anhengig gemacht, der Meinung, daß alwegen bevorderst des Weibels Zeugsame aufgelegt werden sölle; die Wideraufhebung dann solcher Rechtzügen, auf Erlag des darmit erlitnen Costens, sol derselben Cammer auch zuestehen.' 1654, B StR. 5, 679. ‚Wann wider jemand Abwesenden ein nachtheilig Urtheil gefällt oder ein R. ertheilt wird, und er aber nachwärts gsatzmässig erzeigen kan, daß Herrendienst oder Leibsnoth seiner Abwesenheit seyen ein Ursach gsin, so wird ein solcher auch in sein voriges Recht wiederum eingesetzt.' SMUTACH 1709, 125. – **2.** ‚Appellation, das Anrufen einer höhern Entscheidung.' SEILER. – **3.** Näherkaufsrecht; Syn. *Z. 10b.* S. Bd VI 302 M. (Heut. 1658). – Vgl. Gr. WB. VIII 442; DRWb. XI 447; WB. Rechtsgesch. IV 430.

Rad-: entspr. *Z. 5c,* Kran, Hebegerät mit Tretrad BM. (Greyerz-Bietenh.); vgl. *Rad 1cβ* (Bd VI 483), auch *Kranch-Z.* S. Bd VIII 1276 M. (B Baupolizeiregl. 1828. 1839). ‚Seltzam ze hören ist, das, wo man [tagsüber] buwt, muret, zimmert, Stein howt, Radzüg und andre Buwinstrumenta brucht ... allso hört mans die Nacht schynbarlich ouch uff alle Wys und Maß.' RCYS. (JSchmid 1969) 600. ‚[Dem] Zimmermann, an einem newen R. zue machen.' 1690, AAB. (Rechn.). ‚[Da] die Anschaffung und Unterhaltung deß in dem obrigkeitlichen Werkhof allhier sich befindlichen großen Bauwerkzeugs auf obrigkeitliche Umkösten, als R. und

Blochwagen, so bald mehr zum Nuzen der Particularen als der obrigkeitlichen Gebaüden gebraucht werden, [sei der Bauamtskasse] eine gemeßene Abgabe per Tag [zu zahlen, nämlich] von einem jeden R. ... 10 Creuzer ... Da sich drey obrigkeitliche Radzüg samt aller Zugehörd in der Steingruben zu Ostermundigen befinden, welche zu Heraushebung und Ladung der Steinen unentbehrlich sind, haben MgH. ... verordnet [usw.].' 1775, B StR. 9, 58. ,[Während des Baus des Kirchturms von BRoggw.] für einen R. von Burgdorf 22 W[ochen] lang per W[oche] zahlt 20 Btz.' 1777, GLUR 1835, 159.

Rufi- *Rī²bi-:* Runse U; Syn. *Z. 7aα*, auch *R.-Tal* (Bd XII 1332); vgl. *Lauwenen-Z. a*, auch *Rufinen 2b* (Bd VI 676). — Als Flurn.: *Ribeliz.* UGurtn. (U NB.).

Rigel-: verbindendes Querholz, waagrechte Strebe in der Wandkonstruktion BSa.; ZSth.; wohl weiterhin; vgl. *Under-z. 1a* (wo Weiteres), auch *Rigel 1(h)* (Bd VI 748. 749), zur Sache etwa auch Z Bauernh. 1997, 66 f. 79; RWeiss 1959, 40 ff. 60 f. ,In der Regel laufen in jedem Stockwerk zwei Riegelzüge über die ganze Fassade. Heute werden alle Balken ineinander verzapft.' STAMMERTAL 1961, 117. S. noch Bd X 1368 M. (Bärnd. 1927).

Nacht-röckler-: Fasnachtsumzug in AAB. †; vgl. *Nacht-Röckler* (Bd VI 834) sowie ASV. II Komm. 120. ,N. nennt man in AAB. einen Fastnachtumzug in Schlafrock und Zipfelmütze, der bis vor wenigen Jahren jeweilen am Samstag (nach dem grünen Donnerstag) vom Falken aus mit allen möglichen Lärminstrumenten die Stadt durchzog und sich zuletzt in einzelne Gruppen auflöste, die im Gänsemarsch bekannte Häuser heimsuchten.' AAB. (ä. Angabe).

Rück-: **1.** wie nhd.; allg., jedoch nicht recht ma. [Wir haben] *mit ereⁿ langeⁿ Bōneⁿstangeⁿ der Aⁿgriff īⁿg'leitet, z'ërschᵗ d' Wänd vam Nëst* [Wespennest] *ūf'-zerʳt und dänn d' Waben abeⁿg'schlageⁿ. Aber dänn hänᵈ-mer schlöinig deⁿ R. aⁿ'tretteⁿ.* WHÖHN 1980, 6. S. noch Bd X 1658/9 (Gotth.). — **2.** entspr. *Z. 1c*, Ausholbewegung mit dem Arm. S. Bd XI 1068 M. (WLutz 1685/1707, 2. Beleg). — Vgl. Gr. WB. VIII 1382; DRWb. XI 1274.

Röm-: **a)** entspr. *Z. 2bβ*, Heerfahrt des deutschen Königs nach Italien zur Herrschaftssicherung (und gegebenenfalls Kaiserkrönung); vgl. das Folg. ,Item, alss man tzaltt [1496], do erhuob sych Maxssymylljan, tzuo der tzytt römscher ckling, den romtzug tzuo ttuon unn die ckeysserlych ckron tzuo erhollen.' LvDIESBACH 1488/1518, 104. ,Wie der künig von Franckrich syn bottschafft mit grossem guot in die Eidgnoschafft schicket, den r. zuo verhindern [Überschr.; dann:] Nachdem nun der r. anzenemmen und ... zuo volnstrecken zuogesagt ward, da verordnet der künig von Franckrich syn botschafft in die Eidgnoschafft, die inen fürhieltent, wie ir künig warlich bericht, das der romisch künig allein den r. zuo wort hette, und aber doch syn fürnemmen und entlich meynung were, das hertzogthuom Meyland inzuonemmenn.' JSTUMPF 1536, 1, 75. S. noch Bd V 724 o. (1521, Absch.); XIII 973 u. (1507, ebd.). — **b)** wohl = *Bäpsts-Z.* (Sp. 576). ,Ußgen allerley geltz [Überschr.; später:] 15 ℔ gen Hans Köchlin umb allerlei züg uff den r.' 1511, Z (Seckelamtsrechn.). ,Mh. wellen den r. mitt dem merteil der orten annämen, doch also, dass solicher zug nitt wider den küng noch römschen küng sye.' 1521, B Ref. 2. — Vgl. Ochs WB. IV 323; Fischer V 395; DRWb. XI 1212.

Römer-: Kosten für den Unterhalt und die Besoldung des Reichsheers, Heeres-, Kriegssteuer (urspr. für den Romzug des deutschen Kaisers); vgl. das Vor. a. ,Weylen man dem Kayser hibevor zue Regenspurg 150 Monath R. bewilligt, welches auch sehr grose Summa seye, khönne man auch es woll nochmohlen thuen.' JRWETTSTEIN 1646/7, 135. — Vgl. Gr. WB. VIII 1159; DRWb. XI 1207.

Rinder-: entspr. *Z. 3*, Rindergespann OBW (Imfeld); vgl. *Vëh-, Pfärd-, Ross-, Stier-Z.* ,Es sol ouch ain yettlicher ... ainem herren järlichs ain wagenfuoder strouws geben. Er sol im ouch das, so er best mag, laden lassen und mit ainem r. von dannen füeren.' um 1400, TH UB. 8, 505. ,Zum ackerbuw: zwen r.-züg, an jedem 8 rinder, und zwen roßzüg, an jedem sechs roß, dartzuo zwo oder 3 hußküe.' 1596, AAMuri (Inv.). ,Den 10. Hornung hat es angefangen regnen und etwas wärmer z werden. Under der Zeyt sindt [bei der Seegfrörni des Vierwaldstättersees 1695] biß in 18 oldt zwantzig Roß- und R.-züg uf einmal uf dem Eyß gesechen und gezehlt worden.' JLBÜNTI A. XVIII., 56. S. noch Bd XVI 27 u. (1567, Z Rq. 1996). 2239 M. (1530/3, Z Eheger.). — Mhd. *rinderzuc;* vgl. Gr. WB. VIII 972; DRWb. XI 1093.

Heuʷ-rüpfel-: scherzh. für den Freiämtersturm 1830; vgl. *H.-Rüpfel* (Bd VI 1216), auch *Prügel-, Zwetschgen-Chrieg* (Bd III 796. 797). ,Andere [,Insurgenten'] trugen [beim Marsch auf Aarau] als Waffe nichts anderes als jenen landwirthschaftlichen Holzstab mit spiessartigem Widerhaken, mit welchem man in der Scheune das Heu vom Schober herab rupft ... Nach diesem primitiven Werkzeug hat damals das Obere Freiamt selbst dem ganzen Volksaufbruch den Scherznamen H. gegeben und denselben auch bei späteren Kantonalwirren noch einmal in Anwendung gebracht.' ARG. 8, 456 (Rochh.).

Reis-: entspr. *Z. 2bβ*, Kriegszug; vgl. *Reis 1* (Bd VI 1288). ,[Der Besitzer der Burg vor der Stadt Aarau verlangt in einem Rechtsstreit mit derselben, die Aarauer] söllen in der tuonden reyßzügen unbeladen lassen.' 1491, AAR. StR. 133. ,Wann es sich begäben würt ... dass wir reysen müessen, so söllend unser amptlüt acht haben, dass ... die pfarrer nit wyter beladen werden dann ander und also der reysz. glichlichen umbgange, wie das von alter har gebrucht ist.' 1530, B Ref. 1247. ,Wann eintwädere statt gemeinen herrschaftlütten von statt und land Murten ein anzal kriegsknechten ufleggen und inen gepieten, gerüst ze sin und ze warten uff wytern bscheid, was dann kostens von der spyllüten wegen, die darzuo bestellt sind, ufgat, der reyßz. habe sinen fürgang oder nit, söllend beyd theyl, die von der statt und uff dem land, miteinandern tragen und abrichten wie andern reyßkosten.' 1547, FMu. StR. 295. ,Nicolaus Cloos, ein Lucerner, [versah verschiedene Ämter, gab diese jedoch jeweils alsbald wieder auf. Er] nam sich darnach der Kriegssachen an, bekam mitthin Houptmanschafften in den französischen Reißzügen.' RCYS. (JSchmid 1969) 976. S. noch Bd V 370 u. (1622, Absch.); XI 155 M. (Ansh., 2. Beleg). Mit Bez. auf die Stellungspflicht bzw. das Aufgebotsrecht. ,[Bern bestätigt] daß namblich sy von Wyler am Brüning [Brienzwiler] nach altem, also kumlich angesechenem Gebrauch in Reißzügen und Haubtmusterung, wie bißhar auch gepflegt worden, nach Hasli gehören sollen.' 1689, BInt. Rq. 238. S. noch Bd IV 292 u. (ThFrickart 1470). – Vgl. DRWb. XI 796. – reiszügig: zum Kriegsdienst verpflichtet; Syn. *reisbar 1b* (Bd VI 1303). ‚[Die von Rougemont wollen dagegen] nit als frömbde geacht [werden] wyl sy under deren von Sanen paner reyßz., ouch zuo irem lantgricht gehörig sind.' 1584, BSa. Rq. 207. – Vgl. DRWb. XI 796.

Ross-: entspr. *Z. 3,* Pferdegespann BE. und lt Gotth.; ZO., rS.; wohl weiterhin; Syn. *Pfärd-Z.;* vgl. *Vëh-, Rinder-, Stier-Z. Öis Purst tunkt das natürli^ch^ lustig und intressant, wänn die gël^w^en eidg'nössische^n^ Fuerwërch mit R., Posthornrueff, Geisle^n^chlöpfen und G'schëll de^r^thër z'fare^n^ chöme^n^d.* HHASLER 1949, 159. ‚N. wollte zeigen, wer man sei, und dass man zu Liebiwyl noch einen R. vermöge.' GOTTH. (Hunz.-Bl.) 7, 306. ‚Ouch erstachend sy [die V Orte] einem metzger von Zürich ... sin r. im stall, tribend den größten muotwillen und übermuot, das keinem müglich, den zuo beschriben.' BSPRÜNGLI 1532, 19. ‚Frauw Sophia vom Grüt, Abbtissin zuo Denikhon, hat den gantzen Sommer ihr R. geliehen, ouch zwe uffgeröuste Beetstath geben.' 1577, SCHWE. Stifterb. 248. ‚[Dass der ‚Ambtsman' der ehemaligen Kartause Thorberg jederzeit] ein starcken R. erhalte, vermitlest deßelben das Huß mit Holtz nach Notturft ze versechen.' 1643, B StR. 10, 335. S. noch Bd VI 1437 M. (1592, Z); XVI 27 u. (1567, Z Rq. 1996); 952 M. (1598, Z Ratsman.); Sp. 582 o. (1596, AAMuri; JLBünti A. XVIII.). – Vgl. Fischer V 428; DRWb. XI 1232.

Reist-: = *Z. 7aγ* (Sp. 482, wo Weiteres), Holzleite LRg.; SCHW; NDW; OBW; UWE.; U, so Bürglen; Syn. auch das Folg. sowie *R.-Wëg* (Bd XV 841); vgl. *reisten 1* (Bd VI 1507). *Der N. will e^n^* [näml. Tell] *g'seh^n^ ha^n^ dur^ch^ ^d^e^n^ R. dur^ch^üf gā^n^.* PSCHOECK 157. *Der Purst ... heigg bi-n-ere^n^ ginstige^n^ G'lëge^n^heit das Wöiti uf einist 'packt und es der R. dur^ch^nidsi^ch^ g'riert* UBürglen (nach JMüller 1929, 9). ‚Diejenigen, welche R.-züge benutzen, haben während des Reistens zur Sicherheit für Menschen und Vieh auf ihre eigene Verantwortlichkeit durch Aufstellung der nöthigen Wachten zu sorgen.' BOTE der Urschweiz 1882, 6. Dez. (SCHW). ‚Wehr an denen gewohnlichen Landtstrassen und Weegen in R.-zügen reisten will, solle zu jedermanns Sicherheit bey 50 Cronen Bueß undt Abtrag einen Wächter zu stellen schuldtig seyn; undt wann einer auch an anderen gewohnlichen R.-zügen reisten wurdte, soll ein solcher mit Rueffen alle Sorgfalt brauchen, daß niemandt dardurch geschediget werdte.' 1756, SCHW Rq. 149. – Als Flurn. *R.* SCHWUlb. (Bachrunse; SCHW NB.); UBauen. (U NB.).

Holz-reist-: = dem Vor.; Syn. auch *H.-Risi* (Bd VI 1371, wo ein weiteres). S. Bd VI 1368 M. (SCHW).

Ruete^n^-: jährlich im Sommer, heute am Donnerstag vor dem ersten Freitag im Juli, stattfindendes Jugendfest in AABr. sowie bis ins XVIII. auch in BsStdt (AFechter 1837 und lt Spreng); vgl. *Meien-Z.,* zum Brauchtum ASV. I Komm. 1230/2 sowie unter *Ruet 1a* (Bd VI 1819 u.). *De^r^ R. isch^t^ eini vo^n^ de^n^ längste^n^ Reise^n^, wo mer cha^nn^ mache^n^ ... Ich wünsche^n^ euch allne^n^ e^n^ glücklechi Reis dur^ch^ mänge^n^ R.,* aus einer Ansprache. AAB. Tagbl. 1995, 7. Juli. ‚Die Liebe zur Vaterstadt tritt auch beim Brugger stark zutage. Das zeigt sich alljährlich am Rutenz. ... wo der auswärts Wohnende zurückkehrt, um das Fest mitzufeiern und die Erinnerung an die Tage der Kindheit aufzufrischen.' AA TB. 1904, 74. ‚Wenn die Stadt Brugg alljährlich ihren Ruthenz. abhält ... so werden dabei auch jetzt noch immer zwei alterthümliche Bräuche mit beobachtet, erstens das Austheilen von Brödchen an die ganze Schuljugend und zweitens das am Nachmittage übliche Wettrennen der Knaben.' ROCHH. 1857, 504. ‚Die Stadt Brugg hat nachweislich seit 1532 jährlich auf der Stadtstube aus Zweizugmehl paarweis gebackene Mutschenbrödlein allen Kindern verabreichen lassen, wenn diese jenen Tag über den amtlichen Umzug durch die Stadtwaldungen zur Markenbeschau mitgemacht hatten. Daraus entstand alsdann das Kinderfest des Ruthenzuges, der verbunden mit der Brodaustheilung daselbst bis heute fortdauert.' ARG. 12, 47 (Rochh.). ‚Hatte jenes Zuchtmittel, die Ruthe, manchen Schülern das Jahr hindurch Schmerz verursacht, so sollte ihm dasselbe auch einmal des Jahrs einen freudigen Tag verschaffen. Es war dieß derjenige Sommertag, an welchem die Schuljugend in den Birkenwald auszog, um unter mancherlei Scherz ihre Plage zu holen und mit ihrem Kreuze beladen in die Stadt in tragikomischem Zuge unter Gesang einzuziehen ... Auch bei uns [in BsStdt] wurde dieses Schulfest unter dem Namen Ruthenz. gefeiert und erhielt sich noch nach der Reformation. Die Ordnung für die Schule auf Burg vom J. 1578 erwähnt dieses Tages als eines Festtages, an dem die Schüler virgatum, ut vocant, producuntur; ja erst 1770 wird noch die Abschaffung dieses Ruthenzuges für die Mädchen beschlossen.' AFECHTER 1837, 30. S. noch Bd VI 1820 u. (Bs). ‚[Es] wirdt auf Anhalten Hrn Schuelmeisters und Hrn Provisoris der Ruethenz. erkendt.' 1686, AABr. ‚Quatuor preter propter septimanas ante diem Jacobi in recreationem scholariorum a consessu senatorio solemnitatem Ruethenz. vulgo dictam solicitare usu hactenus receptum [est].' A. XVIII., NZZTG 1909, 27. Jan. (Officia cuivis ludimoderatori observanda). ‚Außgeben, so abänderlich [Überschr.; später:] Am R. den Schulkindern u. Lehrknaben 64 Gld. 14 Btz.' 1747, NZZTG 1909, 27. Jan. ‚Am R. dem Herrn Schultheißen Füchsli, Jgfr. Lehrgotte u. fünf Musikanten, da sie am Morgen den Zug wieder formiert von der Kirchgaß zum Rathaus, jedem ein Psalmenpfennig.' 1785, ebd. – Vgl. *Rute^n^fest* bei Fischer V 505, ferner WB. Abergl. VII 859.

Siechen-: entspr. *Z. 3,* Gespann des Siechenhauses; vgl. *Hūs-Z., Klöster-Z. a, Spitāl-, Stadt-Z.,* ferner *Siechen-Hūs 1* (Bd II 1725). ‚Spittal- und S. [Überschr.; dann:] Weilen dise Züg aus allzu vielen und kostbahren Pferdten bestehen, so wirdt der Direction heimgestelt, die Anzahl derselben an jedem Ohrt auf vier minder kostbahre hinunterzusezen [usw.].' 1764, BThun Rq. 407.

Sūche^n^-: Epidemie der Maul- und Klauenseuche; verbr. *Es isch^t^ im 1938 g'sī^n^, wo-n-e^n^ S. über ü^n^si Gäge^n^t 'zogen isch^t^.* HSALVISBERG 1998, 43 (BM.). *1920 isch^t^ en schwäre^r^ S. dor^ch^e^n^g'gange^n^, wo vil 'Büre^n^ betroffe^n^ het.* AEFORSTER 1998, 108 (mTH).

G^e^-sichts-: Pl., wie nhd. Gesichtszüge; wohl allg.; Synn. *Ge-sūn II 2β* (Bd VII 1104); *Widem 3* (Bd XV 589). *Der Houptme^n^ het der Brief usenandere^n^-g'faltet und g'lëse^n^, wëre^n^ddëm d's N. mit vergeistereten Ouge^n^ jede^n^ vo^n^ sīne^n^ G's.-züg verschlunge^n^ het.* RVTAVEL 1916, 209. Im ausgeführten Bild bzw. spielend mit *Z. 4. I^ch^ hau^w^ der aini uf ^d^e^n^ Banhof, dass der d' G.-züg entg'laise^n^.* Bs Gassenspr. 1950, 92. *Entg'leisti*

G.-züg ha^n, betrunken sein. Z Slängikon 103. – Vgl. Gr. WB. IV 1, 4105; Ochs WB. II 393.

Ge-sellen-: entspr. *Z. 6a*, Pflicht der Fischergemeinschaft zum Fischzug für den Landvogt i. S. einer der Herrschaft geschuldeten Zinspflicht. ‚Hanns Vischer von Rietikon am Griffense seit, dass der vogt in und and[e]r für mitgesellen geboten hab, dass sy im einen xellenz. täten. Das täten sy und fiengen fisch ein michel teil.' um 1510, ZGreif. ‚Ueli Küng von Rietikon seit, er hab die visch helffen fachen, dann sine xellen kamen und redte, der vogt hette sy umb einen xellenz. betten.' ebd. – Vgl. DRWb. IV 502 (in anderer bzw. ohne Bed.).

Heuw- *Häiw*-Seil-: **1.** Seilwinde U (Aschw.-Clauss); vgl. *Z. 5c.* – **2.** zsgebundene Heuballen U (Aschw.-Clauss); vgl. *Z. 5aa.*

Salz-: Salzregal. ‚Disen Landschaden [näml. Salzknappheit in Kriegszeiten] abzuewenden und künftigem vorzuekommen, so haben wir ... nit Nutzlichers noch Bequemers befinden können, dan nach dem Exempel anderer loplicher Stenden ... den Saltzz. an uns zue ziechen, zue unseren Handen zue nemen und durch gewüße unsere harzue Verordnete distribuieren und verkoufen ze laßen, uf das das Saltz jederwylen durch unser Mitel und oberkeitliche Anordnung in einem gwüßen Prys stätig verblybe.' 1623, B StR. 9, 620. ‚[Schultheiss und Rat gestatten den Herren Zobel die Aufbereitung und den Vertrieb von Salz] mit dem ußtruckenlichen Vorbehalt, daz sy ... by obiger Anzahl der 1000 Centneren verblybind und sich keines ... wyteren Vertribs, zue Verhinderung unsers yngeführten Saltzzugs und -handels, anmaßgind.' 1640, ebd. 617. ‚Den Saltzz. oder Zoll betreffend, da von jedem Väßlin ein Viertelin Saltz geforderet wirt, findend wir [die Ansprüche von Huttwil] gantz ungegründt, indeme sie keine Brieff und Rechte aufweisend, welche ihnen einich Emolument, Genoß oder Auflag zugebend, zumahlen der Saltzhandel ... allein in der Oberkeit Han den ist.' 1671, BE. Rq. 590. S. noch Bd XI 966 o. (1641, BSi. Rq. 1912). – Vgl. DRWb. XI 1498 (mit unserem Beleg BSi. Rq. 1912).

Z^e-säme^n-: Addition FPlaff. (PMühlhauser 1984, 89). ‚[Beim Ausfüllen der Steuererklärung:] Persönlicher Abzug: *Für bēdi: zweiu^nd zwenzghundert, u^nd für d' Chranke^n kasse^n fü^n fhundertzweiu^nd zwenzg. Der Z. mache^n si de^nn scho^n.*' – Vgl. Gr. WB. XVI 780; Fischer VI 1378. – Truppe^n-Z.: in grösseren Verbänden durchgeführte militärische Übung; verbr. *Der Tr. ist üs, der Vatter chunnt nüd hei^m.* Z Tagesanz. 1907, 14. Sept. (Z). S. noch Bd X 1662 u. (EKilchenm. 1929). – Vgl. Variantenwb. 851 (‚Zusammenzug').

Summer-: Ein-, Vorrichtung am Kochherd zur Regulierung des Rauchabzugs, um die Wärme in den Kamin (und nicht in den Kachelofen) abzuleiten BFrut., Gr., Hk., Lütschinentäler, M. Reich., Scharnachtal, Si.; Z; vgl. *Ab-z. 6a, Ofen-Z. 1, Winter-Z. 2. Wen^n i^ch albe^n vil u^nd lang chochen, su tuen i^ch denn de^n S. ūf u^nd lā^n d' Wermi dir^ch d's Chemi^n ūf.* Bärnd. 1908, 458. ‚[Ich] habe im Kucheli den *S.* gstossen und den Winterzug zogen.' Bieler Tagbl. 1917, 27. Okt. S. noch Sp. 596 M. (KStocker 1987).

Uber-sitzler-: brauchtümlicher Umzug mit Treicheln, Trommeln und anderen Lärminstrumenten anlässlich des in der Altjahrswoche stattfindenden *Ubersitz* [*Über-Sitz* Bd VII 1728] in BHa.; vgl. *Botschen-, Bözi-Z.*, zum Brauchtum B Ztschr. 1951, 6 f.

Schach-: wie nhd., eig. und übertr.; allg. *Dë^r ēwig Hunger, wo-n-er a^ls chlīne^r Gōf g'ha^n hät, dë^n isch^t er nie mē lōsworde^n. Um dō Abhilf z' schaffe^n, hät er sich för e^n Lēr a^ls Beck entschide^n. Leider isch^t dë^r Sch. nöd ūfg'gange^n: Er hät nämli^ch e^n Mël^w al^l ergī übercho^n.* FKauffmann 2014, 26. – Vgl. Gr. WB. VIII 1968; Allgäuer 1324.

Schō^n-: entspr. *Z. 1aa*, ‚helles Wetter bringender Wind' BHk. (WHopf 1907); Synn. *Sch.-Luft* (Bd III 1160); *Schōn 2b* (Bd VIII 858).

Schänkel-: Hebevorrichtung, Kran mit Ausleger; Syn. *Schnabel-Z.*; vgl. *Kranch-Z.* ‚Den sch., seil und schyben zur brugg bracht.' 1557/8, B. ‚Nach der wassergrössi die joch bey den bruggen zuo rumen mit dem schenkelz., costen 81½ ℔.' 1597, BAarb. (Amtsrechn.). ‚Das Seil zum Schenkelz. gebesseret.' 1674/5, BLaup. (Amtsrechn.).

Schlitte^n- *Schlettu^n-*: entspr. *Z. 5a*, ‚Seilschlaufe am Schlitten, die man über die Schulter nahm' TB. (Gerstner); vgl. *Schl.-Schnuer* (Bd IX 1308).

Schmirgel-: = *Hār-Z. 1* (Sp. 562; s. d., 1744, Z). ‚[Am grossen Gesellenschiessen in Aarau werden] zillbüchsen, reyes und schnapperbüchsen [zugelassen, aber man schiesst] mit zillbüchsen mit männlischloss: der soll sich einen graden schm.-zugs, wie von alters har brüchig gsyn, behälfen und nüt krumbs in syner büchssen han.' 1596, B Blätter 1925, 60.

Schnabel-: Hebevorrichtung, Kran mit Ausleger; Syn. *Schänkel-Z.*, auch *Schnabel 2bγ* (Bd IX 1063); vgl. *Kranch-Z.* ‚Zu verkaufen: Ein gut erhaltenes Locomobil auf Wagen, eine Centrifugalpumpe, eine Rammwinde und einen Schn.' Schweiz. Bauztg 1884, 5. Apr. ‚An vogt von Lentzburg, daz mh. J. Augustin von Luthernouw zuo ververtigung sins buwes zuo Liebegk iren schnabellz. sampt dem seil und zangen dartzuo gehörig lychen wollen, den sol er ime werden lassen.' 1561, B RM. 2, 225. ‚Ein schn. uff dem löübli gemacht, die fas ufzezüchen.' 1596/7, BThorberg (Amtsrechn.).

Schnëggen-: **1.** entspr. *Z. 8*, spiralförmig gezogene Nut im Gewehrlauf bzw. auch dieser selbst; vgl. *Schnëgg 3aζ* (Bd IX 1191), auch *Hār-Z. 1.* ‚Vor kurzen jahren ... sey eine kunst hervorgekommen, die handrohr der zielbüchsen von gewüssern schießens wegen mit schn.- und sonst krummen zügen inwendig zu kritzen und bereiten.' 1563, vRodt 1831, 61 (modern.). ‚96 Zihl- und Reissmusqueten, darunder 5 mit Radschlossen sambt zuegehörigen Spanneren, 40 mit Schn.' 1674, Z Anz. 1901, 308. S. noch Bd VIII 1368 u. (1563, B RM.). – **2.** Figur, Bewegungsabfolge mit der Fahne. ‚Die Übung mit dem Fahnen ... Der vierdte Theil [Überschr.; später:] 2. Der Schn., la marche de Coquille.' Exercierbüchlein 1677, 79. – Vgl. Gr. WB. IX 1222.

Schnëll-: **1.** wie nhd.; allg.; vgl. *Blitz-Z. 1*; Gegs. *Bummel-Z. De^r nōchst Schn. chond am zwöi.* Hüppi 229. *'s Schönst* [an Frauenfeld] *seig der Schn. uf Züri^ch.* EMorf 1969, 36. *De^r vo^n gā^n wie-n-en Schn.*, flüchten, davonrennen. Z Slängikon 47. S. noch Sp. 575 o. (PAppenz.). – **2.** = *Blitz-Z. 2* (Sp. 578) SG. (SV. 1923, 37). – **3.** Taxameter BsStdt (Bs Gassenspr. 1950). – Vgl. Gr. WB. IX 1311; Ochs WB. IV 681; Allgäuer 1400. – Büre^n-Schn.: scherzh., Schnellzug mit vielen Halten in ländlichen Gebieten. Eisenbahnerspr. (HPHäberli 1987, 33).

Schnüerli-: wohl = *Durch-z. 4cβ* (Sp. 592); vgl. *Z. 9a, Bläteren-Z.*, auch *Hār-Schnuer 2b* (Bd IX 1303). ‚Das Gewässer, so in denen Hirnshölen oder zwischen denen Häutlein enthalten oder under der Schale ob der grösseren Hirnshaut, muß heraußgescheiden werden durch den Blaternzug, Fontanellenetzungen, Schnürleinz. und glüendes Eisen, welches letstere hoch zu achten ist, da das Wasser zwischen Haut und Gehirn stecket.' JMuralt 1697, 126. – Vgl. Gr. WB. IX 1425 (‚Schnurz.', in anderer Bed.).

Schwëb-: entspr. *Z. 5c*, flaschenzugartige Vorrichtung, um etw. in der Schwebe zu halten. ‚Am donerstag z nacht, do hieltend in [Johann Jetzer] die väter, namlich sin bichtvater und bede priol, mit bichten und siessen leren in sinem stüble so lange uf, biss dass der suppriol und der schafner den schwäbz. zuogerüst hatten, wan der Jätzer hat gemeldet, wie er meinte, unser frow sölte mitsampt iren englen im luft schwäbend erschinen. Als nun der zug angericht (was artlich von isinen struwen, stangen, holen wellen, schämlen und seilen gemacht, nidsich, obsich, fürsich und hindersich stil schwäbend, desse gewicht und zug in s schafners zel) do fuorten die väter iren Jätzer zuo sinem bet, taten dem sacrament er, legtend in schnel selbs nider, gesegnetend in mit wihwasser, ruktend den umhang für, hiessend in ruowen und gnaden erwarten und schieden von im ab.' Ansh. 3, 78. ‚Der schafner nam den schwebz. und die buzenkleider und beschloss die in siner zel in zwen schäft in.' ebd. 80.

Schweiff-: schnelle kriegerische Expedition?; vgl. *Streiff-Z. 1a*. S. Bd X 1011 u. (Edlib.).

Schwelli-: Gemeindeabteilung von BTrachs. mit der örtlichen Zuständigkeit für den Erosionsschutz am Dürrbach bzw. den damit verbundenen Fuhrungen; vgl. *Schwelli II 2b* (Bd IX 1832), auch *Ämmen-Z.* ‚Kirchgemeinde Trachselwald ... bildet nur eine Einwohnergemeinde und ist einzig wegen Anordnung der Schwellenarbeiten am Dürrbach und der Fuhrungen in 22 sogenannte Schwellenzüge oder Fuhrbezirke eingetheilt.' B Ortsch. 1838, 1, 358.

Ge-schwister-: wesentl. = *Brueder-Z.* (Sp. 578; s. d., Ndw Ges. 1868).

Spängler-: entspr. *Z. 11a*, buntscheckige Kleidung, ‚unordentlicher Habitus nach Spenglerart Gr Grüsch, He., Pr., Valz.' (Tsch.) und lt Dän.; Syn. *Büren-Chilbi 2b* (Bd XV 1081, wo weitere); vgl. *Spängler 1b* (Bd X 365).

Spitāl-: entspr. *Z. 3*, Fuhrwerk des Armen- und Krankenhauses; vgl. *Spitāl* (Bd X 604), auch *Hūs-Z., Klōster-Z. a, Siechen-, Stadt-Z.* ‚Sobaldtt der spittellz. har kumptt, so wellendtt wier üch die zwen bösen [näml. Doppelhakenbüchsen] inherschickenn, und bittendtt üch, ier wellent uns vier oldtt sechss andere schickenn.' 1577, LWill. Rq. 1994, 165. ‚An Holtz ... soll ihme buechigs, dannigs und gemischlets jährlich 55 Fueder ... in seinem Kosten aufmachen und durch die Spittalzüg füehren ze laßen bewilliget sein.' 1675, B StR. 8, 131. ‚H. Wilhelm Lutz, teutscher Lehrmr allhier, habend ihr Gn. wegen seines erzeigenden Fleißes und guter Underweisung der Jugend vergont, sein Burgerholtz, in 6 Klaffteren bestehend, durch Spittalzüg führen ze laßen.' WLutz 1685/1707, 139. ‚Ihnen, denen Meisteren, aber ist eingegangen und zugesaget worden, daß jedem von ihnen der Spittahlz. jährlichen ein Fuhder Holtz zum Hauß führen solle.' 1735/6, BThun Rq. 370. S. noch Bd XI 1553 M. (1686, AaB. Rechn.).

Stein-: **1.** wohl entspr. *Z. 3*, Gespann, Fuhrwerk zum Transport von Steinen. ‚Er habe das Holz auf einem St. wegführen lassen.' 1769, B Kl. Turmb. – **2.** wohl entspr. *Z. 5c*, Kran, Hebevorrichtung für Steine; vgl. *Kranch-Z.* (wo Weiteres). ‚Das die steynhütten, so ietz uff dem Münßterhof ist, dem Münsterhof vil ungsubers gyt, zuodem das solch hütten vom st. eben wyt und vil zyts und wyl sei, ouch großer cost uffgat, ee die stein hin und wider gfüert werdent.' 1542, Z RB. – Vgl. (in anderer Bed.) Fischer V 1721; Frühnhd. WB. XI 326. – Flurnn. *St.* SchwSchw.; ThErm. (Fischenz; ‚vom dem Stainz. uncz zuo der Gruob ... zuo dem Stainz.' XIV., Th UB.); NdwBeck., Emm.; UAtt., Bauen, Bürglen (‚an St.' 1872, U NB.), Flüel., Gurtn., Sis.

Stier-: entspr. *Z. 3*, Ochsengespann; vgl. *Stier 1bγ* (Bd XI 1224), auch *Vëh-, Pfärd-, Rinder-, Ross-Z.* *Der Vatter Orel ist en habliche^r Būr g'sīn mit emeⁿ St. im Fëld.* Schweiz 1903, 60 (SchSchl.).

Stadt-: entspr. *Z. 3*, Fuhrwerk der städtischen Obrigkeit; vgl. *Hūs-Z., Klōster-Z. a, Siechen-, Spitāl-Z.* ‚[Ausgaben] für den Aufwand an Fuhrwerk oder für den St., sowohl zur Zufuhr als Abfuhr der nöthigen Materialien für den Unterhalt der Gebäude, der Brunnenleitungen, des Gassenpflasters usw.' SchStdt (Dotationsurk. 1833). S. noch Bd VII 1589 M. (F Schulordn. 1577).

Streiff-, in Bed. 2 auch ‚Streiffen-': **1. a)** wie nhd. Streifzug, Erkundungstour; wohl allg.; Synn. *Zuck-Reis* (Bd VI 1297); *Streiffing* (Bd XI 2139, wo ein weiteres). [Wegen der Gefahren des sumpfigen Egelmoos-Ufers] *het meⁿ deⁿ Chinder und o^uch üⁿs Buebeⁿ verbotteⁿ, derthiⁿ Str.-züg z' undernëⁿ.* AvTavel 1940, 63. I. S. v. kriegerische Unternehmung (vgl. *Schweiff-Z.*): ‚Dorumb underliessent sy [näml. die Eidgenossen] den furgenomnen str. [in den Sundgau und ins Elsass] und zugendt all inns Schwaderloch.' 1524/9, B Anz. 1891, 287. – **b)** polizeilicher Kontrollgang, (Polizei-)Streife. ‚2do solle jeder Harschier [*Arschier 3* Bd I 469] täglich seinen Str. nach Vorschrifft seines Untervogts in seinem Amt, wuchentlich aber zweymal einen gemeinsamen nach Vorschrifft der Kanzley machen.' 1793, ADubler 1970, 87. – **2.** = *Z. 6a* (Sp. 480), Fischzug mit dem Streifgarn; vgl. *Str.-Garn* (Bd II 424), *-Netz* (Bd IV 887). ‚Zeitt deß Straiffenz-ß [Überschr.; dann:] Item die Straiffen mag man ziehen vom Donnerstag nach der escherigen Mittwoch in der Wochen all Nächt biß an Osterabendt.' 1635, Th Rq. 2017, 1186. ‚Zeit des Straiffz-s', Überschr. 1707/8, ebd. 1709. ‚Zeit des Straifenz-s', Überschr. 1774, ebd. 2422. – Vgl. Gr. WB. X 3, 1297; Fischer V 1854.

Strangeⁿ-: aufgespannter Fadenstrang am Zettelrahmen; Syn. *Strangen-Gang* (BFrut.). *D' Mueter steckt der Strangeⁿ mit deⁿ z'sämeⁿg'nuneⁿ bläueⁿ Fädeⁿ ... hinder nen ufg'wundna Str. an der Windeⁿ* [*Winden II 1b* Bd XVI 543] *u^nd gī^2t iⁿ d' Chuchi.* [Als sie wieder zurückkommt], *g'seht [si] der Strangeⁿ mit deⁿ z'sämeⁿg'nuneⁿ Fäden īng'steckta^r hinder ^dem Strangengang zuehiⁿ bi ^der Stangeⁿ.* MLauber 1950, 125/6 (BFrut.).

Tūben-: Taubenjagd. ‚Die, so den hochflug und fäderspil von uns empfangen, [klagen, dass] etliche vogler, besonders die, so den th. bruchend, oftmalen der vöglen, zum fäderspil dienstlich, vachind, dieselben aber uß unseren landen tragind und verkoufind.' 1579, B StR. 9, 407.

Tŭchel-: wohl = *Durch-z. 4a* (Sp. 592); Syn. auch *Brunnen-Z.* ,[Unter landwirtschaftlicher Fahrhabe aufgeführt:] 1 Schlauchleitung, 1 Teuchelz.' Z Amtsbl. 1903, 64.

Tauffi-: entspr. *Z. 2aα,* Taufgesellschaft auf dem Kirchgang AaDürr.; Syn. *Tauffi 1bα* (Bd XII 584, wo Weiteres); vgl. *Hōch-zīts-Z.* *Am Sunndig am Morge^{n}, wëre^{n}tdem dass ['s] d' Chil^{ch}e^{n} ūslūtet, gōt de^{r} T. unde^{n} furt gäg ^{d}em Chil^{ch}e^{n}reindli u^{f}e^{n} ... Ganz vergelsteret* [weil das Taufkind in der Kirche *sporet und rīsst und geusset, was nume^{n} mügli^{ch} ist,* ein schlechtes Vorzeichen] *chunnt das T.-zügli denn hei^{m}.* HWalti 1961, 174/6. — Vgl. (,Tauf-') Gr. WB. XI 1, 1, 195; Fischer II 110.

Tieff-: entspr. *Z. 6b,* Fischereirevier im tieferen, vom Ufer eine bestimmte Strecke entfernten Gewässer; vgl. BSM. VII 149. ,Zum anderen hat alßdan den Vortrit das Gahren in denen Theufzügen, 2 Seiller weit vom Landt biß an Schif ... Diesen Teufzügen sollen die Netzen wichen uss dem Wägg.' 1736, LW. Rq. 270.

Ōster-mān-tag-: wohl = *Ō.-Um-z.* (Sp. 514, wo Weiteres). ,Stühle, Tische, Kasten, ein Bett, eine hölzerne Wanduhr mit langem, einsam pickendem Pendel, ein Holzstich an der Wand mit dem schönen Ostermontagz. und ein paar Milchgefässe bildeten rings ein Stillleben, das einen Mahler entzückt haben würde.' Alpenr. 1811, 200. ,[Grossweibel und Gerichtschreiber hatten] denen Bedienten, so die Farb tragen und bißher mgH. R[ät] und B[urger] an dem Ostermontagz. nachgangen, [zu befehlen, jeweilen] wan selbige aus der Predig auf das Rahthauß sich verfüegen, nachzugehen.' 1720, B StR. 5, 434.

Tampf-, *Dampf-:* **1. a)** ,Theil eines Kamins' Z (Spillm.); vgl. *Ab-z. 6a; Ofen-Z. 1,* ferner *Summer-Z., Winter-Z. 2.* — **b)** Belüftungseinrichtung in Stall und Heustock. ,Bei dem sehr veränderlichen Wetter und feuchten Südwind [im Oberengadin] wird das Heu selten dürr genug eingebracht, und da es sich wegen seiner sehr feinen Halme äußerst fest lagert, so geräth es auf dem Heustock leicht in allzu starke Gährung und verbratet. Die D.-züge in den Heuställen helfen hingegen nur wenig. Wirksamer wäre es, Salz unter das Heu zu streuen. Der Heinzen kann man sich hier nicht bedienen, weil ihre Behandlung in solchen Gegenden, wo die Ställe nicht auf den Gütern stehen, allzu umständlich wäre.' Gr Sammler 1811, 293. Vgl.: ,In meinem Stall, ungefähr in Mitte des Stallgangs, ließ ich von Laden ein kaminähnliches Dampfrohr so anbringen, daß es auf dem Heuboden nicht hinderlich wird. Zwischen zwei Balken wird eine zwei bis dritthalb Schuhe weite trichterförmige Öffnung angebracht, welche zwei Schuhe über dem Heuboden in Gestalt einer Kaminschoos sich bis auf einen Schuh verengen muß. In die Öffnung dieses Trichters wird dann ein 14 bis 16 Schuh langes, ebenfalls von Laden verfertigtes Rohr gesetzt, das oben wiederum etwas weiter sein muss als auf dem Trichter, damit es den nöthigen Zug bekomme und die Eigenschaft eines Kamins habe. Ein solches Rohr zieht den Nässe erzeugenden Dampf aus dem Stall, erhält das Holz trocken, das Vieh gesund und wäre ein Mittel zu bedeutender Holzersparniß, wenn es allgemein angewendet würde; nicht weniger zieht es auch im Sommer die der Gesundheit schädlichen Ausdünstungen aus dem Stalle.' Schweizerb. 1827, 66. — **2.** entspr. *Z. 4,* Eisenbahnzug mit einer Dampflokomotive; allg. *Am No^{ch}mittag vom 4. Dezëmber isch^{t} dō* [in GrDisentis] *vo^{n} Chur e^{n} D. cho^{n} a^{n}z'fare^{n}.* Wingold 1938, 53. — Vgl. zu Bed. 1 Jutz I 523 (s. v. ,Dampfrohr'); Allgäuer 369 (s. v. ,Dampfkamin').

Tanne^{n}-: = *T.-Fuer* (Bd I 974, wo ein weiteres Syn.) BKopp.; vgl. *Tann II 1cε* (Bd XIII 59, wo Weiteres).

Dannen-: wohl = *Ab-z. 4dα* (Sp. 494). ,Das ein Grofschaft Baden wie ouch wir [,der Schultheis und Rhat zue Brugg'] inskünftig zue ehwigen Zythen ... in allen zuefällenden Erbschaften und daruß fliessenden D-s, an welchem Ort sich der immer zuetragen möchte, söllend und wöllend ohne Vorderung einiches Pfennig Abzuggelts ungehinderet und fry passieren und fharen ze lassen ... confirmiert und bestätiget ... haben.' 1614, AaBr. StR. 200.

Dur^{ch}-, Dür^{ch}- (bzw. *-i-*):

1. entspr. *Z. 1aα,* Zugluft, Luftzug in Räumen
2. entspr. *Z. 2b*
   - a) Durchreise, Durchquerung eines Gebiets
   - b) Durchmarsch von Truppen
   - c) Engpass, Passage
   - d) scherzh. übertr., Durchfall
3. = *Under-z. 1a*
4. was durch etw. hindurchgezogen wird
   - a) Holzstab, starker Eisendraht odgl. zur Reinigung von Teucheln
   - b) Instrument zum Durchziehen von Faden oder Bändern
   - c) Schnur
     - α) zur Befestigung des Siegels an einer Urkunde
     - β) zur Reinigung einer Wunde
5. Lauge, Seifenwasser, durch das die Wäsche gezogen wird

1. entspr. *Z. 1aα,* Zugluft, Zugwind, Luftzug in Räumen; allg., auch ,Windstoss' U; Syn. *Luft-Z. b* (wo ein weiteres); vgl. *Wind-Z.* *D' Wäge^{n}* [der Rigi-Bahn] *sind ganz offe^{n} g'sī^{n}, prächtig Bängg und D. w^{i}e Bach.* CStreiff 1904, 76. *D. mache^{n},* (kräftig) lüften; allg. [Die Rösti bei einem geizigen Bauern sei so trocken] *das^{s} me^{n} ke^{n} D. dörf mache^{n}, so lang das^{s} g'gësse^{n} wërd ... und stübe^{n} tüei si, das^{s} d's Zit scho^{n} mängisch^{t} sig blibe^{n} stā^{n} dervo^{n}.* Loosli 1910^{2}, 131. S. noch Bd XVI 2097 u. (VWeber-Thommen 1985). Mit Bez. auf die als unangenehm empfundene Wahrnehmung. *Mach d' Türe^{n} zue un^{d} lueg, ^{d}ass niene^{n} D. ist.* JKuratli 1958, 104. *Mi^{n} sellti d's Pfeister zutuen, es hed D. im Sal.* Schild-Boss. *Si* [die Soldaten] *hei^{n} sech wëg ^{d}em chalte^{n} D. linggs und rëchts hinder d' Pfiler g'stellt.* RvTavel 1926, 242. S. noch Bd XVI 940 M. (RvTavel 1910). Mit Bez. auf die gesundheitlich nachteilige Wirkung. *Weist, d's Ung'sündstẹ-n-isch^{t} gäng der D.* JKäser 1965, 67. *Er hed 's müesse^{n} täuwe^{n}* [*däuwen 2bβ* Bd XIII 2229], *dass er am D. g'sī^{n} ischd* AaWohl. (SMeier). *Hēr Profësser, sī^{n} si öppen am D.? 's gi^{b}t gërn G'süchti!* JReinh. 1925^{2}, 15. *Wä^{nn} me^{n} ... mues^{s} g'seh^{n}, wie me^{n} wëge^{n} der chlīnste^{n} Vercholti^{n}g, wo men amene^{n} D. verwütscht hät, grad cha^{nn} heiser wërde^{n}, das^{s} me^{n} e^{n}kei^{n}s lūts Wort mē use^{n}bringt ... so chrüselet 's ein sëlber e^{n}chli^{n}.* Messikommer 1910, 191. RAA., Sprüche udgl. ,*D. ha^{n},* Glück haben, in Spiel und Geschäft.' RSuter. ,*D' Ōre^{n} uf D. stel^{l}e^{n},* sich taub stellen.' FHerdi 1979^{2}, 71. *Mach 's Mūl zue, es gi^{b}t D.* uä., sagt man, wenn jmdem vor Staunen der Mund offen stehen bleibt; verbr. ,*Wenn dë^{r} d's Mūl* *uftuet, so gi^{b}t 's D.,* so gross ist es.' GREYERZ-Bietenh. ‚*Dë^{r} hät doch de^{n} D. erfunde^{n},* der hat das Pulver auch nicht erfunden.' Z Gassenspr. 1955, 48. ‚*Häsch^{t} D. im Hirni?,* spinnst du?' Z Slängikon 52. In festeren appositionellen Verbindungen. *Willa D.,* 1) baufälliges oder unfertiges Haus, auch Ort, wo Zugluft herrscht; verbr. — 2) Kantonnement, Schlafunterkunft. SOLDATENSPR. *Wil ig im änge^{n} Tenn bi de^{n} Ross inne^{n} nienen e^{n}kei^{n}s Plätzli g'funde^{n} ha^{n} für abz'lige^{n}, bin i^{ch} schliesslech i^{n} mi^{ne}r nasse^{n} Liwrē imenen a^{n}'boute^{n} waggelige^{n} Schöpfli under d's Heu^{w} g'schloffe^{n}. Der Schlǟfkomfort i^{n} dër Willa D. isch^{t} allerdings nume^{n} mittelmǟssig g'sī^{n}.* JRAMSEIER 1975, 84 (BU.). *Kafi D.,* 1) unfertiges Haus ZO. [Der eben aufgerichtete] *Schopf ist wǟrli^{ch} no^{ch} Kafi D. D' Verschali^{n}g manglet und d' Böde^{n}.* RKÄGI 1958, 122. — 2) Arrestlokal. SOLDATENSPR. (FHerdi 1979^{2}). — 3) in der Fügung *mir händ wider Kafi D.,* es zieht ZStdt (Weber-Bächt.). *Hotel D.,* Gefängnis ZStdt; vgl. *Hotel Sellnau* (Bd VII 849 o.). — **2.** entspr. *Z. 2b.* **a)** Durchreise, Durchquerung eines Gebiets bzw. die Erlaubnis dazu. ‚Frömbd krämer ... uß Grischaney und andern orten, [die] unrechtvertig kouffmansguott ... in unser landt füeren, [sollen nicht länger geduldet werden]. Doch alzit die rechten kouff-lut, so mit guoter und gerechter spetzery und kouffmansschatz umbgandt usgesatzt [*ūs-ge-setzt 1* Bd VII 1677], also das si die rechten landtstraßen bruchen, sich eins schlechten [*schlëcht 1b* Bd IX 46] d-s benüegen und mit geverden nit stil söllen ligen.' 1497, B StR. 8, 113. ‚[Geschiedene, die sich ohne Erlaubnis des Ehegerichts wiederverheiraten, sollen] unser statt und land rumen und nimmer mer sich hußhablich hinder uns setzen, sonders wie ein gast ein d. haben. Dann ir bywonung nitt für ein ee, sonders für ein offne huory ... geachtet und erkennt; doch das sy nütdesterminder ein gantz jar von statt und land leysten, än allen d.' 1529, ebd. 6, 390. ‚Ist geordnet, dass kein frömbder Fischer sich im Thal uffhalten solle zu fischen old zu jagen, sonder solches wol im D. thun möge und nit weiters.' 1737, B Anz. 1912, 329. S. noch Bd IX 65 M. (Z Mand. 1530). Neben Sinnverwandtem. ‚Diewyl dan wir von Schwytz unser lieb Eidgnoßen von Glarus für die unseren und iren zuo Wesen fründtlich angelangt und auch die von Wesen uns von Glarus undertenig gepetten, wir welltend ir klein vermögen und das sy ein schmalen boden und gengen paß und d. von frembden und heimschen ... ansechen und bedenken und sy widerumb ... gnediklich in unserem teil sees und der Linth fischen laßen.' 1575, G Rq. 1951, 445. ‚[Kein Reisläufer soll] sin hußhäblichen sitz noch wonung in einer statt Bern landen und gepietten haben äne erlouptnus, dann allein ein d. und wandel, wie ein ganst, sover einer in sollichem wandel und d. nützit wider dise ordnung fürnemme.' 2. H. XVI., B StR. 5, 154. Vom personif. Tod; s. Bd XIII 1038 u. (GMüller 1650). *Freie^{r} D.* uä., sicheres Geleit; verbr. *Nach eme^{n} Vertrag vu^{n} 1603 händ d' Venetier vu^{n} de^{n} Bündner ... für sëchstūsi^{n}g Söldner us ^{d}em Lothringische^{n} freie^{n} D. a^{n}g'forderet.* JHUG 1967, 156 (GRUVaz). S. noch Bd XV 1633 o. (ThPlatter 1604/5). — **b)** Durchmarsch von Truppen bzw. die Erlaubnis dazu. ‚So ist tritt und pass, ouch d. nit gliches verstands, sonders würd tritt und pass allein uf poten, potschaft, bilger, kouflüt und ander, so in unsern landen uf gewärb handlen und wandlen, verstanden, der d. aber uf kriegsvolk.' 1549, W Absch. 4, 76. ‚Der jugent halb ein zedel an cantzel von abstellung wegen des unzüchtigen läbens und nachinlouffens im d. der kriegslüthen.' 1557, B RM. 2, 332. ‚Der Spittler uff dem Gotthardtsberg verlangt ein Stür wegen erlittenem Schaden bey dem D. der Truppen nach Lüffenen; ist abgewissen worden.' 1755, U Neuj. 1955/6, 40. ‚Da haben sie [die Franzosen, die zuvor durch Schwaben gezogen sind] die Schweitz ersucht um einen D.; dis wurd ihnen gestattet, ohne Wehr und Waffen.' 1796, TH Beitr. 39, 87. S. noch Bd XIV 1584 u. (Ansh.). 1661 u. (1581, ZG Rq.). Neben Sinnverwandtem. ‚[Es steht den VI kath. Orten zu], wann sy gloubens halb beleidiget oder angefochten wurden, das sy iren widerwertigen dhein paß noch d. geben wellten.' 1533, BS Ref. 6, 323. S. noch Bd XIII 655 u. (Sprecher 1672). I. S. v. durchmarschierendes Heer oä. (vgl. *Z. 2aγ*): ‚Es hat aber Augustus diser Ungelegenheiten [des gefährlichen Wegs durch die rätischen Alpen] nit helffen können, wie auch nicht dem Hinabfallen der schröcklich grossen Eißtafeln, die wol einen ganzen D. uberfallen und in die unten gelegnen Thäler hinabstürzen mögen.' GULER 1616, 170 v. — **c)** Engpass, Passage. ‚Mornderst ... verliessen wir diß Gebiet in daß [der] Venitianer wider unß zue begeben, hierzwüschen aber, wegen etlicher engen Strasen und beder Landmarckhen, gefährliche D.-züg, von den Banditen gern ußgespächt, anzuetreffen waren.' S Reiseber. XVII., 167. — **d)** scherzh. übertr., Durchfall BM. und lt Gotth.; GRPr.; Syn. *Gätterli-Z.,* auch *D.-Marsch* (Bd IV 424, wo ein weiteres), *-Supf* (Bd VII 1257). — **3.** = *Under-z. 1a* (Sp. 531, wo weitere Synn.) GRMolinis (‚der Stubendiele.' ABüchli); U (Aschw.-Clauss); Z (‚in der Scheune.' ä. Angabe), so Wäd. (ä. Angabe). Viell. hierher: ‚Das halbe Schloß wird verkauft ... mehr der hinder Theill vom Schloßkeller ist mit einem insgemein gemachten gesprentzloten D. ausgefertiget wordten, sambt 13 darinnen gelegenen Vassen.' 1678, THNnf. — **4.** was durch etw. hindurchgezogen wird. **a)** (beweglicher) Holzstab, starker Eisendraht odgl. zur Reinigung von Teucheln AA (‚eine 10–25 Fuss lange Ruthe, mit welcher die Tünkel gereinigt werden.' ä. Angabe); AP (‚beim Wassermanne, die aneinandergebundenen dünnen, biegsamen hölzernen Stäbe oder ein Eisendraht, welche durch die Röhren, Teuchel, gezogen werden, um diese zu reinigen.' T.); Synn. *Brunnen-, Tǖchel-Z.* ‚1 Laubwanne, 1 Mostfässle, 1 Teucheld., verschiedene Küchengeschirre.' AP Bauernh. 2004, 368 (Gantanzeige 1907). — **b)** ‚Instrument zum Durchziehen von Faden oder Bändern' ZHombr. (ä. Angabe). — **c)** Schnur. α) zur Befestigung des Siegels an einer Urkunde; Syn. *Schnuer III 1aδ* (Bd IX 1292). ‚[Der Landvogt von Rheinegg hängt sein Siegel statt der ursprünglichen] mit einem D. [an den Brief].' 1622, HWARTM. 1887, 21. — β) zur Reinigung einer Wunde, mit einer Heilsubstanz versehen und durch diese gezogen, um ihr Eiter udgl. zu entziehen bzw. die Behandlungsmethode oder die Substanz selbst; Syn. *Schnüerli-Z.* (wo Weiteres); vgl. *Z. 9a, b.* ‚D.-züge schaden mehr als sie nutzen [Marginaltitel; davor bzw. daneben:] Bey vielen Wundartzten ist diß ein gemeiner Brauch, wann einer durch ein Glied geschossen worden, so brauchen sie ettliche sonderbare Schnüer oder Seyle ... Diese ziehen sie durch die Wunden, lassen s darinnen stecken, also daß sie zu beyden Orten heraußhangen. Doch streichen sie ihr Brandsalben vor allen Dingen dran, ehe sie die zur Wunden brauchen. Wann sie die Wunden wider verbinden wollen, so ziehen sie solche Stricke jederzeit von einem Ort zum andern, bestreichen das ein Ort, welches in der Wunden bleiben soll, mit iren Brand- oder Wundsalben und ziehen s also hineyn ... Mit solchen D.-zügen, alß sie es nennen, vermeinen sie höchsten Nutz zu schaffen ... Aber die Sache helt sich viel anderst.' WÜRZ 1612, 192. ,Ein D. ist bewärt ... dann so rüer zue einem Pflaster und mach den D.' ZElgg Arzneib. um 1650. ,Einen brunen D.' ebd. ,Schütt das in kalt Wasser und mach D.-züg darus.' ebd. S. noch Bd V 1262 u. (JHLav. 1668). – **5.** Lauge, Seifenwasser, durch das die Wäsche gezogen wird BsStdt (Seil.); Syn. *Lab 2* Bd III 952. *E^n D. mache^n.* – Vgl. Gr. WB. II 1720; ²VI 1794; Martin-Lienh. II 895; Ochs WB. I 607; Jutz I 652; Allgäuer 469; Fischer II 492; VI 1793; DRWb. II 1167; Frühnhd. WB. V 1909. – Als scherzh. Name: *De^r D.* ZKlot. (ehemaliges Eisstadion. Z Slängikon). – d u r^ch - z ü g i g: entspr. *Durch-zug 1a,* der Zugluft ausgesetzt B, so Gr., Ins, M., O. und lt Gotth., Zyro; ST. *E^n alti dür^chz-i Woni^ng, Vatter, Mueter u^nd sibe^n Ching i^n drüne^n Stübeli, es fi^nsterš Loch von ere^n Chuchi ōni Wasser u^nd Schüttstei^n.* HSALVISBERG 1998, 23. ,Zum Trocknen werden die [Torf-]Stücke um einen kurzen Pfahl als Stütze recht *dür^chz. ūfg'höcklet.*' BÄRND. 1914, 171. ,Unheimeligeres kann es nichts geben als ein d-es, luftiges Haus, wo das Licht allenthalben im Winde flackert und jede Hand nass wird, die man an eine Wand bringt, die einen Türen nicht mehr zu-, die andern nicht mehr aufzubringen sind.' GOTTH. (Hunz.-Bl.) 3, 322. – Vgl. Martin-Lienh. II 895.

D o r f f - : entspr. *Z. 10d,* ,Bezugsrecht der Dorfgenossen am gemeinsamen Dorfgut (Wald, Alpen, Ackerland)' GW. (Gabath.).

T i s c h - : Schublade am Tisch PGr. (,cassetto da tavolo.' WB.); Syn. *Z. 5d.*

T ō t e^n - : = *Grät-Z.* (Sp. 558, wo Weiteres) GR, so Chur; UUsch.; Syn. auch *T.-Volch* (Bd I 805, wo weitere Synn.); vgl. zur Sache ASV. II Komm. 755 ff. [Eine Hebamme begegnet auf dem Weg zu einer Geburt dem *Nachtvolgg* und lässt dieses vorüberziehen.] *Und wo si vorbei seiend, sei si di allerletst g'sī^n, wo den^n am End vom T. g'gange^n sei. Si hät sich sëlber erkennt.* ABÜCHLI 1958, 652 (GRChur). ,Der Todtenz. der grauen Zwerge', Titel einer Sage. KOHLRUSCH 1854, 149.

T r a c h t - : = *Z. 6a* (Sp. 480), Fischfang mit dem sog. Trachtnetz; vgl. *Tracht IV 2* (Bd XIV 319). S. Bd IV 1271 o. (Z Fischenzenverordn. 1809).

T r a g e r - : = *Lēhen-Z.* (Sp. 566), dem Hafter mehrerer Schuldner eines Lehens zustehendes Näherkaufsrecht; vgl. *Trager 1dγ* (Bd XIV 569). S. Sp. 515 u. (1797, LWill. Rq. 2002). 534 o. (ebd.).

S c h ī s s - d r ë c k - *Zügli:* ,kleiner, bescheidener Fasnachtszug mit wenig Teilnehmern' BsStdt (RSuter); vgl. *Schīss-Drëck 2aβ* (Bd XIV 760). *D' Fas^tnacht isch^t ... fir alli und fir jede^n dō ... in Clique^n, Gruppe^n, wie dę wi^ltt, als Sch.-drëggzigli, z' zwait und z' dritt.* Bs Natztg 1975, 22. Feb. *Wo ... am Māntig ... d' Gugge^n-musige^n 'tschätteret hänn^d, d' Sch.-drëggzigli vo^n de^n Binggis durch d' Gässli 'kesslet sinn^d.* ebd. 1976, 6. März.

T r i n k e l - *Tri^nchel-:* brauchtümlicher Lärmumzug mit Viehschellen BGadm., Ha. (,zwischen Weihnachten und Neujahr des Abends.' OHopf), Meir.; OBWSa.; Syn. *Bōzi-Z.* (wo Weiteres); vgl. (auch zur Sache) *trinkelen II 1b* (Bd XIV 1194) sowie ASV. II Komm. 270.

T r ū r - : wie nhd. Trauerzug; allg., doch mit der Sache †; Syn. *Līchen-Z. 1.* S. Bd XVI 1602 M. (MEgli-Nüesch 1984). – Vgl. Gr. WB. XI 1, 1, 1399.

T r ī s c h e n - : entspr. *Z. 6a,* Trüschenfang; vgl. *Trīschen* (Bd XIV 1358), auch *Al-bock-Z.* (s. d., 1551, B RM. 3).

D r ā t - : **1. a)** Gewerbeeinrichtung zur Drahtherstellung, Drahtmühle, -fabrik; Syn. *Dr.-Schmitten* (Bd IX 1033). ,Die Preise [für Kohle stiegen] immer mehr, so dass schliesslich die Hufschmide 1796 fast revolutionär wurden und das Recht forderten, wie die Baumwollfabrikanten, Hammerschmide und der Drahtz., im Oberland selbst Kohlen einzukaufen.' FHEGI 1912, 135. ,Besitzer des Tradtz-s zu Oberburg.' 1764/5, BBurgd. (Amtsrechn.). ,Neben der Hammerschmitten, dem itzmaligen Trodtz.' 1784, SOlt. S. noch Bd XII 1323 u. (Leu, Lex.). – **b)** Vorrichtung, Gerät zur Herstellung, zum Ziehen von Draht. ,30 Stück Bauholz für die Errichtung eins Drahtz-es in der Oltner Schmiede bewilligt.' 1689, SOlt. – **2.** Aufspannen einer Telefon-Freileitung über eine grössere Distanz S (WIngold 1938, 59). *Uf der Matte^n unter ^dem Hotel hei^n d' Telefōnmontōrę ... zwē^n grōssi Leiti^ngsmaste^n ufg'stellt g'ha^n ... Mir hei^n der Telefōnerchef g'frogt, ōb die obere^n Stützpunktę scho^n parāt sige^n und wenn der Dr. g'macht wërdi ... Chumm morn mit ^dem Vatter uf ^de^n Felschopf Saroli, de^nn cha^nnscht g'seh^n, wie mer der Dr. mache^n, meint der Chef.* – Vgl. Gr. WB. II 1331; ²VI 1311; Ochs WB. I 526; Fischer II 326; VI 1767; DRWb. II 1077; Mothes II 174. – Als ON. *Dr.* BsStdt (ehem. Industriegelände, Häusergruppe, heute Strassenname; schon: ,Innert beyden Stattmatten ligenden so genanten Hammer- und Tr.-Mahlmühlen.' 1736, BsStdt NB.); ZHirsl. (ehem. Industriegelände, heute Strassenname).

W e i d - : entspr. *Z. 10b,* Näherkaufsrecht auf Weideland. ,Soviel ... die Ligenschaften, es seye Mattland, Weyd oder Berg, in beyden Landschaften betreffen will, welche einem Landmann in derjenigen Landschaft, in deren er nicht Landmann ist, heyrats-, erbs-, schenkungen-, tauschs- oder geltstagsweise zugefallen oder noch zufallen werde, das Eygentum zu verkaufen oder die Nutzung hinzuleihen, item beydes zu vertauschen, wem er will, dafern es nicht einem Aussern, der nicht ein Landmann dieser beden Landschaften ist, hingegeben werde ... [so] bleibt bey allem diesem der Blut- und landsbräuchliche W. vice-versa und ohne Unterscheid ... vorbehalten.' 1757, BSi. Rq. 1912, 209/10. S. noch Sp. 567 u. (1644, BFrut. Rq.). – Vgl. Gr. WB. XIV 1, 1, 597 (,Weide-', in anderer Bed.). – w e i d - z ü g i g: zur (Alp-)Weidewirtschaft geeignet BDiemt., Ha., Si.; Syn. *w.-züg,* auch *weidsam* (Bd XV 535, wo ein weiteres). ,Der Alpwirtschaft fällt im allgemeinen der sogenannte w-e Boden, dh. das plateauartige und schwächer haldige, Graspflanzenbestände tragende Terrain zu.' FANDEREGG 1897, 125. ,[Die Alp Baumgarten weist] die früheste Lage aller Haslibergalpen auf. In Stafelnähe ist sie ausgesprochen w.: die im Alpkataster monierte Unkrautsituation ist mittlerweilen bereinigt.' INTERNET. ,[Die Alp Ottenschwand ist] stellenweise verhältnismässig steil, aber allgemein w., windgeschützt mit Ausnahme des Westwindes, mehrheitlich gutgräsig.' ebd.

W i d e r - : **1. a)** Rückkehr, -reise; Synn. *W.-fart* (Bd

I 1037), *-schwank* (Bd IX 2000). ‚Man examiniert uns, wo wier härkämen, sprach der Pollack, H[err] Daniel, er komme von Tolosen, seye im W. nach Leon.' ThPlatter 1604/5, 115. S. noch Bd VII 1350 u. (1526, Absch.); oder zum Folg.? — **b)** milit., Rückzug; Syn. *Ab-z. 1a* (wo ein weiteres). ‚Eß waß ouch under disem zug der herzog von Brunschwig, dem mine herren ouch herlich schanckten ein halb fuoder guotz winß und acht seck habren, daß man im inß schiff fuort, dan sy alle inn schiffen hinweg fuortten. Und waß diser wyderz. fast glich dem wyderz., alß die Nyderlendischen oder Brunschwigischen von Loden komen.' 1536, Bs Chr. 1, 149. — **2. a)** = *Z. 10b* (Sp. 485), Näherkaufsrecht. ‚[Wir versprechen, mit den Gütern] ze thuond nach irem [sc. ‚unser g. herren von Bern'] gevallen als anderem irem eignem guotte ... dann wir uns daran dhein witer recht, vordrung, losung, ansprach noch w. vorbehalten, sunder genntlich zuo iren handen ubergeben.' 1558, BLaup. Rq. 241. ‚Unser amptman und landvogt zuo Lenzburg [hat] anzeigt, wie das die land- und grafschaftlüth deß eben merklich beschwert weren, wann sy sollten oder müeßten ire khöüf, die sy durch ein anderen thäten, bezwungen werdent, zuo Arouw ze vertigen, dann sölliches inen ein abruch irer fryheiten wurde gebären und inen hiemit der w. der verkouften güeteren benommen werden.' 1594, Aar. StR. 294. — **b)** Umsetzung des unter a genannten Rechts, Ungültigmachung, Rückabwicklung, Annulation. ‚[Es soll keiner] einiche Weyd, Berg noch andere Güeter ussert-halb Landts verlychen, sonders wöllicher derglychen Güeter ze verlychen hat, der sölle die glychfals einem Landtmann vor allermengklichem anpyeten ... Welicher hierwider thäte, soll ebenmässiger Gstalt mit Usschweren und Verwysung des Landts, untz uf W. des verlichnen Guets, gestraft werden.' 1600, BSi. Rq. 1914, 97. ‚[Wer Güter ausser Landes verkauft] derselbig soll durch unßer Amptlüth ... von unser Landtschafft Fruttingen verwisen wärden, biß er sölche verkhouffte Güetter in synem eignen Costen widerumb in die Landtschafft Äsche gebracht und anderen derselben Landtlüthen khöüfflich übergäben unnd zuegestelt haben wirdt. Und ob er glychwol söllichs nit thätte, söllen doch gethane Khöüff und Verkhöüff ungültig, krafftloß und nichtig syn unnd blyben, unnd darzue die Überträtter nütdestominder umb zwantzig ₰ Bueß gestrafft werden, sonst wöllen wir ouch der Verkhöüfferen Fründen und Verwandten als ouch anderen Landtlüthen den W. sölcher anderstwohin verkhoufften unnd veränderten Güetteren heytter und ußtruckenlich vorbehalten haben.' 1602, BFrut. Rq. 205. ‚Wann der Lehenmann in dreyen Jahren einandern nach kein Zins aussrichte oder das Guht schlechtlich in Ehren und Bauw haltete, dass Schwächerung und Böserung desselbigen zu besorgen, alldann soll dem Lehenherrn der W. erlaubt seyn.' 1645, BSi. Rq. 1912, 134. — **c)** Rückerstattung; vgl. *Näch-z. 5a.* ‚Als aber die ufruor, nit än sundre gozgnad, zerzogen, noch grosse sorg hinder ir lies, do haben rät und burger uf 27. tag aprel [1528] in stat und land einen brief usslassen gan, darin begriffen ein stuk der reformation, etwas miltrung und ruow darmit ze schaffen, namlich den w. der jarziten, ewigen liechtern und mesgwendern hinder sich bis uf die driten linien ... Emmenthal und Nidersibental dankten frintlich um den w.' Ansh. 5, 265. — **3.** ‚das provisorische Gefäss, das beim Weinabziehen benützt wird' SchHa. (SchHa. XIX.); vgl. *Ab-z. 7b.* — Ahd. *widarzug,* mhd. *widerzuc;* vgl. Gr. WB. XIV 1, 2, 1405; Fischer VI 804.

(Hin-)Wëg-: wie nhd. Wegzug, Wegziehen mit Niederlassung an einem anderen Ort, Auswanderung; Syn. *Ab-z. 1c* (wo Weiteres). ‚Da zwar dißmalen es dahin gebracht sich befindt, daß die ... Töüffer ... ihren Hinw. insgemein an die Hand nemmend, sich ußert Landts in der Ferne niderzelaßen und auffzehalten [so könnten doch einzelne] wider ins Landt kommen.' 1671, B StR. 6, 460. ‚Desgleichen wollen und verordnen wir, daß alle wegen einem solchen W. [nach Preussisch-Pommern] vorhabende Ganten, Versteigerungen und Käuffe an Häusern, Gütern ... durchaus unterbleiben und keineswegs vorgehen mögen.' 1770, Th Rq. 2017, 2375. S. noch Bd XI 1793 u. (1578, Z). — Vgl. Gr. WB. XIII 3071.

Win^{d}-: Windstoss PPo. (WB. 150); vgl. *Luft-Z. a.* — Vgl. Gr. WB. XIV 2, 336.

Winter-: **1.** Winterfeldzug. ‚Deß Schwabenkriegs ich nit vergiß, und was ouch gschach zuo Lugkariß [Locarno 1503], deßselben glychen im w. [vom Nov. 1511], deß bericht ich üch on all betruog.' Um 1512, QW. 3, 2, 1, 93. ‚Von dem W. der Eydgnossen gen Galeron und von der bluetigen Schlacht vor Ravenna beschehen', Überschr. JStumpf 1606, 757v. — **2.** Ein-, Vorrichtung am Küchenofen zur Regulierung des Rauchabzugs, um die Wärme im Winter in den Stubenofen abzuleiten BM., Si.; Z; vgl. *Summer-Z.* *E^{n} schõni Wonchuchi ... Uf der lingge^{n} Site^{n} es chupferigs Wasserschiff, en üs'tüfteleta^{r} Summer- und W. für d's Für.* KStocker 1987, 141. S. noch Sp. 585 u. (Bieler Tagbl. 1917). — Vgl. Gr. WB. XIV 2, 492.

Wasser-: **1.** Menschenkette mit Löscheimern, Eimerkette B (Gotth.). ‚Die mit den Eimern stellten sich zu den Spritzen, lösten müde Mannschaft ab, reihten sich in die W.-züge, traten ein, wo Lücken waren ... Wer weiss, ob es schwerer wäre, ein Hundert zusammengefangene Flöhe zusammenzuhalten auf der engen Fläche einer Hand als einen langen W., bestehend aus Menschen von hundert Orten her.' Gotth. (Hunz.-Bl.) 7, 130. ‚Die W.-züge wurden länger, die Spritzen rückten vor, die Röhren wurden gewendet. Zischend griffen die Wasserströme das Feuer über seiner Beute an.' ebd. 1, 168. — **2. a)** offener Wasser-, Bewässerungsgraben; Synn. *W.-Gang* (Bd II 353), *-Leiti* (Bd III 1496, wo ein weiteres); *Suen II* (Bd VII 1109, wo weitere). ‚[N. hat] mit Hilff etlicher unserer Nachburen von Almendingen die Waßerleyttung von der Flue by der Kander nit ohne geringen und großen Costen harin in das Dorff Almendingen gfüert und gleittet ... das wir ... gnuegsam Holtz ... zue Erhalttung des W-s, es seye zue Schwelinen, zue Brüggen, zue Britschen, zue Stägen unzit gan Almendingen darthuen und gäben söllent.' 1616, BTh. Rq. 1035/6. — **b)** Wasserlauf, Fluss. ‚[Thun hat sich] erclagt, wie das die von Thierachern und Wallen sich an dem waldwasser, genannt die Kander, in dem schwellen bysshar so färlässig gehallten, zuodem ouch das holtz an und näben sölichem w. verwüest und das inn grund und boden gericht.' 1580, BThun Urk. 510. — **c)** entspr. *Z. 1aa,* Strömung ZrS. *Wä^{nn} mer nüd wasserräch, das heisst nüd i^{n} der Richti^{n}g vom W. fart, so verschüsst* [*ver-schiessen 1aß* Bd VIII 1403] *ei^{ne}m 's Schiff, es fart in es Port ine^{n}.* HHasler 1936, 27. ‚[Durch bestimmte Schutzmassnahmen im Vorland der Nolla] wird die Gewalt des W-s gehemmt und also der neue Boden gesichert.' GR Sammler 1808, 260. – Vgl. Gr. WB. XIII 2557; Jutz II 1544; Fischer VI 500. — wasser-zügig (bzw. *-zigig*): sumpfig, riedig, nass, vom Boden, der auf leichten Druck hin Wasser an die Oberfläche treten lässt GRD., Mu., ObS., Tam., Tenna, Ths, UVaz; GW. *Zun der Rieder Allmein g'hörd hüt noch d's Wītried, w-e^r Bode^n, wā nid vil anderst waggst a^ls herts, sūrs Gras.* GR Walser Jahresber. 1979, 55 (GRD.). *Dē^r Büel ist en w-e^r Choge^n* GRTenna (MSzadrowsky). ,Die anderen [Wasserpieper] halten sich an seichten, w-en Stellen, an den Abzugsgräben der Wiesen und Weinberge auf und übernachten im dürren Laube der Eichenbüsche.' TSCHUDI, Tierl. 254. S. noch Bd XIV 1702 u. (JHug 1967). ,[Das Auffüllen der Grube mit Stauden oder Steinen] ist in nassem, w-n, auch in dickem, festem Erdboden schlechterdings nothwendig, auf daß der Überfluß des Wassers, der den Maulbeerbäumen immer schädlich ist, nicht bei den Wurzeln bleibe, sondern immer durchsiege.' GR Sammler 1784, 169. – Vgl. Gr. WB. XIII 2558.

Wīter-: **1.** entspr. *Z. 2b*, das Weiterziehen, Wechsel des Wohnsitzes. ,Jakob half dem Alten seine Sachen ordnen und verließ ihn nicht, bis derselbe auch zu seinem Weiterzuge gerüstet war.' GOTTH. (Hunz.-Bl.) 9, 269. — **2.** entspr. *Z. 10a,* Berufung gegen ein Gerichtsurteil oder einen Verwaltungsentscheid; wohl allg., auch schweizerhd. ,N. zog [vor Gericht] den Kürzeren und nahm den Weiterz. an das Kantonsgericht.' BÜNDNER Tagbl. 1864, No 49. Einer Sache, Angelegenheit *W. gi^n*, sie weiterverfolgen GLM. *Also guet, ich will der Sach uf Ire^n Wunsch e^nkei^n W. gi^n.* CSTREIFF 1904, 106. – Vgl. Gr. WB. XIV 1, 1, 1293; KMeyer 2006, 289; Variantenwb. 820.

Zue-, in BHk. (Bed. 3b) *Zŭ-:* **1.** = *Ūf-z. 7* (Sp. 505, wo Weiteres), von auswärts zugeführtes Heu oder Streu als Futter und Düngemittel APH.; GRD. (,Bergheu, das im Tal verfüttert wird.' Schmid-Issler) und lt St. („Heu von Plätzen, die man nur alle zwey Jahre mäht"). ,Vielleicht vereinigt keine Landschaft in Bünden [wie das Tal von Klosters] in diesem Maße alle Erfordernisse, um Viehzucht und Schafzucht in den blühendsten Zustand zu versetzen. Für den Winter genugsames fettes Heu und Emd von vortrefflicher Art und, was sehr wichtig ist, ein Überfluß von Z. (das heißt Heu von Bergwiesen) und Wildheu, für den Sommer eine Menge der trefflichsten Alpen.' GR Sammler 1811, 348. — **2. a)** personelle Ergänzung einer politischen Behörde. α) Beisitz des kleinen Rates API. (T.) †; vgl. *Wuchen-Rāt* (Bd VI 1594). ,Der Z. wird vom Präsidium [des kleinen Rates] dahin berufen; er erleidet die Verstärkung in folgenden Stufen: Einfacher Z.: die sämmtlichen Landesbeamteten; doppelter Z., in wichtigern Fällen: nebst den vorigen, die regierenden Hauptleute; verstärkter Z., in noch wichtigern Fällen: alle Landesbeamtete, regierende und stillstehende Hauptleute.' T. ,Jetzt wurde beschlossen, den Z., dh. den gesammten Wochenrath, einzuberufen, um zur Aburtheilung zu schreiten.' HENNE 1867, 98. — β) im Rätischen Freistaat die von den drei Bundeshäuptern gewählten Mitglieder des Bündner Beitags „GR † (St. 120)"; vgl. *Bī-Tag* (Bd XII 953). — **b)** im Rahmen der Hilfsverpflichtungen der XIII Orte der alten Eidgenossenschaft; vgl. zur Sache JSG. 17, 29 ff. α) Hilfsversprechen. ,So hand ir eben gehört, wie und was die pündnus zwüschen den Siben Orten und den Pündtern inhalt und vermag, daß in derselben pündnuß kein manung, noch hilf, noch z. stat, und was im Schwabenkrieg ergangen, das ist allein uß brüederlicher, fründlicher trüw zuo rettung der Pündter eigen land, lüt und guot geschechens.' 1531, ABSCH. 4, 1a, 945. — β) (gegenseitige) Hilfeleistung, -stellung. ,Man sol Cueni am Brand … 2 tag und 1 nacht gen Bregentz [das von den Appenzellern belagert wurde], alz sy üns mantend umb ain z.' 1407, G Seckelamtsb. 187. ,[Bern an Freiburg:] Wiewol wir gester uf üwer botschaft anbringen uns mit unserm grossen rat vereinbart, üwern und u. l. E. unserm ersten ansechen nach hilflichen z. ze tuond, der ganzen zuoversicht, so unser viend nach getaner schädigung des Münstertals abgezogen sin solten, das an dem end von inen witer sorg und beswerd nit würde erwachsen … Begern daruf an üch mit bitt und vermanung des, so wir zuo beider seit einandern pflichtig sind, ir wellend unser verwanten anligen und not bedenken und uns zuo derselben entschüttung mit hilflichem z. und also begegnen, als wir üch dann insunders und für ander vertruwen.' 1499, QSG. 20, 242/3. — γ) Hilfs-, Auxiliartruppen („die ein oder mehrere Kantone dem andern auf sein Begehren in Fällen dringender Noth zu Hilfe senden." St.); Syn. *Zue-satz 5c* (Bd VII 1569). ,Sie von den 5 Orthen sigend die Obersten und Eltesten im Püntniß mit den Püntneren, und nit die Berner. Hette man sie darum zum ersten um Z. sollen ersuechen, und sonderlich so hettend die Berner ihren Auffbruch mit ihnen beratschlagen sollen. Dieweil sie aber nit gethan, sondern ohne sie uffbrochen, seyend sie da, daß sie ihren Z. zue Schanden machen und den Bernern ein ewige Maßen anhenckind.' ANHORN 1603/29, 128. ,Abeteilung der 500 Mannen uff die pündtnische Zuezug: Von den dargsto[ss]nen 500 Mannen, so in dem pyndtnischen Uffbruch mit gemeiner Eydtgnoschaft anzueziechen verordnet, zychent sych der Landvogtei St. Mauritzen und darfir uffer 125.' 1607, W Absch. 9, 103. S. noch Bd VII 1543 u. (1660, GJPeter 1907); XVI 435 o. (1499, QSG. 20). — δ) Verstärkung durch Hinzukommen. ,Am 20. July sind die von Zürych u[nd] Bern zue Strasburg ankomen, die obersten Hopt- u[nd] Bevelchsleüth warend NN. Nach disem Z. hat der Krieg widrumb sinen Fortgang gehebt.' ARD. 1572/1614, 123/4. — **3. a)** Zuwanderung, Wohnsitznahme; heute verbr.; vgl. *Zue-züger 2, Nüw-Zue-züger, Zue-zügler 2, Zue-zügling. Hed sech öppis i^n der G'meind veränderet* [seit es die Kindertagesstätte gibt]? *Hed me^n zum Bīspil e^n vermērte^n Z. chönne^n feststelle^n?* LInwil. (Internet). S. Bd IX 1542 o. (AAB. Mand. 1731). — **b)** Unterschlupf, Ort für ungebührliche Zusammenkünfte bzw. diese selbst BHk. (,wo sich verdächtige Gesellschaft versammelt.' ä. Angabe), M., Stdt; Syn. *Īn-z. 2* (wo Weiteres). ,Susanne Perret, die Sigristin, dass sie den 3 Spihlern Underschlauff und Z. gestattet, ist 3 Stund in den Thurn erkennet.' 1745, BLau. Chorg. S. noch Bd XI 1693 u. (1612, BSa. Chorger.). *Z. ha^n,* 1) unziemlichen Besuch empfangen BHk., M., Stdt. *,Si het geng so-n-e^n Z.* von Mannspersonen' BHk. (ä. Angabe). *,Er het e^n Z.,* zB. von Säufern, Spielern etc.' ebd. *,Aber der^ch tūsig Gotts wille^n, Frau^w Kume^ndant,* Ihr werdet mir doch nicht angeben wollen, das Elisi habe Zuzug.' RVTAVEL 1919, 118. *Wirsch^t* *doch nit wölle^{n} b'herte^{n}, es ['s Änneli] heigi Z.!* HZULLIGER 1925, 22. — 2) Zuspruch finden BBöd., S., uE. und lt Gotth.; vgl. *Zue-Lauf 1* (Bd III 1120). *Eina^{r} vo^{n} dene^{n} Hëlffre^{n}* [Naturheilkundigen], *wa-n-e^{n} grüselliga Z. g'chäbe^{n} hed, ist d's Äschimanndli g'sī^{n}.* GRITSCHARD 185. [Die Sektenprediger] *hei^{n} i^{n} der letste^{n} Zit gäng mē und mē Z. g'ha^{n}* BuE. (Sammlung RRis). — **4.** Beizug, Einbezug. ‚Zu Folge erlassener Publikation ... erscheint heute ... wie laut gedachter Ausruffung zu ersehen ist [der Richter] mit Z. der vüer übrigen Stafelvögthen [NN.] und zwar zum Zweck gelangen zu können, ein endliches zweytes und zwar peremptorisches Urtheil zu erhalten.' W Blätter 1993, 88/9 (Protokoll 1839). ‚[N. hat] bey denn Herren Vätteren Capucineren zu Nacht und den 15. dito zu Mitag gespißt, so mit Z. geyst- und wältlichen Herren gekostet bei Gl. 76.' JLBÜNTI A. XVIII., 202. — **5.** Ähnlichkeit. ‚Allso ouch der mensch, der nit allein das mit Got gemein hat, das er vernünfftig ist, sunder ouch, das er sin uffsehen hat uff Got und sin wort, zeygt er klarlich an, das er nach siner natur etwas Got näher anerborn, etwas me nachschlecht, etwas z-s zuo im hat, das alles on zwyfel allein daruß flüßt, das er nach der bildnus Gottes geschaffen ist.' ZWINGLI 1, 345. — Mhd. *zuozuc;* vgl. Gr. WB. XVI 924; Jutz II 1744; Schm.^{2} II 1098; Fischer VI 1411. — Zue-züger m., Zue-zügeri^{n} f. (Bed. 1c): **1. a)** entspr. *Zue-zug 2aa,* ‚Beigezogener zu einer Beratung' GL (ä. Angabe). ‚Die Amtleutenbehörde [im Hochgericht von GRVD.] besteht aus dem Landammann als Vorsitzer, den Ammännern der fünf Gemeinden und drei Zuzügern aus den drei größeren Ortschaften.' GRVD. LS. XV (Einleitung a. 1837). — **b)** entspr. *Zue-zug 2bγ,* Hilfstruppenkontingent AP (T.); ST.; Syn. *Zue-zügler 1;* vgl. *Ūs-züger 2,* auch *Zue-sätzer 2a* (Bd VII 1571). — **c)** von ausserhalb des Orchesters zur Verstärkung hinzugezogener Instrumentalist, hinzugezogene Instrumentalistin; FACHSPR. — **2.** entspr. *Zue-zug 3a,* Person, die sich neu in einem Gemeinwesen niederlässt, Zuwanderer; allg.; Syn. das Folg., auch *Zue-zügler 2, Zue-zügling. Es söl^{l}e^{n}d o^{uch} d' Zuezüger lēre^{n}, da^{ss}-n-ü^{n}sen Posthalter all no^{ch} Nöter hässt.* AEFORSTER 1998, 12 (mTH). — Vgl. Gr. WB. XVI 925; KMeyer 2006, 301; Variantenwb. 853. — Nü^{w}- *Nöi^{w}-Z.:* = dem Vor. 2; wohl allg. *Di Nöi^{w}zuezüger us ^{d}em Turgi sind ... nid uf der Sun^{n}e^{n}sīte^{n} vo^{n} de^{r} G'sellschaft a^{n}g'sidlet g'sī^{n}. Mit ^{d}em Pūre^{n} el^{l}ei^{n} händ s' iri G'schar Chind nid dur^{ch}e^{n}'brächt.* BOPPLISSER Zytig 1993, 18. Juni, 26. — Vgl. KMeyer 2006, 190; Variantenwb. 498. — Zue-zügler m.: **1.** = *Zue-züger 1b* (s. o.) GRUVaz. (JHug 1967, 271). [Während eines Kampfes] *g'achtet 's der Pauli grad na^{ch}, wie-n-e^{n} nöu^{w}e^{r} Z. mit ere^{n} Helle^{n}barden a^{n}ruggt.* — **2.** = *Zue-züger 2* (s. o.) BsmL.; BoE.; OBW. *Der N.* [ist] *als Z. z' Näkkälä ëbe^{n} uf Fründę a^{n}g'wise^{n} g'sī^{n}.* HUSCHWAAR 1993, 101. — Vgl. Gr. WB. XVI 925; Allgäuer 1815; Variantenwb. 853. — zue-züglich: **1.** Adj., dienlich, förderlich, hilfreich; Syn. *für-ständig a* (Bd XI 1003). ‚Ist der vortritt [sc. der Vorrang Strassburgs] gantzer Eydgnoschafft nachteilig. Dann zuo künfftiger zyt, als ... vil me von Eydgnossen und andren stetten harzuotretten, wirt allweg zuozüglicher und fürstendiger eynr Eydgnoschafft, wir habind den vorgang.' ZWINGLI 6, 2, 475. — **2.** Präp., wie nhd. zuzüglich, hinzukommend; in der Geschäftsspr. verbr.; Syn. *mit-samt* (Bd VII 927, wo ein weiteres). *I^{ch} würd ai^{n}fach d' Rëchni^{n}g zale^{n} z. 5 % Verzugszins* BsStdt (Internet). — Vgl. Sanders II 1796. — Zue-zügling m.: = *Zue-züger 2* (s. o.) BStdt; Z (Jucker); wohl weiterhin. *I^{n} der Mitti vom sibe^{n}zëche^{n}te^{n} Jarhundert het sech d' Burgerschaft gägen usse^{n} abb'schlosse^{n}, für nid müesse^{n} mit de^{n} neu^{w}e^{n} Zuezüglinge^{n} z' teile^{n}.* B Ztschr. 1943, 2. ‚[Die Amtsgenossen von LHo. beklagen sich bei Schultheiss und Rat], daz söllich frömbd zuozügling ihnnen in ihr höltzern, felder, wun, weiden, alemenden und derglychen gar überlägen sigent.' 1559, GFD 69, 91. — Vgl. Gr. WB. XVI 925.

„Zänd-*Zügli:* Blasenpflästerchen Vw; ZG"; vgl. *Z. 9a, Bläteren-Z.* (wo Weiteres).

Boden-zins-: Zugrecht, das dem Einzinser, dem gesamtschuldnerisch haftenden Eigentümer eines mit Grundzins belasteten Grundstücks, zusteht; Syn. das Folg. S. Sp. 515 u. (1797, LWill. Rq. 2002).

Ein-zinser-: = dem Vor. S. Sp. 515 u. (1797, LWill. Rq. 2002).

Hōch-zīt(s)-: wie nhd. Hochzeitszug, Hochzeitsgesellschaft auf dem Weg zur und aus der Kirche; verbr.; Syn. *Brūt-Z.;* vgl. *Tauffi-Z. Die Chinder hei^{n} g'macht, ^{d}as^{s} si glī^{ch} duss g'sī^{n} si^{n}* [aus der Kirche] *und hei^{n} dernö^{ch} mit de^{n} vilen andere^{n} Lüte^{n}, hauptsächlig jungi Meitli, der H. no^{ch} a^{n}g'luegt.* HGYSIN 1970, 75 (BsOlt.). *Im Trab fart de^{r} Hōstigz. zor Chirchen im Nöchberdorf.* ENÄGELI 1982, 48 (mTH). Im Volksglauben: ‚Begegnet ein Hochzeitsz. auf dem Wege zur Kirche zuerst einer Frauensperson, so bedeutet das Unglück in der Ehe' ZBrütt. (ä. Angabe). — Vgl. Gr. WB. IV 2, 1647; Ochs WB. II 744; Fischer VI 2196.

Zwing(s)-: entspr. *Z. 10b,* Näherkaufsrecht, das aufgrund gleicher Zwingszugehörigkeit geltend gemacht werden kann; vgl. *Twing a* (Bd XIV 1816), auch *Amts-Z. 2, Lands-Z. 2.* ‚Sie von Uffhusen besitzen nur wenig Land im Berngebiete, die Berner aber vielmehr diesseits. Was im Bezirk Uffhusen liegt, werde daselbst gefertiget. Es seyen keine bodenzinßpflichtige Güter. Sie von Uffhusen haben den Zwingsz. Die Berner zahlen bey den Fertigungen, die in Uffhusen geschehen, die nemliche Taxen wie die Hiesigen, gleich und unklagbar ... In Langnau besitzen die Berner ungefehr 46 Juharten, wovon ein grosser Theil auf Münster bodenzins-, ehr- und erbschatzpflichtig ist. Werde darab von den Bernern ungefehr 2 Gl. 10 β Ammtsteüer nach Langnau entrichtet, so selbe willig bezahlen. Werde daselbst der Zw. ausgeübt, von Seite Bern aber keine Anlag- noch Tellungen [*Tällung* Bd XII 1424] geforderet. Es seyen kein Trager, und werde der Zwingsz. ausgeübt.' 1797, LWill. Rq. 2002, 852/3; s. auch Sp. 515 u. **Sp. 468–600 M. H. G.**

zug, züg. Die folg. Zssen sind sog. mutierte Komposita; s. Wilmanns II^{2} 419/24 und vgl. etwa *bar-fuess* (Bd I 1093); *an-gränz* (Bd II 785); *bluet-runs, bett-ris* (Bd VI 1152. 1364); *ge-war* (Bd XVI 823).

ab-*zug:* ‚schmal, abgerundet, von den Achseln' WVt. (FZimmermann). *A-i Axle.*

īn-*zug:* mit eingebogenem Rücken WVt.; Syn. *sattel-tieff* (Bd XII 624, wo ein weiteres); Gegss. *sattelbuck, -buckig* (WVt.). *I-i Chüo,* ‚eine Kuh mit einem vertieften Rücken.' FZIMMERMANN.

fëld-*zü^{2}g:* horizontal verlaufend, von der Weide BSi. (‚wo die Thiere gleichsam dem Gras nach gezogen werden.' ImOb.); Synn. *weid-züg, fëld-zügig;* vgl. *Zug 7b, c. Das ist e^{n} f-i Wī^{2}d, d's Veęh brucht da net wit* *ūf un^{d} ab z' lū^{2}ffe^{n}.* Bratschi-Trüb.

heim-*zǖ^{2}g:* = *h.-zügig* (Sp. 560) BLau., Si. *E^{n} h-a^{r} Ma^{nn},* ‚der sein Heim liebt und was möglich daheim ist' BLau. (ä. Angabe).

weich-*zǖ^{2}g:* ‚gegen Anstrengung und Mühe empfindlich, schwächlich' BLau. (ä. Angabe). *Der Gros^{s}att ist scho^{n} fī^{n} wätlich uber achtzgjërig g'sī^{n}, und ich es jungs, w-s Bürschli.* ChrReichenb. 1916, 25.

weid-*zǖ^{2}g:* ‚sich horizontal am Hang hinziehend, von einer Weide' BSi.; Syn. *fëld-z.;* vgl. *w.-zügig.* ‚*E^{n} wī^{2}dz-i Wī^{2}d* ist gut zu beweiden.' Bratschi-Trüb.

Zugele^{n} f.: ‚Kette, welche das Pfluggeschirr und den *Grëngel* (*Grëndel 2* Bd II 758) miteinander verbindet' SThierst. (USchläfli); Syn. *Zogelen* (Sp. 467); vgl. *Zugen 2.*

zugelen: beim Schlitteln, bäuchlings liegend die Füsse am nachfolgenden Schlitten einhängen und so eine Kette bilden BBr. (Schild-Boss); Syn. *züglen IV 2,* auch *öggelen* (BBr.). – Vgl. Schm.[2] II 1099 (in anderer Bed.).

Zuge^{n} (bzw. *-ū^{2}-*) f.: **1.** hölzerne Wasser-, Dachrinne GFs (‚Halbling aus Holz.' GStähli 1976), Terz. (SDS.), Wb. (JJLinder); Syn. das Folg., auch *Rännen 1aβ* (Bd VI 960); *Schützen II 1* (Bd VIII 1746); *Zuben 1a* (Sp. 130), wo tw. weitere. ‚Solle A. auch Recht haben, zu seinem Hauß und Nothurfft von dem Trog über deß B.s Gut biß zu der Zuggen oder Brunnquellen zu gehen und daselbsten frisch Wasser ze nemmen.' 1677, G Rq. 2013, 960. — **2.** ‚eiserner Ring, der um den Pflugbaum herumgeht und durch eine Kette mit dem Vorderpflug verbunden ist' SSchw.; vgl. *Zugelen,* auch *Grëndel 2* (Bd II 758); *Zogen* (Sp. 467). – Vgl. Gr. WB. XVI 399; Fischer VI 1310.

Dach-: = dem Vor. 1 GTerz. (SDS.).

zuge^{n}, 3. Sg. und Ptz. Prät. *-et:* **1.** *zǖ^{2}ge^{n},* in Scharen (in eine best. Richtung) unterwegs sein, in Gruppen einem Ziel zuströmen B (fast allg.); Syn. *züglen III 3;* vgl. *Zug 2a, zugeren 1,* auch *zogen* (Sp. 467). *Über ^{d}e^{n} Chilchhof ūs si^{n} e^{n} Chuppele^{n} Prediglüt 'zuget.* SGfeller 1927, 9. *Wo mer abg'hocket si^{n}, hei^{n} mer ungereinisch^{t} g'merkt, dass no^{ch}-n-e^{n} Hüffen angeri d's Glīchę hei^{n} wölle^{n} wie mir; tschuppele^{n}wīs si^{n} si derhër cho^{n} z' z.* FWidmer 1982, 13. Im Vergleich: *Di Brëchere^{n} [si^{n}] cho^{n} z' z. wi^{e} d' Flüehchräjen im Herbst und hei^{n} iri Brëche^{n} … hinger der Brëchhütten uf-g'stellt.* SGfeller 1911, 367. Unpers. *Wo-n-er het g'seh^{n}, wie 's von al^{l}e^{n} Site^{n} har uf d' Hütte^{n} zue zuget, ist er ši* [die Musikanten für den *Bërgdorffet*] *gan a^{n}-tribe^{n}.* WEschler 1974, 31. S. noch Bd XVI 1869 M. (Emmentalerbl. 1917). — **2.** *züge^{n},* mit dem *Zug* (Bed. 5aα) das Heu zu einer *Burdi* (Bd IV 1541, Bed. 1aα) binden GrKl.; vgl. *Zügel I 1b. Jetz müessen^{d} mer di Burdi noch z., mer heind schlëcht gezuget.* Tsch.

vor-ūs-: einen Zug anführen, ihm vorausgehen BStdt (RvTavel 1927, 257). [Ein Mädchen, das sich von der Gruppe gelöst hat,] *luegt … füre^{n} gäge^{n} d' Lërgotte^{n}, wo vorūszuget.*

Zugene^{n} Pl.: **1.** = *Zugeten 3* (Sp. 602) GrMu. (‚seltener als *Zugete^{n}.*' BSG.). — **2.** = *Zugeten 4* (Sp. 602) GrMu. (‚seltener als *Zugete^{n}.*' BSG.); Syn. auch *Zaderen 1c* (Sp. 272). – Wohl Pl. auf *-ene^{n}* zu *Zugi* f.; vgl. dazu BSG. XIX 104. 400.

Zuger I m.: ‚Balken zu einem offenen Dachboden' GrKl. (ABüchli); vgl. *Zuging.* – Vgl. Gr. WB. XVI 418 (in anderer Bed.).

zugere^{n} I (bzw. *-o-*): **1.** umherziehen, -schlendern AρI. (Manser); Syn. das Folg.; vgl. *zugen 1.* — **2.** schwimmen BM. (EBalmer 1945, 76); Syn. *züglen IV 1. Mir wei^{n} de^{nn} probiere^{n} … göb men o^{ch} so guet cha^{nn} z. drin* [im *Murte^{n}sē*] *wi^{e} i^{n} der Sense^{n}.*

ume^{n}-: = dem Vor. 1 ApI. (Manser).

Zugete^{n} (bzw. *-gg-*) f.: **1.** gemeinsamer Transport mit Zugtieren BRohrb. (Bärnd. 1925, 218); vgl. *Zug 2aε, Zügi 1a.* ‚Besonderer Erwähnung wert sind die Rohrbacher *Zugete^{n}.* Eigener Zugtiere entbehrende Inhaber von *Al^{l}mändblëtze^{n} spanne^{n} z'säme^{n},* um im *Chēr iez dëm, iez ei^{ne}m von ine^{n}* seinen Dünger an die gewünschte Stelle zu verbringen.' — **2.** Zug vieler Menschen B, so M., Si.; Syn. *Völker-Wandering* (Bd XVI 499); vgl. *zugen 1. De^{nn} isch^{t} das e^{n} Z. g'sī^{n} gäg ^{d}em Bundesplatz zue, wi^{e} we^{nn} me^{n} de^{n} Lüten a^{n}g'gë^{n} hätt, es wërdi^{n} de^{nn} dë^{n} Na^{ch}mittag einisch^{t} vom Bundeshūs Banknöte^{n} zu de^{n} Fënstere^{n} use^{n} g'schosse^{n}.* WBula 1946, 202. — **3.** ‚lange, unordentlich nachschleppende, ev. beschmutzte und zerschlissene Röcke oder Rocksäume GrA., Mu.' (BSG. XIX); Syn. *Zugenen 1;* vgl. *Ūf-zug 6.* — **4.** ‚aneinanderhängendes Zeug, von dem alles mitgeht, wenn man ein Ende herauszieht, von Moos und Wassergewächsen GrA., Mu.' (BSG. XIX); Syn. *Zugenen 2.* – Für Bedd. 3 und 4 vermutet BSG. XIX 400 eine Kreuzung von *Zieheten* mit *Zug.*

zughaft: mit einem Näherecht ausgestattet; Syn. *zügig 4bβ;* vgl. *Zug 10b.* ‚Söllend selbige [‚Verköüffen und Köüffen' bodenzinsfreier Güter] anzeigt und denjenigen, so obgehörter Gstalten des Verkouffs möchtend z. syn [nämlich den ‚nechsten Bluetsverwandten bis in das dritt Glid'], ankündt und wüßend gmacht werden.' 1608, Aa Rq. 1922, 306.

zugig (bzw. *-o-*): **1.** wie nhd., dem Luftzug ausgesetzt, windig; verbr.; Syn. *zügig 2a. Zigerę sö^{l}te^{n} ime^{n} z-e^{n} Zimmer trochne^{n}.* Lorez (GrRh.). — **2.** an ein anderes Gericht weiterzugsfähig, von einem Urteil; vgl. *Zug 10a.* ‚Wenn des huses Tobel eigenlüt im recht stüenden und zwo urteillen, ein mere und mindre, ergiengen und der verlurstig dryg hend zur mindern het, möcht er die für einen comendur zühen, und welich da bekreftiget wurde, die hat man müessen halten on wyter appellieren. Wenn dann ein comendur mit sinen eignen lüten in recht stand und die urteilen z. wurden, möchte die gezogen werden für den convent.' 1503, Absch. 3, 2, 250. – Vgl. Gr. WB. XVI 428; ChSchmidt 1901, 444; Fischer VI 1317.

Zugi^{n}g f.: ‚offener Dachboden' GrKl. (ABüchli); Syn. *Dili 3aα* (Bd XII 1634); vgl. *Zuger.*

zugsam: zieh-, formbar; Syn. *zügig 1b.* ‚Wyl gesagte Materi [näml. das Rohglas] glüeyend, derhalben weich, geschlacht und z. ist, [‚schnydt' der Glaser] daß Ußerste mit einer Scher hinweg.' Z Gesandtschaftsreise 1608, 72. – Vgl. Gr. WB. XVI 442 (in anderer Bed.).

züg s. *zug, züg.*

zügden: anpflanzen, kultivieren; Syn. *züglen II 4a.* ‚Wir sun rumen und abeslan, es sin boume, bender, stude alde hege und allen den bu [*Būw 4a* Bd IV 1947], der des conventes guote von Ötenbach schedlich ist, uf ünserm guote, dem wingarten, der ze Witelinkon lit … und sun ouch da niemer me weder boume, stude noch bender noch andern bu gezügdon noch gehan.' 1289, Corpus 2, 430. – Ahd. *zugidōn* (Notker), mhd. nur unser Beleg (der Ansatz mit *-iu-* in MWB. und WB. mhd. Urk. ist unrichtig). Die Bildungsweise ist auffällig: Formal scheint eine zweifache Abl. vorzuliegen, ausgeh. von einem einfachen Vb mittels Suffix *-ida* ein (nicht belegtes) Subst. ahd. **zugida* f. (‚was angepflanzt, gezüchtet wird' oä.) und von diesem durch erneute Abl. das Vb. Das Präfix *ge-* ist durch die Konstr. mit modalem Vb bedingt; vgl. *ge- II.C5* (Bd II 47).

zügecht: feucht, moorig WBellw. (CSchmid 1969, 162); Synn. *wasser-zügig* (Sp. 597), *lind-zügig a,* auch *wässerig 1a, ge-wiset* (Bd XVI 1852. 2028), wo tw. weitere. ‚Vereinzelt findet man auch Stellen, wo sumpfiger Boden, *zigechta*^{r}, *lischechta*^{r} *Bode*^{n}, entwässert und Quellwasserfassungen gemacht wurden.' – Vgl. Gr. WB. XVI 427 (‚zugicht').

Zügel I (bzw. *-i-, -ö-, -ī²-, -ǖ²-*) m., Pl. unver., in BM. auch *Züglę*, in BSi. *Zügla*, Dim. *Zügeli*, in W *Zigilji, Sigilji, Zigelti* (Bed. 2):

1. a) Riemen zum Lenken von Reit- und Zugtieren
   b) Zugstrick
2. a) meist Dim.
   α) Zapfen, bes. im Wächterloch
   β) Zapfen, dessen herausziehbarer innerer Teil als Hahn dient
   b) Röhrchen, Schlauch zum Abziehen von Wein, Most
   c) Dim., Öffnung, Kontrollloch im Fass
3. meist Dim., (Zug-)Pflaster
4. a) Knoten im Fischernetz
   b) Fangschnur mit Köder
5. Dim., Rundholz, das von einem Mann gezogen wird

1. a) wie nhd., Lenkriemen, mit dem Reit- und Zugtiere gelenkt werden; allg.; Synn. *Hotten* (Bd II 1773); *Leit-Seil* (Bd VII 751). ‚Der z. an eim zaum, habena.' FRIS.; MAL. *Es Ross wird ou*^{ch} *hertmülig, we*^{nn} *me*^{n} *im der Z. b'ständig z' hert a*^{n}*zieht.* SGFELLER, Der Abgott (1933) 64. *D' Ross hein*^{d} *nid wīter welle*^{n}*, alls Geisle*^{n}*chlepfe*^{n} *hed nüd g'nützt. Śi hein*^{d} *müessen absitze*^{n} *und d' Ross am Z. në*^{n}, führen. ABÜCHLI 1958, 314 (GRD.). *All drei* [Räuber sind] *ouss*^{h}*er chon ab* ^{d}*em Stall, und der ērst isch*^{t} *dem Ross in de*^{n} *Z. g'sprunge*^{n}. ebd. 426 (GRPeist). *Häb di*^{ch}*, Bueb, hü, Choli, hü, was gi*^{b}*sch*^{t}*, was hesch*^{t}*! Vater, gib em d' Spore*^{n}*, häb 'ne*^{n} *fest im Z., gib em, lōs, hü, hü!* EMUHEIM 1959, 7. S. noch Bd IX 594 o. (RvTavel 1910). ‚N. hatt bracht 1 sidin z. an eim zoum.' 1476, GFD 31, 316. ‚Dem roßß den zaum lassen, mit verhengtem zaum dahär faren, den z. hengen, laxas dare habenas.' FRIS.; MAL. ‚Wann wier zue einem Waßer kamen, fuehrten wier meiner Frauwen den Maulesel beym Zigel hindurch.' FPLATTER 1612, 402. S. noch Bd X 468 M. (1526, Bs). Im ausgeführten Bild; s. Bd XI 1812 M. (Gotth.). In (bildl.) RAA. Einem Pferd *di Zigel ūfschlah*^{n}; s. Bd IX 364/5. *D' Zügel a*^{n}*zieh*^{n} uä., jmdn zurück-, knapper halten, Massnahmen ergreifen; verbr.; Syn. *ei*^{ne}*m d' Strübe*^{n} *stärcher a*^{n}*zieh*^{n} (Bd IX 1564 o.). ‚Das ist eben das Unglück, dass, wenn der Vater vom Hause schlägt, er den Buben die Zügel auch nicht mehr ziehen kann, wie er sollte.' GOTTH. (Hunz.-Bl.) 13, 34. *Der Z. a*^{n}*gizogne*^{n} *ha*^{n}, ‚wenig Spielraum, wenig Freiheit haben' WAusserberg (VSchmid 1978). *D' Zügel i*^{n} *d' Finger (Händ) në*^{n}*, i*^{n} *de*^{n} *Finger ha*^{n} uä., die Führung übernehmen; verbr.; Syn. das Folg. *Nimm du d' Zügel ume*^{n} *sëlber i*^{n} *d' Finger u*nd *bing dë*^{n} *Gümper hingere*^{n}, unterbinde seine sprunghaften Ideen. KGRUNDER 1938, 17 (BE.). S. noch Bd XIV 1093 o. (EEschmann 1916). *D' Zügel (nid) z' lugg lā*^{n} uä., = dem Vor. BM.; ZO. *Lā*^{n} *dine*^{n} *Bursch d' Zügel nid z' lugg.* FWENGER-Knopf, Halblynigs u Blaubödigs (1950) 65 (BM.). S. noch Bd XII 521 u. (HBrändli 1953). Jmdn *a*$^{n'n}$ *Z. në*^{n}, bändigen, im Zaum halten B; Syn. das Folg., auch *züglen II 1b. Me*^{n} *sö*^{l}*t d' Schwizer Prëss scharf a*$^{n'n}$ *Z. në*^{n}. EHEIMANN 1964, 185. Jmdn *am* (*im* AABb.) *Z. ha*^{n} uä., = dem Vor. AABb.; GAndw.; mTH; SPRWW. 1869. *De*^{r} *Mērsburger* [Wein] *hät e*^{n} *fester am Z. g'ha*^{n} *als ër si*^{n}*s Rössli.* ENÄGELI 1968, 49. S. noch Bd IV 1649 M. (Sprww. 1869). Jmdm *i*$^{n'n}$ *Z. falle*^{n}, seine Autorität untergraben B. *Wenn du mir i*$^{n'n}$ *Z. fallsch*^{t}*, so chläpperet 's.* PMÜLLER-Egger, E herti Nuss (1958) 8. *No*^{ch} *Zöüm, no*^{ch} *Zigil ha*^{n}, ‚masslos, zügellos, ohne Charakter sein' WRied-Brig (VSchmid 1978). – **b)** Zugstrick BGr. (‚zum Verschnüren der Ecken des Seiltuchs, mit dem Heu auf dem Rücken transportiert wird.' Bärnd. 1908), Si. † (‚der Strick, von beliebiger Länge, womit man etwas bindet, etwas zieht, schleppt.' ImOb.); Syn. *Strupp I 1c* (Bd XI 2316); vgl. *zugen 2*. ‚Z., allerley band und riemen, lorum.' FRIS.; MAL.

2. a) meist Dim. α) Zapfen, bes. im Wächterloch im oberen Bodenbereich des liegenden Fasses BSigr.; SCHHa.; aSCHW; WwVisp; ZOss., Sth., Uhw.; ST.; Synn. *Tubel I 1c* (Bd XII 149); *Turach b* (Bd XIII 1317); *Wächter 2aβ* (Bd XV 403), wo tw. weitere. *Grad im ērste*^{n} *Chlupf will er* [ein Wirt, der beim Strecken von Most überrascht wird] *g'schwind us de*^{n} *Düssle*^{n}*ge*^{n} *use*^{n}*, und due er*^{en}*tschlipft er und g'hīt uf* ^{d}*e*^{n} *Bode*^{n}*, und alles uf 'ne*^{n} *abe*^{n}*: Tausse*^{n} *und Wasser und Zügel und Züber.* ERZ. 1856, 60 (SCHW); oder zu b? ‚Söllind nun fürthin die Schiff- und Fuerlüth und alle diejenigen, die den Wyn wurdindt helfen laden und entladen, geläben und nachgan und gar kein Faß weder uff Punthen noch Zapfen und Zügeli verenderen.' 1618, BInt. Rq. 485. ‚Für ein buchsbäumen Weinzäpfflein 1 β 4 ₰, für ein weiß Weinzäpfflein 6 ₰, für ein braun Zügelein 4 ₰, für ein weiß Zügelein 2 ₰.' Bs TOrdn. 1646, 53. S. noch Bd XIV 711 u. (1576/7, B Blätter 1914). – β) zweiteiliger Zapfen, dessen herausziehbarer innerer Teil als Ablasshahn dient B (‚verborgener Han oder Öffnung an einem Fasse.' ä. Angabe), so O. (‚steckt in einer Art Rohr, welches in das Fass getrieben wird.' Zyro), Twann; SCHSt. (‚ein Zapfen, der in die Mündung der Röhre gesteckt wird.' Sulger); S; THMü. (‚kleiner Zapfen am Fass, eigentlich 2 Zapfen ineinander.' Wepf), Steckb.; Synn. *Han I 2a* (Bd II 1306); *Rīber 3aβ* (Bd VI 64); vgl. *Spīnen 3b* (Bd X 337), auch WKW. Karte 123 sowie WDW. (‚Züglein'). ‚Gewissermassen ein kleiner Schlauchzapfen ist der zum *Zieh*^{n} eingerichtete *Z.* oder das *Zügeli.* Dieses kann den Ausschenkhahn des im *A*^{n}*stuch* befindlichen Fasses ersetzen, kann aber auch mehrfach an demselben angebracht werden.' BÄRND. 1922, 430. ‚Den Wein … musste N. ungefähr im Ankaufpreis bezahlen, beim Verwirten blieb ihm also immer ein Stück Geld in der Hand. Im Notfall kannte es in den Fässern Zügeli, an die der Massaverwalter nicht dachte.' GOTTH. (Hunz.-Bl.) 8, 179. ‚[Statthalter und Rat von Bern verfügen, dass die Fuhrleute] die Zügelin by dem Burgerenzil … abschlachen, die Vaß vermachen und dafürhin … nüt mehr us den Vaßen trincken söllend.' 1625, B StR. 9, 523. ‚Der Kieffer machet … die Faßer, so obenher ein Puntenloch haben, umb die fliessige Sachen hineinzugiessen, und ein anders am fordern Boden, sie heraußzulassen, jenes wird mit einem Punten oder Spund, dises mit einem Hanen oder Zapfen (Zügelin) zugemacht.‘ Spleiss 1667, 78. ‚6 ℔ 8 β dem Treher N., für 24 zweyfache Zügeli und für 4 Dozet Zapfen und 36 Ryberli.‘ 1699, Z Seckelamtsrechn. S. noch Bd I 1053 M. (1774, Z Umgeldsordn.); XIV 1641 o. (1757, B Turmb.). *Am Zügeli use^{n}lō^{n}*, ‚vom besten Wein holen‘, aus einem Fass, in das noch kein Hahn eingesetzt ist ThMü. S. noch Bd VII 1391 M. (HsRMan.). An der Wasserleitung: ‚N. hat ein Zügelein an die Wasserleitung gemacht. Busse 1 Kr. 5 Btz.‘ 1790, BBipp Amtsr. — **b)** Röhrchen, Schlauch zum Abziehen von Wein oder Most aus dem Spundloch Zg (‚Heber, um Getränke aus dem Fass zu ziehen.‘ HBossard 1962); ZrS.; Synn. *Most-, Wīn-Z.* sowie *Ūf-z. e* (Sp. 507), *Züger 2. Bime^{n} grösse^{n} Fass ōni Häni hilft mer si^{ch} mit eme^{n} Z., wä^{nn} mer de^{n} jung Wī^{n} wo^{l}t probiere^{n}. Me^{n} steckt en i^{n} 's Punte^{n}loch und sūgt en a^{n}.* HHasler 1949, 114. — **c)** Dim., die Öffnung selbst, ‚Kontrollloch im Boden des Weinfasses‘ WwVisp (SDS.); Syn. *Wächter 2aa* (Bd XV 403, wo ein weiteres); vgl. zur Sache BSM. XXIII 273.

3. meist Dim., (Zug-)Pflaster B, so E., M., S., Si. (‚ein Pflästerchen zum Blasenziehen oder sonst zum Herausziehen des Eiters.‘ ImOb.); ‚L; Zg (Pflästerchen oder auch ein blosses Stück Leinwand, das auf eine Wunde gelegt wird.‘ St.^{b}); Syn. *Zug 9a. Si^{n}s Loch im Chopf uswäsche^{n} und Salbi drūfstrīche^{n} un^{d} es Zügeli drūfchlëbe^{n}.* WBula, Legione-Georges (1949) 31. ‚Ein gewüsse und gutte Brandsalben [Überschr.; später:] Rühr s [versch. Zutaten] zu einer Salben, streich s auff Zügeli und leg s [über] den Schaden.‘ BoAa. Arzneib. A. XVIII., 104. Im ausgeführten Bild; vgl. *Salb-Z.*: *We^{nn} 'ne^{n} öpper ... het g'seit ... es sig nume^{n} schad, dass si keni Chinn^{d} heigi^{n}, de^{nn} het N. sëlber g'schwinn^{d} es Zügeli uf ^{d}e^{n} sēr Blëtz g'leit: Mu^{n} cha^{nn} nit alz verlange^{n} vam Lëbe^{n}.* EBalmer 1927[1], 182. RAA. Jmdm *Selbe^{n} uf ^{d}e^{n} Z. strīche^{n}*, durch Schmeicheln oder Klagen zu überreden, erschleichen suchen BE. (SGfeller 1927, 292); Syn. das Folg., auch *ab-karwōlen, under-laufen 1d* (Bd III 581. 1133). [A. zu ihrem Mann B.:] *So zal mi^{ch} derfür, dass i^{ch}-n-ech allne^{n} muess d' Hushalti^{n}g schleipfe^{n} und bidele^{n} und bädelo^{n} hinge^{n}fer und vorfer!* [B.:] *Die Selbe^{n} hesch^{t} mer scho^{n} hundertmōl uf ^{d}e^{n} Z. g'striche^{n}.* Jmdm *Zügeli uf d' Ouge^{n} chleipe^{n}*, = dem Vor. BE. (SGfeller 1927, 157). *[Er het] mi^{ch} chönnen ī^{n}seiffe^{n}, dë^{r} Sidianstiller, und mer sini Zügeli chönnen uf d' Ouge^{n} chleipe^{n}*, um mich zu übervorteilen.

4. a) Knoten im Fischernetz, der durch Bewegungen der gefangenen Fische entsteht Zg. ‚Um die *Zügel*, die von den Röteln in die Netze gemacht wurden, zu lösen, braucht es feine und flinke Hände.‘ Zg Nachrichten 1954, 6. Dez. — **b)** beim Schleppfischen, Fangschnur mit Köder, am Boot oder an einer Führungsschnur befestigt. Fischerspr.; Synn. *Hunds-, Tief-sēw-Z.* sowie *Zug 6d.* ‚Sie liessen Z. für Z. ins ruhige Wasser gleiten.‘ Neue Zuger Zeitung 2006, 10. Juli. ‚Grundlage dieser Methode [um ausserhalb von Lärmeinwirkung und Schattenwurf des Boots zu fangen] ist eine Konstruktion, die unter Zug vom Boot wegstrebt und so eine Führungsschnur seitlich aufspannt, der sogenannte Seehund ... An der Hundschnur montiert man Einhänger oder Schleikhaken, von denen aus die Zügel nach hinten ziehen‘ LNeuenk. (Internet). ‚[Beim Tiefseefischen] würde ich dir empfehlen, mit 4–6 Zügeln an der Tiefseerolle zu fahren ... Die Zügel hängst du am besten 12/18/24/30/36/42 m tief‘ Bodensee (Internet).

5. Dim., beim Holzfällen, ‚2 bis 3 m langes Stück Rundholz mittlerer Dicke, das von einem Mann mit Seil und Gunten gezogen wird‘ GlS. † (HMarti); vgl. *Zug 5b.*

Ahd. *zugil, zuhil,* mhd. *zügel, zugel;* vgl. Gr. WB. XVI 409; Martin-Lienh. II 896; Jutz II 1747; Schm.[2] II 1098. 1099; Fischer VI 1313. Die Zuweisung von Dim.-Belegen zu den Synonymen *Z. 3* und *Zug 9a* (Sp. 483) folgt dem formalen Kriterium der Silbenzahl (dreisilbiges *Zügeli* zu *Z. 3,* zweisilbiges *Zügli* zu *Zug 9a*). — Im Flurn. *Z.-Matt* GQuarten (Helvetischer Kataster 1801).

Fass-: = *Z. 2a* (Sp. 604). ‚Ausgaben: 2 Fasszügeli 30 β‘ ZStdt (Haushaltbuch 1804).

Heft-. ‚Ein Zaum- und Hefftz.‘ Bs TOrdn. 1646, 67. — Vgl. Fischer III 1329 (‚†; wird am ehesten ein Halfterzügel sein‘).

Hand-: Riemen, mit dem im Zweigespann das Pferd rechter Hand an das Pferd linker Hand angebunden wird ThHw.; vgl. *H.-Ross 1a, Sattel-Ross* (Bd VI 1430. 1435). ‚Dem sattler umb ein houptstüdel und zwen hantzügel.‘ 1545, BInt. (Amtsrechn.).

Hunds-: = *Z. 4b* (Sp. 605), insbes. die direkt am *Hund* (Bd II 1429, Bed. 2bo) befestigte, äusserste von mehreren beköderten Fangschnüren. Fischerspr.; vgl. *Tief-sēw-Z.* ‚Jeden der H.-zügel bebleite ich mit 60–150 Gramm‘ BThS. (Internet).

Harz-: eine Art Leimring, als Schutz gegen Ameisen an den Stämmen junger Obstbäume angebracht BE.; vgl. *Z. 3. Für d' Ambeisse^{n} sö^{l}t men im* [einem kränklichen *Zwätschge^{n}böumli*] *e^{n} H. umtue^{n}.* EBaumgartner 1948, 22.

Chrūz-: sich kreuzende Lenkriemen für das Zweigespann AaB.; BE.; GW.; Z, so O., rS. *Sibe^{n}zgi bin i^{ch} ... mag de^{n} Choli und de^{n} Fuchs nüme^{n} b'hebe^{n} im Chr.* HBrändli 1942, 7. Juni. In der RA. *im Chr. fare^{n}* mit jmdm, ihn völlig unter Kontrolle haben BE.; s. u. (Emmentalerbl. 1916). — Vgl. Gr. WB. V 2202; Martin-Lienh. II 896; Ochs WB. III 280; Jutz II 158; Fischer IV 747.

Lauff-: Lenkriemen für das einzelne Zugtier im Mehrgespann BE.; GW.; ThHw. (‚von der *Zomschār* am Handpferd zur Waage‘); Z (‚an der Stange des Handpferds und mit dem andern Ende an dem Silscheit befestigt‘); vgl. *Hand-Ross 1a* (Bd VI 1430); *Zaum-Schār, Sil-Schīt 1a* (Bd VIII 1113. 1518); *Wāg III 2g* (Bd XV 673). ‚[Pferdegeschirr:] 2 Laufzügel‘ ZBenk. (Inv. XIX.). Im Bild: *Wo-n-er* [ein Gefesselter] *no^{ch} hin und wider e^{n} Fluck het 'tā^{n}, hei^{n} si-n-im d' Arme o^{ch} no^{ch} g'fesslet, dass si jitz chöi^{n} im Chrüzzügel fare^{n} mit im ... und hein im zu allem Fürsorg no^{ch}-n-e^{n} L. mit emne^{n} zwöilöuffige^{n} Lätsch um ^{d}e^{n} Hals um a^{n}g'macht.* Emmentalerbl. 1916, 25. Nov. — Vgl. Martin-Lienh. II 896; Ochs WB. III 397.

Most-: = *Z. 2b* (Sp. 605) LGreppen (Gantrodel M. XIX.).

Bräst-: ‚Instrument zum Spannen‘ der Armbrust Ndw (Matthys); Syn. *Ūf-z. d* (Sp. 507); vgl. *Bräst* (unter *Arm-Brust 1* Bd V 865).

Ross-: wohl = *Z. 1a* (Sp. 603). S. Bd VII 308 u. (1476, Gfd).

Salb- *Selbe^{n}-*: meist Dim., Heil-, Zugpflaster, fast nur in bildl. Wendungen und Vergleichen BE.; Syn. *Z. 3. Bi mi^{ne}r Mueter han i^{ch} z' Schërme^{n} chönne^{n} ... Es besserš und g'hī^{2}lsemerš S.-zügeli ... hätt 's o^{ch} gar nid chönne^{n} gë^{n}.* KUetz 1962, 78. *Wo 's zum Zale^{n} g'gan-*

gen ist, het 's 'neⁿ frīlich g'schmirzt, wie weⁿⁿ men im eⁿ harzigeⁿ S. ab ereⁿ sēreⁿ Wungeⁿ schriss. SGFELLER 1942, 254.

Tief-sē^w-: = *Z. 4b* (Sp. 605), an einem mit Blei beschwerten Stahldraht in grösserer Wassertiefe waagrecht laufend. FISCHERSPR.; vgl. *Hunds-Z.* ‚N. hatte Pech, dass er ... mit den Tiefseezügeln ... vermutlich an einem alten Fischernetz hängen geblieben ist' BODENSEE (Internet).

Stifel-: Anziehhilfe für Stiefel NDW (Matthys); Syn. *Üf-z. c* (Sp. 507).

Stangeⁿ-: = *Z. 1a* (Sp. 603). FACHSPR.; vgl. *Stang 1aε3* (Bd XI 1093; s. d., *Stang-Biss* ‚Kandare'). [A. beim Versuch, B. das Stricken zu lehren:] *Si müend immer tänkeⁿ, si hebiⁿd do keini St.-zügel in'n Händeⁿ.* AHUGGENB. 1922², 51 (uTH). S. noch Bd XIV 1222 M. (Fürsi). In okkas. Zss.; s. Bd XI 71 u. (Bs TOrdn. 1646). — Vgl. Fischer V 1638.

Trënseⁿ-: = *Z. 1a* (Sp. 603). FACHSPR.; vgl. *Trënsen* (Bd XIV 1222). In okkas. Zss.: *Eⁿ guets ... Rössli chunnt so en Regrut nie über, aber en überarbeiteteⁿ Pflueggaul, mit emeⁿ Gang wie-n-es Kamēl uⁿᵈ emeⁿ Ruggeⁿ wie-n-eⁿ Drätseilbrugg, für dëⁿ keiⁿ Ordonⁿanztr. lang g'nueg ist.* FÜRSI 32. — Vgl. Gr. WB. XI 1, 2, 148.

Wīⁿ-Z. I: = *Z. 2b* (Sp. 605) NDW; ZrS. *Aⁿ der Wand hanget en W. Das ist es Blëchrōr, wo rëchtwinklig umeⁿ'bogen ist. Mit dëm wird Wīⁿ oben us ᵈem Fass ab'zogeⁿ, wänn ... 's Fass keiⁿs Häni hät.* HHASLER 1942, 76. ‚Umb 1 anstächer und ettliche wyzügeli 12 β.' 1581, BFrienisb. (Amtsrechn.).

Zaum-: = *Z. 1a* (Sp. 603). S. Bd XI 71 u. (Bs TOrdn. 1646).

Zügel II m., Zügelin f. Nur in Zssen.

Land-: = *Lands-Zügling 1* (Sp. 631). ‚Söllen öch alle lantzügel, von wannahar die ziehent oder zogen sind, mit denen in der lantschafft stüren ald ander eigenlüt daselbs.' 1492, G Rq. 2013, 359. ‚Die müser von Glattfelden sint von einer frowen kommen, die waz ein rechte l.-züglin, und die süllent ouch gehören an daz hus Kiburg.' XV., ZKyb. ‚Die frömmden werdend ston und üch üwer vehe weyden, und die l.-zügel werdend üwer acker- und räblüt.' 1529/96, JES. 61, 5; ‚Außländer.' 1638/1931; ‚Fremde.' 2007. ‚Was gat das den fremden landtz. [A. aus Tübingen, der vor der Synode gegen Pfarrer B. von ZLaufen klagt] an? [Später: A.] hat grobe, scharpfe schalkwort, zig und lestrung uff herr B. gleit ... und ist doch nun ein hindersäß, l. ut supra.' 1530, TÄUFERAKT. 1952, 341/2. ‚Uß kraft deß briefs vermeynend unser Eidtgnossen von Glarus, das die vom schloss Warthow nüt lanndtzügel sigind, diewil Warthow ze grafschaft Sangans gelegen sige.' 1546, L; vgl. Absch. 4, 1d, 714, wo fälschlich ‚landzüging'. S. noch Sp. 632 o. (1515, ZBub.). — Vgl. Frühnhd. WB. IX 1, 235 (in anderer Bed.).

Wīn-Z. II: Weinhändler; Syn. *W.-Züger,* auch *Fass-, W.-Zieher.* ‚5 β winzügeln und knechten, so spise uf Fridberg fuorten', Ausgaben im Grynaukrieg. 1337, Z Ant. Mitt. 1936, 138. S. noch Bd X 1308 u. (1403, Absch.); XI 1908 u. (1392, Z RB., 2. Beleg). In Zunftordnungen. ‚Winschenken, winrüeffer, winzügel, satteler, maler und underköuffer süln ouch sament haben ein zunft und ein baner.' 1336, QZZ. 14. ‚Gartner, öler, habermelwer, winzügel und grempler haben ein zunft und ein paner.' 1489, ebd. 135; vgl. ‚Öhler, Grämpler, Habermäler, Weinfuhrmann, Weinzieher, Saltzknecht und Gärtner sollen eine Zunnfft haben.' 1713, ebd. 792. — Ahd. *wīnzugil* ‚Winzer'. Als PN. ZStdt (‚Mertz W.' 1425, Z RB.).

Zügel III (bzw. *-i-*) m.: **1. a)** Habe, die bei einem Umzug mitgeführt wird BAd., Be., Br., E., Gr., Hk., Ha., Lau. (‚Hausrat, Lebensmittel, Kleider etc., das man in einem *Pünggel* in eine andere Hütte zügeln will.' ä. Angabe), O., Schw., Si.; FJ.; OBW; VO; Synn. *Zügi 1f, Zügleten II 1a,* auch *Robi 1* (Bd VI 70); *Trossel 2* (Bd XIV 1322); *War II 2aa* (Bd XVI 865), wo tw. weitere; vgl. *Zieh-Fueder* (Bd I 685). S. Bd XII 889 o. (EBalmer 1924). *Eiⁿᵉm Z. füereⁿ,* ‚einem mit dem Wagen, den man zieht, Hausrat führen' BBe. (Dän.). Von Alp-, Sennereigerätschaften. ‚Das [vom Älpler beim Beziehen der verschiedenen Alpstufen an ‚Effekten'] Transportirte heisst der Z.' IMOB. *Er* [ein *Älpler*] *treid deⁿ Z. uf ᵈem Rëfᶠ.* SBRAWAND 1982, 77. *Schick ... d' Hirteⁿ, Chnëchteⁿ, d' Geissbueben und 's ander Älplervolch mit ᵈem Z. uf ᵈem Wageⁿ.* ALGASSMANN 1918, 108 (VO). *Muⁿ [het] zitlig ameneⁿ Morgeⁿ d' Fartriⁿchla uⁿᵈ d's G'lüt g'heⁿcht unᵈ ist desembrab g'utteret. Am Naᶜʰmittag ist muⁿ z'rugg am Bunder uehiⁿ gan der Z. rī²heⁿ.* BAd. Heimatbr. 53, 6. — **b)** beladener Wagen BRi. (Ritschard-Schmocker 1980, 64); Syn. *Zügleten II 1b.* [Beim Wohnungswechsel ist] *nüd alls am Schnüerli g'lüffen ... der Z. ist g'welpt. D' Bassgīga ist nidsiᶜʰ 'trölet unᵈ an ereⁿ Tanneⁿ z' Hudel unᵈ z' Fëtzen z'sämeⁿg'chrutet blīben ligen.* — **2.** Trupp Vieh FPlaff.; Syn. *Zügleten II 2.* ‚N. vom Kloster hinter Plaffeien ... hörte einst um Mitternacht herum einen Z. (Zug) Vieh ... von oben her gegen den Stafel ziehen.' HENNE 1879, 204. — **3.** Umzug, Wohnungswechsel AABb.; B; FMu.; OBWLung.; Z; Synn. *Zügelī a, Zügi 1f, Zügleten II 3b,* auch *Zügel-Fuer 1* (Bd I 974); vgl. *Züglerī 2. Proféssers weiⁿ sech dëⁿ Z. iⁿ d's Stöckli noᶜʰ iⁿ aller Rueʷ überlegeⁿ.* ALPENHORN-Kal. 2002, 148 (BE.); vgl. *iⁿ d's Stöckli zügleⁿ* (Sp. 623 o.). In okkas. Zss.: *Gadeⁿz.* OBWLung. (SDS. VII 67). — Rückbildung aus *züglen III.*

Zügel IV m.: Eisenbahnzug BStdt (Bubenspr.); Syn. *Zug 4. Der Z. ischᵗ lengers iᵉ langsamer g'fareⁿ.* EMARBACH 1973 (1989) 20; s. auch u. — Zur Wortbildung vgl. etwa *Trämel I* (Bd XIV 979); *Wäldel* (Bd XV 1496) sowie Hodler 1911, 123.

Ëxtra-: Extrazug BStdt (Bubenspr.); Syn. *Ë.-Zug a. Deʳ Zügel het numeⁿ bi deⁿ Staziōneⁿ g'halteⁿ, drum het der N. verzapft, das sigi allwëg en Ë., di angereⁿ tüejiⁿ albens noᶜʰ zwüschinneⁿ bi deⁿ Banwärterhüttli stillhaⁿ.* EMARBACH 1973 (1989) 20.

Gᵉ-zügel *'Zigel* n.: **1.** ‚umständliche Schlepperei' OBW (Imfeld). — **2.** ‚(nicht gern gesehenes) Zusammengehen mit (fremden) Kameraden' OBW (Imfeld); vgl. *Nächen-zügleten.*

zügeleⁿ I FKerz., *zügleⁿ I -ü²-* GGr.: mit der Modelleisenbahn spielen; aaOO.; wohl weiterhin; Syn. *iseⁿbäneleⁿ* (verbr.). *D' Buebeⁿ toenᵈ z. im Schopf joss.* EGGENBERGER-Schäpper.

Zügelī (bzw. *-ei*) f.: **a)** entspr. *züglen III 2a,* Umzug, Wohnungswechsel, mit dem Nbsinn des Beschwerlichen; allg., auch schweizerhd.; Syn. *Zügel III 3.* ‚Auftragsbeschreibung: 2-Zi.-Whg.-Z.', Anzeigenüberschr. ZStdt (Internet). ‚Je häufiger ein Kind den Wohnort wechseln musste, umso weniger zufrieden war die Person später im Leben ... Für die extrovertierten [Kinder] schien die Z. keine negativen Folgen zu haben.' NZZTG 2010, 18. Juli. — **b)** entspr. *züglen III 2b,* Transport von (schweren) Dingen; Syn. *Züglerī 2.* ‚Die Handgriffe müssen sitzen, das Team funktionieren [sagte er], dann sei auch die Z. eines 300 bis 600 Kilogramm schweren Flügels keine Belastung.' BUND 2009, 29. Sept. (BStdt). — Vgl. Variantenwb. 847.

z ü g e^n^: **1.** mit dem *Zügmesser* (Bd IV 464) arbeiten BSi. (Bratschi-Trüb); S; Syn. das Folg. *Er hocket uf ^d^em Schnidesel und züget Widchnöde^n^* S (ä. Angabe). — **2.** im Sterben liegen GRA. (‚die letzten Züge im Sterben tun.' ä. Angabe); Syn. *i^n^ de^n^ Züge^n^ ligge^n^* (Sp. 472 o.); vgl. *züglen III 2aδ.*

b^e^- *b'süge^n^:* = dem Vor. 1, „auf der Schneidebank arbeiten F" (St.[2]). — Zur Lautung *b's-* vgl. *be-ziehen.*

z ü g e n e^n^ *ziginu^n^:* ‚transportieren, ziehen (mit Schlitten oder von Hand) WSimp., Zwischb.' (EJordan 1985).

Z ü g e r m., in Bed. 5c *Zürger* (vgl. die Anm.), Z ü g e r i n f.: **1.** Zugpferd B, so E., Si., Th.; Z; Syn. *Zug-Ross* (Bd VI 1437). *Di g'äderige^n^ Ross si^n^ de^nn^ geng no^ch^ die beste^n^ Züger.* HHUTMACHER, Gitzi-Kobi (1955) 153 (BE.). S. noch Bd XIV 1249 o. (B Volksztg 1908). Übertr. auf Personen: ‚Von Zweisimmen bewegte sich der Zug nach ... Boltigen ... die Burg [näml. die Gesslerburg als Kulisse einer Schauspielgruppe] wurde von den sogenannten Zügern nachgezogen.' DGEMP. 1904, 369. — **2.** = *Zügel I 2b* (Sp. 605), Saugheber „L; S (längliches Rohr, womit man den Wein aus einem Fasse in ein anderes abzieht." St.[2]). — **3.** Bauer, der einen *Zug* (Bed. 3) Vieh für die Ackerarbeit besitzt; Syn. *Ge-būr 1a* (Bd IV 1513); Gegs. *Tag-waner 2cγ* (Bd XVI 53). ‚Wyln inen, den Zügeren [‚Personen, so mit iren Zügen das Veld buwend'], an iren Hegen und Güeteren durch der Tagnoüweren [‚so keine Züg habendt'] Vych immerzue nit geringer Schaden zuegefüegt [werde, fordern sie, dass] gedachten Tagnoüweren uferlegt werde [usw.].' 1620, Z Rq. 1915, 405/6. ‚[Es] sölle ... ein jeder Pur oder Z., wie man s nemt, so ... anderthalben Hauw in der Gmeind Holtz hat, zwey Pfund Gelts und ein Tagnouwer, so allein einen Hauw Holtzes empfacht, jeder insonderheit ein Pfund Gelts jehrlich geben.' ebd. 406. — **4. a)** wer ein Näherrecht hat bzw. ausübt NDW; vgl. *Bluet-Züger* (Sp. 578) sowie *Zug 10b, zügig 4bβ.* ‚Wann einer ein Gut wirklich gezogen, soll der Z. dasselbe zwei Jahre selbst besitzen oder durch jemand um Zins besitzen lassen, worbei kein Gefahr solle gebraucht werden.' NDW Ges. 1867, 666. ‚So theiner dem andren abkouft erblich oder ligent guot und mit phenwerten bezalt ... und einer necher frindt der gesipten kumbt und den zug thuodt, sullent die phenwert geschetzt werden ... und nach der schatzung sol der ziger sin gelt darlegen.' 1548, W Rq. 362 (WRar. Stat.); s. auch Bd XII 1072 u. ‚Welcher güeter verkouft, der soll ouch einen frien offnen uffrechten merkt thuon ... und ob jemand ross oder rinderveche an die zalung geben wöllte, der soll das nit höcher noch anderst geben, dann wie es des baaren gelts wol wert ist, ouch nüd ungrads, dem z. zuo nochtheil.' LMalt. AR. 1597, 439. ‚Disen Kouff [eines Hauses durch die Stadt] hatt ir Ratsfrüend [!] N. alls Anstösser und prätendierender Z. von mgH. erworben und an sich gezogen.' RCYS. (JSchmid 1969) 173. ‚Wann aber einer zücht, so mag der, dem der Zug angeboten würd, als Käufer denjenigen Z. vor den Geschwornen zum Eydt treiben, ob er den Zug für sich selbs und nit für ein andern ... züche.' A. XVII., GRKl. LB. 36. ‚Da kein Verwanther [ein ‚Hauss oder Gueth'] ziehen woltte, so sollen die erste Züger ... seyn diejenigen, die den größeren Theill Gueth an und in dißem Stuckh Gueth besizen.' nach 1615, G Rq. 2013, 472. ‚Wann in Zeit, da ein Hauß oder Gutt im Zugrecht liget, der Käuffer eint oder anderes ohne große Nothurft oder ohne Vorwüssen der mgH. bauwen oder schädlich veränderen wurde, auch hierüber deßwegen zwüschen dem Käüffer und Z. Streith erwachsen wurde oder solte, solle eß an den mgH. stehen, zwey ohnpartheyische Männer zu verordnen, solches Streitige zu schätzen.' 1747, ZG Rq. 929. ‚Ein Jud aber, welchem ein bauloses Hauß zufallen wurde, [soll] solch ihm zugefallenes Hauß dem ersten Z. oder Käuffer wiederum hinzugeben oder zu verkauffen pflichtig seyn.' 1785/6, AA Rq. 2006, 385. S. noch Bd X 316 o. (1729, Z Stadtgericht; wohl hierher); XI 1147 u. (1763, BnSi. Rq. 1914); Sp. 564 M. (1608, AA Rq. 1922). Mit Bez. auf den Grasnutzen: ‚[Wenn ‚ein Hiesiger'] einem Frönden Früliggras verkaufen wolte ... solle der Thalman 8 Tag lang den Zug darzu haben ... die Arht der Besazung und den Preis sollen die Züger und Verkäufer ... behörigen Orts bestimmen lassen.' 1796, UwE. TR. 153. Mit Bez. auf die Pacht (hierher?); s. Bd XIII 589 u. (1770, BSa. Rq.). — **b)** = *Ūf-falls-Z.* (Sp. 545) „Z"; vgl. *Zug 10c.* *„Zieh^n^,* im Falle eines Falliments in den aktiven Vermögenszustand des Debitors einstehen, mit der Bedingung, die älteren Kreditoren auszulösen; wer nun dieses thut, heisst *Z.,* wie das Recht dafür *Zugrecht* und die richterliche Bestätigungsakte *Zug.*" ST. 649. ‚Der Gemeinschuldner haftet auch ferner dem Z., soweit derselbe [usw.]. Es ist das eine nothwendige Folge des Satzes, dass die versicherte Schuld mit Nothwendigkeit auf den Z. oder Überschlager übergehe.' BLUNTSCHLI, PG. 2, 276. ‚Vom Zug bey Auffählen und von der Bestrafung der Failliten und Akkordierten [Überschr.; später:] Dem Z. werden hierauf, durch einen sogenannten Zugbrief, die Pfande gehörig zugeeignet.' DWYSS 1796, 189; s. das Vorangeh. Sp. 487 u. S. noch Bd IX 318 o. (1791, ZZoll.). 1462 u. (1781, Z). — **c)** wer Anspruch auf ein Stück Land als Bürgernutzen hat GSaL. (WManz 1913, 122); vgl. *Zug 10d.* — **d)** Bezüger aus einer Alterskasse; Syn. *Rëntiër* (Bd VI 1157). ‚Anno 1856 ... kamen zur Vertheilung 2560 Fr. zu Gunsten von 46 Zügern.' Z Neuj. H. 1881, 44. — **5.** Vogelname, für Schnepfenarten. **a)** *Grösse^r^ Z.,* wohl Grünschenkel, Tringa nebularia. oO. (‚Heller Wasserläufer, Totanus glottis.' VSV. 1916); Syn. *Rëgen-Schnëpf* (Bd IX 1257, wo weitere). — **b)** *Chlīne^r^ Z.,* Teichwasserläufer, Tringa stagnatilis. oO. (‚Totanus stagnatilis.' VSV. 1916); Syn. *Sand-Schnëpf* (Bd IX 1258). — **c)** *Zürger,* Rotschenkel, Tringa totanus. oO. (‚Rotbeinli, Gelbfüessli, Totanus calidris.' VSV. 1916); Syn. *Rōt-Beinli 2* (Bd IV 1302, wo ein weiteres). — **6.** wohl ausgeh. von 1, Stiername GKapp. (ZG Ausstell. 1899); vgl. *Zuger II 1b* (Sp. 635). — Vgl. Gr. WB. XVI 419. Zu *Zürger* (mit *r*-Einschub) vgl. *zürgelen* (unter *züglen II,* mit Anm.). Nicht hierher der FN. ‚Züger'; s. *Züg-Herr 3* (Bd II 1550) u. vgl. Schwz. FNB.

W ī n - : = *W.-Zügel II* (Sp. 607). ‚Der winzüger eyd [Überschr.; dann:] Ir sonnd schweren, das ir niemands auß keinem faß trincken noch darüber gan wellendt, sonder yederman sin win bliben lan.' 1579, G Rq. 2007, 470; vgl. ‚Weinzücher.' 1742, ebd. 813. ‚[In Bez. auf das ‚Ehrenzeichen-Heimbleiten' wurde beschlossen, dass] die Zeichen eintzig und allein von Rhäät und 100, dero Dienern, Wynzügern, Spilleüthen und Trometeren söllen heimbgebleitet werden.' 1673, L StR. 2012, 419; s. auch Sp. 279 o. (XVI., ebd.). ‚Bittämpter: Wächter, Weinzüger, Auftriber, Anbeiler.' 1727, LWill. Rq. 1994, 570. S. noch Bd X 1309 o. (1678, Absch.). – Als FN. LStdt (‚Peter Wynz-s bruoder.' 1585, RCys.).

Zügete[n] *-i-* f. Nur in Zssen. – Zur unklaren Wortbildung vgl. allenfalls *Zugeten 3, 4* (Sp. 602, mit Anm.). Die dort von BSG. XIX 400 vermutete Kreuzung von *Zieheten* mit *Zug* ist für *Z.* (mit Umlaut) jedoch fraglich.

Holz-: gegenseitige Hilfestellung beim Holztragen BBr.; Syn. *Zügi 1a,* auch *H.-Trageten* (Bd XIV 598, wo ein weiteres); vgl. *Zug 2aε, H.-Zug, Zugeten 1,* auch *Ēren-Wërch* (Bd XVI 1191). ‚[Zu den gemeinschaftlichen Arbeiten und gegenseitigen Hilfen] gehört das Tragen von Holz: ... die *H.,* um schwere Baumstämme auf die Säge zu tragen.' ASV. Komm. I 511.

Chās-: gemeinschaftliches Heimführen des Käses mit dem Handschlitten BBr. (Mat. SDS.); vgl. *Zug 2aε, Ch.-Zug.*

Zügi (bzw. *-i-*) **f.,** in Bed. 3 auch **n.: 1. a)** = *Holz-Zügeten* (s. o.) BGr.; Syn. auch das Folg. *E[n] Z.? Mu[n] ist ga[n] ziehn, ei[ne]m, wa eppes hed lan buwwen, ga[n] frönen, frīwillig lengs Holz ga[n] schlittnen.* SBrawand 1982, 59. – **b)** „die Arbeit der Schiffleute am Ruder BO." (St.[1]). „Eine gute *Z.* haben, wenn die Leute am Ruder wacker ziehen." – **c)** Gespann von Zugtieren BHk., „O.", Si.; Syn. *Zug 3.* – **d)** was sich im *Zug* (in Bed. 2) bewegt. α) ‚ungeordneter, schleppender Zug, Geschlepp' Gl (ä. Angabe); vgl. *Zigūner-Zügleten.* – β) „eine gute *Z.,* zahlreiche Ruderschiffe BO." (St.[2]). – γ) eine unbest. Anzahl Vieh BGr. (LGeiser-Heimann 1985, 46); vgl. *Zügleten II 2. Vo[n] Saxeten a[b]ha[r] chund e[n] Z. Veh und hinn[d]ennähi[n] es zersäderets Tschippelli Geiss.* – **e)** Zuglast BBöd. (‚Holzbürde zum Schleppen.' GRitschard 1983), Frut.; vgl. *Zug 5b. Si lade[n] d's Höw uf d' Tüeher u[nd] lege[n] d' Püntla uf d's Höwbritt ... N. schrīsst e[n] Püntel z'wëg u[nd] macht si[n] Z. fertig.* MLauber 1968, 144. I. S. v. ‚Fuhre' BBöd. † (GRitschard 1983); vgl. *Fert II 1* (Bd I 1038). ‚Das Inkommen der Pfarpfruend zue Benken [Überschr.; später:] Von einer yeden Hushaltung ein Z. Holz.' um 1600, G Rq. 1951, 364. – **f)** Fahrhabe beim Umzug, auch der Umzug selbst. oO. (FStaub); Synn. *Zügel III 1a, 3.* – **g)** = *Zug 5e* (Sp. 480). ‚Zuo Munchenstein und Muttentz ... 9 β umb ein zügy in den bachoffen.' 1491/2, BHarms 1913, 16. – **h)** Stelle, wo gefischt wird; Syn. *Zug 6b.* ‚[Die Fischer von GStaad] sollen ... den Marcht gen Sant Gallen mit den selben Hürlingen die Zeit und Tag [‚biß zue dem ausgehnden Höwat'] nit brauchen, auch auf ihren Filder und Züginen beliben die Zeit aus.' XVII., G (Abschr.). S. noch Bd XVI 2216 o. (1566, Z; hierher?). – **2.** Vorderwand, Bug eines Schiffs LV.; ZgÄg.; vgl. *Stotz-Wand c* (Bd XVI 365; s. d., Alpenp. 1871) sowie die Abb. in DMäder 1871, 69. ‚Der vordere Teil [eines Einbaums] heisst gelegentlich *Z.*' ZgÄg. (Internet). Spez. Brett zum Verstärken der Stelle in der Bugwand, wo das Stehruder befestigt wird ZNohl (Mat. SDS.); Syn. *Hengst 3b* (Bd II 1450); vgl. HBickel 1995, 187/8 (wo weitere Synn.). ‚Die Ruderbefestigung ... ist ... eine mit einem Brett gebildete Verstärkung der Bordwand, die mit einem Loch versehen ist. Durch dieses Loch wird ein *Rieme[n]* aus Leder gezogen und damit das hintere Stehruder ... festgebunden. Das Brett wird *Z.* genannt.' HBickel 1995, 200. – **3.** liederliche, herumziehende Frau Gl, so Engi (HMarti), H. (‚nachlässig gekleidete Weibsperson.' ä. Angabe), K., Mühl., Schw., S.; Syn. *Schudi I b* (Bd VIII 279). *E[n] Z.,* ‚ein liederliches Frauenzimmer, das dem Mannsvolk nachzieht' GlS. (HMarti). *Du Z.! Bist e[n] Z.!,* ‚zu einem Mädchen, das herumvagiert und nicht beizeiten heimkommt' Gl Mühl. (‚um 1900 gehört.' ä. Angabe). – Als Nachtrag zu *Zug 1a* (Sp. 470; vgl. insbes. γ1, Sp. 471) die Fügung *d's Zügi ha[n],* Lust auf, den Hang zu etw. haben BBe., Böd., Br., Gr., O.

Holz-: = dem Vor. 1a BGr. ‚Die jeweils zu den *H.-ziginen* angestellten fünfzig bis hundert Mann ... tun es unentgeltlich auf Gegenseitigkeit hin.' Bärnd. 1908, 179; s. auch Bd XI 1429 M.

Heuw-: gemeinschaftlicher Transport von Wildheu BGr. (Bärnd. 1908, 88); vgl. *H.-Zug 1,* auch *Ēren-Wërch* (Bd XVI 1191). ‚[Einen grossen Fortschritt beim Wildheutransport] im Sinne der Vereinfachung zeigt die *Hewz.* Vier oder mehr Heubündel werden hintereinander an Seile gebunden. Alle Mannen stellen sich *vor dran* und schleppen die Last.'

zügig (bzw. *-i-, -ö-, -ü̃[2]-; -gg-; -eg, -i[g]*), in Gl *sügig* (Bed. 2a):

1. eig.
   a) zugkräftig, von Zugtieren
   b) dehnbar, elastisch, biegsam
   c) gut zu melken
2. zunehmend uneig. bzw. bildhaft
   a) windig, dem Luftzug ausgesetzt
   b) flüssig, von der Handschrift
   c) folgsam, gut zu lenken, züchtig
   d) von guter Wirkung, wirkkräftig
      α) von einem Schlag(werkzeug)
      β) gut schärfend, vom Wetzstein
      γ) stark, vom Lab
      δ) heilkräftig, von Medikamenten udgl.
3. ganz uneig. bzw. übertr.
   a) gedeihlich
      α) mit Veranlagung zu Wachstum und Fleischbildung, von Tieren
      β) das Wachstum fördernd, von der Witterung
   b) kräftig, vom Geschmack
      α) herb, angenehm zu trinken, vom Wein
      β) scharf, von Speisen
   c) tüchtig, tatkräftig
   d) attraktiv, begehrt, populär
      α) von Sachen und Abstrakta
      β) von Personen
   e) schnell, rasch
   f) stichhaltig, treffend
   g) eigennützig
4. rechtsspr.
   a) mit Niederlassungsfreiheit ausgestattet
   b) entspr. *Zug 10b*
      α) dem Näherrecht unterliegend
      β) mit einem Näherrecht ausgestattet bzw. ein solches ausübend
   c) rückziehbar, von einer Hypothekarbürgschaft

1. eig. **a)** zugkräftig, von Zugtieren BRüsch., S., Si.; GrNuf.; GW.; Obw; ZO., lS. *I[ch] se[l]t morn es Fueder Streu[w] goge[n] hole[n]. D' Triste[n] sind hŏch, und de[r] Flëckli ist just e[n] z-i Männchue.* EEschmann 1912, 12. *Z-s* n., Zugvieh: ‚[Einen Geschäftsmann interessierte ganz besonders,] wie viel Vieh und Land und wie viel *Z-s Chlaislis* Familie habe.‘ PAMING 1939, 74. Von einer Person: ‚[A. zu B. über dessen Braut:] *Isch*^{t} *'s e*^{n} *Z-i?* (ob sie gut am Karren ziehen kann). [Antwort:] *Wie-n-e*^{n} *Stier!*‘, Anforderungen an die Frau eines Korbers, der ‚hausierend das Land durchzieht‘. EBARTH 1926, 22, 6 (BRüsch.). — **b)** dehnbar, elastisch, biegsam; verbr.; Syn. *zugsam,* auch *glimpfig 1, glumpfig* (Bd II 628); *weichsam* (Bd XV 213, wo ein weiteres); vgl. *zäh.* ‚Ductilis et hoc ductile, z., gleitig.‘ FRIS. 1541. ‚Z., das sich sittlich außeinanderen laßt ziehen, sequax, als hendschuochläder.‘ MAL. *Er wird immer e*^{n} *chlī*^{n} *z-er,* der Brotteig beim Kneten GRS. (MSzadrowsky). ‚Das [Loch im Boden des Glases] soltu, wann du wilt das Öl anheben zu distillieren, mit glimpfigem oder weichem und z-em Wachs vermachen.‘ JRLANDENB. 1608, 2, 101. ‚Der Kupfferschmid schmidet auß dem z-en Kupffer Kupfferwerk.‘ SPLEISS 1667, 77. Im bildl. Vergleich: *Irer schmale*^{n} *Müllëspe*^{n} *si*^{n} *so z. g'sī*^{n} *wi*^{e}*-n-es Gatschubändeli. Si het sẹ chönnen usenandere*^{n}*schrīsse*^{n} *u*nd *z'säme*^{n}*zieh*^{n} *wi*^{e}*-n-e*^{n} *lëderige*^{n} *Tubackseckel,* beim Schimpfen. SGFELLER 1911, 68 (BE.). Von Ästen zu Zaunringen: *We*^{nn} *mu*^{n} *wolt ringle*^{n} [*Zü*^{n}*ringa* herstellen], *su schleẹht mu*^{n} *mit emene*^{n} *Schnëtzbielti leng z. Chriẹsest ab … u*nd *würfft si grasgrüen in es bravs Für.* BAd. Heimatbr. 6, 10. Von Textilien; Gegs. *un-z. 1,* auch *brëttig* (Bd V 912); vgl. *lugg 1a* (Bd III 1232); *ver-chnoll-borzet* (Bd IV 1640). *Si lismet nit brëttig, sondern z.* AASt. ‚*Brëttig,* was die Art eines Brettes hat, so Strümpfe, die nicht *z.,* sondern zu fest gestrickt sind, nicht elastisch.‘ ZYRO (B). ‚[Das] *brëttig, 'tär*^{r}*et* [Maschensystem der Zwickelstrümpfe] steht in unvorteilhaftem Gegensatze zum *z-e*^{n} und *flugere*^{n} Strumpf.‘ BÄRND. 1911, 428 (BG.). S. noch Bd VI 788 o. (BThun Handf. 1264, Kommentar von 1779). — **c)** gut zu melken BSa.; Synn. *lind-mulch* (Bd IV 207); *sanftig 2* (Bd VII 1173), wo je ein weiteres; Gegs. *zäh.* ‚Die Kuh ist *nit z-i:* Die Zitzen gestatten keinen rechten Anzug.‘ BÄRND. 1927, 244.

2. zunehmend uneig. bzw. bildhaft. **a)** windig, dem Luftzug ausgesetzt; allg.; Syn. *zugig 1,* auch *windig I 1a* (Bd XVI 531, wo weitere); vgl. unter *Zug 1aa* (Sp. 470 u.), auch *Luft-Zug b. Es het kei*^{n} *Änd welle*^{n} *në*^{n} *mit Heize*^{n} *i*^{n} *dër z-e*^{n} *B'husi*^{n}*g.* FACKERET 1939, 50. *Dā isch*^{t} *es z., ich stān uf die-n-ander Site*^{n} *an*^{h}*i*^{n}. PRO Supersaxa 2010, 2121. S. noch Bd VI 374 M. (BWyss 1863, 2. Beleg); XI 1870 o. (FGStebler 1921); XV 1140 M. (USchmid 1984); XVI 2264 u. (HDietzi 1924). *E*^{n} *z-i Büde*^{n}, ein Zimmer, in dem es zieht; verbr. *En zögege*^{r} *Chog,* ‚stark windiges Wetter.‘ MANSER. — **b)** flüssig, von der Handschrift; verbr.; vgl. *Zug 1cγ. E*^{n} *z-i Schrift.* MUSTER-Bürkli (BsL.). — **c)** folgsam, gut zu lenken, züchtig API.; GW. (‚leitsam, geschmeidig.‘ JJSchlegel); Synn. *folgig* (Bd I 813); *ge-schlacht 2a* (Bd IX 32); *zügsam, ge-zogenlich;* Gegs. *un-züglich.* ‚Z., leychtlich ze meisteren, züchtig, moderabilis, sequax.‘ FRIS.; MAL. *En z-e*^{r} *Po*^{r}*st,* ‚angenehmer Zögling.‘ MANSER. ‚Wann die Fürgesetzte beyder Ständen mit heiligem beständigem Eifer zusammensetzten, es ist nichts, das sie nicht bey dem z-en Volck erhalten könten.‘ JMÜLLER 1673, 87. S. noch Bd IX 34 o. (FWyss 1673). — **d)** von guter Wirkung, wirkkräftig. α) von einem Schlag(werkzeug); verbr.; vgl. *Zug ha*^{n} (Sp. 470 u.), auch *träff 1aa* (Bd XIV 347). *Es z-s Biel.* BRATSCHI-Trüb (BSi.). *Heit ke*^{n} *Bang! I*^{ch} *ha*^{n} *der Chopf uf mi*^{ne}*m Hals u*nd *we*^{nn} *'s pressiert no*^{ch}*-n-e*^{n} *z-i Hang,* um mich zu wehren. SGFELLER 1911, 359 (BE.). S. noch Bd XVI 1552 o. (BsMutt.). Im ausgeführten Bild: *O, das* [was die Leute reden] *isch*^{t} *mir deich nit glīch! I*^{ch} *ha*^{n} *a*^{n}*fen e*^{n} *herti Hut wie-n-e*^{n} *Vagant a*^{n} *der Fërsere*^{n} *u*nd *ma*^{g} *o*^{ch} *di z-ste*^{n} *Schmeizẹ sauft verlīde*^{n} *ōni z' zänne*^{n}. EMMENTALERBL. 1917, 28. Juli (BE.). Subst., *e*^{n} *Z-e*^{r}, *e*^{n} *Z-s,* Schlag BE.; Z. *[Er] reckt … uf d' Geislen a*^{n} *der Wang u*nd *līret im* [dem Pferd] *e*^{n} *Z-en ab uber 'š Hingerẹ.* SGFELLER 1927, 26. *De*^{r} *N. … schlaht dem Herr Tokter mit der schwilige*^{n} *Hand e*^{n} *früntli*^{ch}*s Z-s uf d' Achsle*^{n}. ACORR. 1860, 193. Von einer als Züchtigungsinstrument verwendeten Rute uä. *De*^{r} *Samichlaus … mit sī*^{ne}*m grüslige*^{n} *Bart,* ^{d}*em Nusse*^{n}*sack und der z-e*^{n} *Ruete*^{n}. RKÄGI 1953, 46 (ZO.). *Vor de*^{r} *së*^{l}*b z. Haselstock an en ane*^{n} *cho*^{n} *ist, hemmer de*^{n} *N. scho*^{n} *g'chört wīchse*^{n}. WANDERVOGEL 1917, 111 (AP). ‚Ein paar z. Zwieselen haben wir schon parat, und die Schnürgglen söllen sich rangschieren.‘ EMMENTALERBL. 1917, 27. Nov. (BE.); s. die Forts. Bd IX 792 u. *Er het … es z-s Stëckli parāt g'macht,* [um einen *Tierliquäler*] *so rëcht vatterländisch dür*^{ch}*e*^{n}*-z'flachse*^{n}. KGRUNDER 1941, 32 (BE.). S. noch Bd II 419 u. (BSi.); X 1610 o. (BAarw.; GW.). — β) ‚angenehm rauh und damit gut schärfend‘, vom Wetzstein BG. (HNyd.). ‚[Der hochgelobte neue Mähder] schob das Verdienst dem *alte*^{n} *Schirbi* mit dem krummen *Worb* und dem *z-e*^{n} Wetzstein zu.‘ Z Tagesanz. 1899, 29. Juli (HNyd.). S. noch Bd VII 139 u. (ZElgg Arzneib. um 1650). — γ) stark, vom Lab BG. (HNyd. 1890[1], 274). ‚Ich darf schon das Kaslet [*Chās-Lab* Bd III 952] ein bischen z. machen. Die Hauptsache ist, wenn mir morgen die Milch im Kessi nur rechtzeitig dicket.‘ — δ) heilkräftig, von Medikamenten udgl. BuE.; ZO. *Vo*^{n} *der Männe*^{n}*dorfsalbi bis zum z-e*^{n} *Löchlipflaster [het N.] allerlei Rusti*^{n}*g mit sech g'schleipft.* HSCHENKER-Brechbühl, Bärner Märit (1972) 170 (BuE.). *En Apitëgger tiftlet use*^{n}, *us dëm Chrütli gäb 's … heillōs z-s Tē, wo ei*^{ne}*m uf d' Bei*^{n} *hëlffi, gi*^{b}*sch*^{t} *was häsch*^{t}. HBRÄNDLI 1942, 19. Sept.

3. ganz uneig. bzw. übertr. **a)** gedeihlich. α) mit Veranlagung zu Wachstum und Fleischbildung, von Tieren AP, so I. und lt Tobl.; Syn. *wachsig I 1* (Bd XV 312, wo weitere). ‚Tiere, die beim besten Futter kein Fleisch ansetzen … sind *troche*^{n}. Andere dagegen haben Anlage zu Wachstum und Fleischbildung. Von diesen sagt der Bauer, sie seien *z., saftig, robust.*‘ FFUCHS 1977, 110. — β) das Wachstum fördernd, von der Witterung aAA (Hunz.); AP (Tobl.); Syn. *wachsig I 2* (Bd XV 312, wo weitere). — **b)** kräftig, vom Geschmack. α) ‚herb, angenehm zu trinken, vom Wein‘ Z (Weber-Bächt.), danach AABb. (HMeng); GRh. (Langenegger); Synn. *rōsch I 1e* (Bd VI 1468); *süffig 2* (Bd VII 359). — β) ‚scharf, von Speisen‘ THMü. (Wepf); Synn. *räss A1c* (Bd VI 1270); *scharff 2aa* (Bd VIII 1238); *zügig.* ‚Z. sind Speisen von etwelcher Schärfe des Geschmacks, sie ziehen in den Verdauungswerkzeugen.‘ — **c)** tüchtig, tatkräftig AADürr.; B, so M.; GL; Z; Syn. *ge-würfflet c* (Bd XVI 1448, wo weitere). [Die ungeduldige *Meisteri*^{n} *het*] *g'seh*^{n}*, dass 's Gritli das Züg ganz ordli*^{ch} *packt und sicher en z-i Chëllneri*^{n} *abgi*^{b}*t.* HWALTI 1961, 126. — **d)** attraktiv, begehrt, populär; verbr. (lt St. „von Personen wie von Gegenden, anziehend“); Syn. *an-züglich 1* (Sp. 522). α) von Sachen und Abstrakta; Syn. *gängig 2* (Bd II 361, wo ein weiteres); vgl. *Zug 1aγ1*. *E^n z-e^r Artikel*, ‚Warensorte, die sich leicht und gut verkauft' B (EFriedli). *E^n z-s Lädili*, ‚ein Laden mit grosser Kundschaft' GW. (Gabath.). *E^n z-i Melodī*, ‚welche gefällt, sich dem Ohre einschmeichelt' B (EFriedli). *E^n z-s Stückli*, ‚ein Theaterstück, Musikstück, Lied, das überall Gefallen findet' GW. (Gabath.). *Me^n macht es Inserāt i$^{n'n}$ A^{n}zeiger für ne^n hārig e^n z-i Stell.* OvGreyerz 4, 6 (BU.). ‚Im folgenden Wahlgang [nach dem *Pfade^n* im ersten] wird dann, wenn sie *z.* ist, die Kandidatur schon mehr Stimmen, vielleicht genug, machen.' Ostschweiz. S. noch Bd XVI 862 M. (HMeng). *Z. sē^n*, ‚von Waaren, guten Absatz finden ApI., M.' (Tobl.); Syn. *Zug ha^n* (Sp. 471 M.). Subst.: *Si hei^n* [für die jährliche Theateraufführung] *drūf g'ha^n, ging öppis Z-s z' bringe^n.* EBalmer 1925, 159 (BM.). — β) von Personen. *E^n z-e^r Redner*, ‚einer, der zieht' B (EFriedli). *Di Wälsche^n bringe^{n}d ja doch kein z-e^n Kandidāt* [für den Bundesrat] *fertig!* Z Tagesanz. 1913, Nr 131 (Z). *Das ist as z-s Meitji*, ‚das bei den Burschen gut ankommt' WVt. (FZimmermann). *A^{l}s jung isch^t si es bildschōns, z-s Meitli g'sī^n.* TrMeyer 1953, 270 (BsWensl.). — **e)** schnell, rasch; allg.; Syn. *tifig 2b* (Bd XII 607, wo weitere); vgl. *i^n ei^{ne}m Zug* (Sp. 473 u.). *Meistens lupf ich ei^{n}fach ein, zwei Finger* [zum Gruss unter Motorradfahrern], *ussert es chunnt mer au^{ch} es z-s Monobike entgäge^n, dö^{r}t nim ich denn scho^n mōl d' Hand vom Lenker* GT. (Internet). [Ein Track] *hät no^{ch} e^n z-s Bässli, es bitz monoton und die düster Melodī dörfti no^{ch} es bitz mē sī^n* GTam. (Internet). Adv. *Das Wasser chund z-s*, ‚dieses Wasser kommt im Schuss.' KGysler 21. *Wenn er z. gand, meged er 's in ere^n Stund.* Niederberger. *Du^{n}chli Wolke^n ziehnd wacker z. van dussne^n in^{h}er.* Kobald-Sonderegger 2014, 43 (GrPany). *Cha^{nn}sch^t luege^n, dass di^{ch} relatīv z. uf ^{d}e^n Pegel vom angeren ueche^n süffsch^t.* PLenz 2010, 113. — **f)** stichhaltig, treffend B, so Stdt; G; Synn. *bündig 2b* (Bd IV 1367); *träff 2b* (Bd XIV 348). *Si spassi^{n}d z' Bërn* [Überschr.; später:] *Im Ständeröt de^r Hoffma^{nn} hät g'macht de^n z. Witz, und 's hät si grad verschüttlet uf irem Polstersitz.* G Volksbl. 1902, 18. Juni. *Di längsti A^{n}sprāch vo^n der* [zukünftigen Schwieger-]*Mueter hätt N. nid z-er* [als der *Chlapf*, den diese ihrem Sohn gab] *chönne^n bewīse^n, dass trotz allem d' Frou^w Chröuchi nüt uf ins het la^n cho^n.* RvTavel 1928, 55. ‚Acht [Teilnehmer] bedachten uns mit mehr oder weniger z-en Entschuldigungen.' B Schulbl. 1900, 830. — **g)** eigennützig Ap („filzig." St.^{1}; ‚der alles an sich reißen möchte.' St.^{b}); Syn. *ver-wircht* (Bd XVI 1298, wo ein weiteres).

4. rechtsspr. **a)** mit Niederlassungsfreiheit ausgestattet; vgl. *Frī-zügigkeit* (Sp. 557). ‚So sind wir genoß und sun sin genossen des hoffs ze den Eysidlen, und mögen wol wib geben und nemen in den hoff ze Einsydlen und in den hoff ze Ardt unnd in den hoff ze Zug unnd in den hoff ze Cham, und sind die höff genoß enander und recht z. in enander.' 1407, Zg UB. 203 (ZgÄg. Hofr.); hierher? ‚N. hat … für die rete braht, wie etlicher herre und andere umb uns gesessen gotzhußlüte und andere, die z. werent und den zog zuo uns gehebt hettent von alter her, nu eigenen und den zog zuo uns weren woltent.' 1410, Bs Chr. 5, 86. In formelhafter Verbindung ‚frī und z.' uä. ‚Die von Arouw meinten, [die Zuzüger aus AaSuhr seien] fry und z. lüte, und weren also dahar komen, das welhe in ir statt also zugin, das die fürer mit nieman stüren noch costen tragen sölten denn mit inen.' 1444, Aar. StR. 105. ‚[Der Rat von Luzern bezeugt, dass N.] mit dheiner nachjagenden herrschafft oder einicher lybspflichten noch -beschwerden nit behafft, sonder fry, lidig und z. sye.' 1580, JSchmid 1957, XXXII. — **b)** entspr. *Zug 10b*. α) dem Näherrecht unterliegend AaZ. (An. 1815); L (St.^{b}); Ndw (Matthys); Zg (St.^{b}); Syn. *züglich a*; vgl. *un-rück-z*. *'s Guet ist z.* St.^{b} ‚Von z-en güeteren [Überschr.; dann:] Wenn eyner dem koüffgnössigen eyn z. guot anbutte unnd er nit kouffen wölte, so mag er damit gegen anndern nach verschynung eynes monats mit kouff verfaren.' 1538, Z Statute 1834, 200. ‚Sind die Weiden sowol als die Alpen z., wie ouch alles Ligende, was die Hindersässen khoufend, ist z.' 1616, Gl Rq. 900. ‚Was in disem [vorbeschriebenen] Umkreis ligt, ist alles nacher Münster z.', dh. die von LBer. haben ein Zugrecht auf diese Güter. 1728, Gfd 71, 216. — β) mit einem Näherrecht ausgestattet bzw. ein solches ausübend; Syn. *zughaft*; vgl. *Züger 4a*. ‚Söllint … die selben fürsten die wal haben, das si den nehern kouff zuo den 5 mütt kernengelts haben und dero z. sin mügint, ob si wellent.' 1523/6, Z RB. ‚So nun jemands eines guots z. ihme zuoerkent und zuogelassen wird, soll er das für sich selbst und keinem andern … ziehen.' 1580, AaLauf. StR. 218. S. noch Sp. 564 M. (1608, Aa Rq. 1922). Neben ‚teilig'; vgl. *teilig II aa* (Bd XII 1619). ‚Sollen die gehalten werden, die herrschaftgüeter verkauffen, [‚dieselben erstlich' dem anzubieten,] der ihrer theilig oder z. wäre.' 1592, Zg Rq. 1086. S. noch Bd XII 1619/20 (1527/9, Z RB.). Subst. ‚Soll jeder Kouf nach der Vertig dem Z-en vier Wuchen lang vorbehalten syn.' 1612, AaBremg. StR. 137. S. noch Bd XIV 11 M. (AaMell. StSatzg 1624). — **c)** rückziehbar, einforderbar, von einer Hypothekarbürgschaft; Syn. *züglich b*. ‚Eine z-e Schuld, zahlbar' BHk. (Anon.); hierher? ‚Wenn die Haubtleut [*Haupt-Lüt 1* Bd III 1521] ein Pfandt für guet erkennen und sich laßen in ein Zedel [*Zēdel 4cβ* Sp. 282] einschreiben, solen sie nit langer Red und Antwort wie auch Bürg darum seyn als eben soviel Jahr, so lange der Zeddel lautet und nit z. ist.' 1630, Ap JB. 1868, 118.

Vgl. Gr. WB. XVI 428; Allgäuer 1798; Schm.^{2} II 1099; Fischer VI 1317. Bed. 3e ist gesamtdt. Bedd. 1a, 3c und 3d sind auch schweizerhd.; vgl. HFenske 1973, 325; KMeyer 2006, 298 sowie Alfred Götze, Aus dem deutschen Wortschatz schweizerischer Zeitungen (1918) 413: ‚*Z.* im Sinn von zugkräftig [unsere Bed. 3d] fehlt noch bei Stalder, und da es schon in den badischen Grenzorten missverstanden wird, scheint es junge schweizerische Entwicklung zu sein. Dessen sind sich wohl auch die Basler Nachrichten vom 13. Juni [1918] bewusst, die das Wort in Anführungszeichen setzen.' Der Beleg 1407, Zg UB. 203 lt Glossar ebd. 1536 zu unserer Bed. 4bα; von DRWb. XI 448 nicht als adv. Fügung mit *rëcht B2* (Bd VI 216) interpretiert, sondern als Zss. ‚rechtzügig' mit der Bed.-Angabe ‚im Rahmen einer Heiratsgenosssame (als Recht oder Anspruch) freizügig' lemmatisiert.

ei^n-: von Mehl, das nicht gebeutelt (vgl. *būtlen 1a*, Bd IV 1921), dh. von mittlerer Qualität ist, bzw. vom daraus gebackenen (Halbweiss-)Brot B; GW. (‚nur die gröbsten Fetzen der Kornhaut werden ausgeschieden.' Gabath.); Ndw; Z; ä. fachspr. weiterhin; Gegs. *zwei-z.* (s. d., B; Z Müllerordn. 1774); vgl. unter *Zug 1cη* (Sp.

473 u.) sowie *Ze-sämen-zug-Brōt* (Bd V 989). ‚Das *Z'sämmzogbrod* der Appenzeller [hat seinen Namen] von dem sogenannten e-en, in einem Zuge, im Zusammenzuge ohne Ausscheidung in feine und geringere Qualität gemahlenen Mehle.' DAS BROT 1868, 102. ‚Die Bäcker sollen aus ein- und zweiz-em Mehl gutes Haus- und Weissbrod backen.' NDW Ges. 1867, 250. ‚Für den Abgang sowohl bey einz-em als zweyzügigem und Semmelmehl ist den Müllern auf einem Mütt Dinkel oder fünf Mäßen Kernen nicht mehr nachgelassen als zwey Pfund.' 1771, B StR. 8, 363. ‚Für den Tisch der Zuchtmeister, für die Bedienten, für die Kranken und zum Einschneiden wird Brod von e-em Mehl genommen.' 1789, BStdt (Verordnung für die Zuchthäuser). S. noch Bd II 802 o. (Z Müllerordn. 1770); IV 219 u. (Bs Mand. 1740/72). Im Vergleich: *Wie-n-es Vögeli liecht und sę brün wie e-s Hūsbrōt chunnt us den Erlen es Meitli füre^n und mōnet es Liedli.* ACORR. 1857, 24.

u(n)- (bzw. *o^n*-): **1.** Gegs. zu *z. 1b,* nicht elastisch, von Strickwaren BLau. *U. g'lismet,* ‚hart gestrickt.' — **2.** Gegs. zu *z. 2.* **a)** entspr. b, nicht flüssig, von der Handschrift ZHörnli (‚nicht frisch gezogen, von Schriftzügen.' ä. Angabe). — **b)** entspr. c, ‚widerspenstig, von Zugtieren' GW. (Gabath.). — **3. a)** Gegs. zu *z. 3a.* α) entspr. α, mit schlechtem (Muskel-)Wachstum, von Tieren AP (auch lt Tobl.). ‚Die besten Schweine erreichen pro Tag eine Gewichtszunahme von 700 Gramm … Ein Tier, das diese Gewichtszunahme nicht erreicht, ist *o., hät ke^n Wochs.*' FFUCHS 1977, 143. — β) entspr. β, ‚unfruchtbar, ungedeihlich, nämlich vom Wetter' AP (Tobl.). ‚Es wahr ein zimlich naßnen Winter, es erfolgete auch ein spahten Früehling und ein unfruchtbaren unzögigen Sommer.' 1675, AP Chr. — **b)** Gegs. zu *z. 3c,* ‚träge, faul' AP (Tobl.). — **c)** Gegs. zu *z. 3d.* α) entspr. α, schlecht verkäuflich, von Waren AP (Tobl.). — β) ‚zähe im Handel, nicht leicht zum Abschlusse zu kommen vermögend' AP (‚in der Fabrikantenspr.' Tobl.). — **4.** Gegs. zu *z. 4aa,* dem Näherrecht nicht unterliegend. ‚Etlich vermeinend, wann ein Hindersäss etwan ein Stuckh Acher im Land kouffe, dasselbig sölle nit verjaren, sonder allwegen zügig sin. [Beschluss:] Wann kein Landtman in Jar und Tag das zücht, sölle es dann für ohnz. verbliben.' 1604, GL Rq. 899. — Vgl. Gr. WB. XI 3, 2320.

fëld-: = *f.-züg* (Sp. 600) BSi. (lt ImOb. ‚so, dass die Kühe in sanftem Ansteigen dem Grase nachgehen können').

grōss-: wie nhd.; j. wohl allg. **a)** freigebig, nicht kleinlich; Syn. *schenerōs II* (Bd VIII 794). *No^ch hüt het d' Ursula es dütlechs Bild vo^n 're^n* [von *Gotte^n Therēs:*] *iri gr-i Art, wo sech scho^n 'zeigt het, we^nn si zum Z'vieri i^n de^r chlīne^n Chuchi dicki Anke^nschnitte^n … g'striche^n het.* BTRABER 1997, 66. S. noch Bd XIV 1637 M. (ABächtold 1950). — **b)** weiträumig; Syn. *üsschweiff* (Bd IX 1759). Adv.: *Mir fare^n schuderhaft gr. i^n der Geografī ume^n.* EHEIMANN, Vor em Fänschter (1962) 7 (BM.). — Vgl. Gr. WB. IV 1, 6, 591; Ochs WB. II 481. — Grōss-zügigkeit f.: wie nhd., Freigebigkeit; verbr.; Syn. *Frī-gābi* (Bd II 64). *Der Gros^svatter sig iren ērst u^nd einzig Ma^nn im Lëbe^n, e^n zwöite^n gëb 's nid. Di Gr. Dë^r Scharm. Dë^r Humor.* GKRNETA 2014, 68 (BM.). — Vgl. Gr. WB. IV 1, 6, 591.

lind-: **a)** feucht, vom Boden BG.; Syn. *zügecht.* S. Bd IX 2227 u. (Bärnd. 1911). — **b)** ‚der Durchlüftung offen', vom Boden BG. (Bärnd. 1911, 44). ‚Mit … *Tünger* … und *Chrīsmist* … macht [der Guggisberger] sich den von Natur *schwēre^n* … Tonboden *liecht* oder *ringwërhig,* weil *l.*'

(un-)rück-: dem Näherrecht (nicht) unterliegend; vgl. *z. 4ba.* Da die Zahl der vom Kloster AAGnad. verkauften ‚unrückzügigen' Güter grösser ist als jene der gekauften ‚rückzügigen' Güter, wird dem Kloster Befreiung seiner gekauften Güter vom Zugrecht gewährt. 1772, ABSCH. 7, 2, 898.

schäub- *scheib-:* einseitig zugespitzt, vom *Tschuepe^nlade^n* (Bd III 1070, Bed. 2) BGr. (Bärnd. 1908, 466); Syn. *vor-spitz* (Bd X 677). ‚Die *Scheiba* [*Schieben 1a* Bd VIII 75] oder der *Scheibe^nladen* … dient dazu, einen neuen Zimmerboden im Massstab seines Austrocknens nach und nach fest zu schliessen … Die Scheibe ist zum Behuf allmählichen Eintreibens … keilartig zugespitzt: *firspitzi,* oder technisch gesprochen: *scheibzigi^g.*' — Oder statt *-zigi^g* als flekt. präd. Adj. *schäub-züg* (bzw. *-i-*) zu den unter *zug, züg* behandelten Adjj. (s. die Anm. d.)?

wol-: korrekt; Syn. *z' rëchte^n Züge^n* (Sp. 488 u.). ‚Werden alle und jede Handwercksmeister erinneret … die Kundsame und Käuffere nicht zu übertreiben, absonderlich haben die Müller denen Kunden das Ihrige getreülich einzulieferen … die Mezgere das Gewicht wohlz. zu ertheilen und die Würth den Wein in gebührender Mas auszuschenken.' 1756, AARh. StR. 405.

zwei-: von feinerem Mehl, das durch die Trennung in Weiss- und Ruchmehl mittels Beuteln (vgl. *bǖtlen 1a,* Bd IV 1921) entsteht B; NDW; ä. fachspr. wohl weiterhin; Gegs. *ein-z.* (s. d., NDW Ges. 1867; 1771, B StR.). ‚Die Mehl- und Brodtaxe für die Stadt Bern und deren Bezirk [wird 1817 so festgelegt, dass] von einhundertzweyunddreyssig Pfund Dinkel oder zweyundneunzig Pfund Kernen oder Waizen die Müller … fünfundsiebenzig Pfund einzügiges und siebenzig Pfund zweyz-es Mehl … liefern sollen' B (Sammlung der Gesetze und Dekrete 1818). ‚Sollen benannte Müllere … gleichwie ihnen allschon erlaubt ist … zweyz-es Mähl zu machen, von solch zweyz-em Mähl dennoch nicht mehr als vom einzügigen … zu Lohn haben.' Z Müllerordn. 1774, 7.

zügle^n II (bzw. *-i-, -ö-, -ǖ²-, -ī²-*), in Bedd. 2, 3 in AASurb.; API.; B; L; SCH; S; NDW zügele^n II (bzw. *-ö-, -e-, -ō̈-*), in Bed. 3 in TH *zürgele^n* (vgl. die Anm.), Ptz. Prät. *-et* (bzw. *-ed*): **1.** wie nhd. zügeln. **a)** eig., Reit- u. Zugtiere mit den Zügeln lenken BSL.; GAndw. (‚Pferdezügel anziehen.' AUrscheler); SCHStdt; NDW; wohl weiterhin; vgl. *Zügel I 1a. Er het 's Ross chūm chönne^n z.* MUSTER-Bürkli. *Etz hät de^r N. es Ross uf di lingg Sīte^n 'züglet, gege^n de^n Rī^n abe^n.* SCH WB. — **b)** übertr., bändigen; verbr.; Syn. jmdn *a^n'^n Zügel në^n* (Sp. 604 o.), auch *ge-schirren 2b* (Bd VIII 1178); *widen 2a* (Bd XV 579); vgl. *Zügleten I.* — **2.** Wein mittels Röhrchen, Schlauch aus einem Fass abziehen, -saugen B (Gotth.; Zyro); „L; S" (St.²); ZGStdt (‚mit dem Heber arbeiten.' HBossard 1962); vgl. *Zügel I 2b.* ‚Es sollen … die Fuhrleut, ebenso wie die Schiffleut, für allen Schaden und Verlurst der ihnen überliefernden Waaren und Güthern, es seye durch Zügelen, Veränderung der Weinbundten … oder welcher Gestalten es immer seyn möchte … den Schaden zu ersetzen schuldig seyn.' 1757, BInt. Rq. 630. S. noch Bd XIV

96 o. (B Weinfuhrordn. 1678). *Ei^{n}s z.,* sich einen Trunk genehmigen B; Syn. *ei^{n}s trinke^{n}* (Bd XIV 1162 o., wo ein weiteres). *I^{ch} ha^{n} zu mi^{ne}m Fass Wī^{n} no^{ch} öppis g'lade^{n} … Wo-n-i^{ch} ha^{n} welle^{n} fare^{n}, isch^{t} no^{ch} amene^{n} Wirt us ^{d}em Ärgäu^{w} si^{n} Zug cho^{n}, da hei^{n} mer no^{ch} ei^{n}s 'zügelet,* erzählt ein Weinfuhrmann. GOTTH. (Hunz.-Bl.) 23, 34. — **3.** einen Faden durch Stoff ziehen, um diesen zu raffen, in Fältchen festnähen AASurbt.; API. (Manser); SCH (SCH WB.); TH; NDW (Niederberger); Syn. *an-z.,* auch *zū̆fflen* (Sp. 339, wo weitere). — **4. a)** züchten, kultivieren „B (aufziehen aus der Erde, zB. Weinstöcke." St.^{2}); L (St.^{b}); THTäg. (‚junge Vögel aufziehen.' ä. Angabe); ZG (St.^{b}); Syn. *er-z.* sowie *zügden,* auch *zuchten 1* (Sp. 265), *zū̆gen, ziehen;* vgl. *un-ge-züglet.* Von Pflanzen. *De^{n} Wī^{n}stock z.* ST.^{b} ‚Man ziglet [im Veltlin] die Weinreben uber Holz unnd uber Stein.' GULER 1625, 3. ‚Gelbe Nägelein … werden durch den Saamen gezieglet, welchen man … in ein gutes Erdrich säet.' JCSULZER 1772, 200. S. noch Bd VIII 1725/6 (EKönig 1706). Von Tieren: ‚Kan zugleich auch junge Hennelein z.' S Kal. 1727. Von Haaren: ‚Ist erstmals zue Augspurg auffkommen … lange Bärt an Statt der kurtzen zue ziglen oder wachsen zue lassen.' FRHAFFNER 1666, 1, 413. — **b)** hervorbringen, erzeugen, zu etw. veranlassen; Syn. *er-tragen 1b* (Bd XIV 506). ‚Knoblauchkraut … ziglet einen schwartzen, ablangen Saamen.' JMURALT 1715, 104. Die Jagd ‚zügle' nichts als liederliche, unnütze, schädliche Bürger, Faulenzer oder gar Lumpen. 1765, SBURKART 1909, 302. ‚[Ein Streit betreffend die Wallfahrt nach SCHWE. führt dazu, dass] unter den andächtigen Pilgrimen Eifer und Zweitracht anstatt der holden Eintracht und süßen Friedens gezügelt werden dörfte.' 1791, G Rq. 1951, 234/5. S. noch Bd XIII 1471 u. (AHöpfn. 1787). In Passivkonstr. mit präp. Obj.-Angabe; s. Bd IX 1452 o. (1780, JHefti 1914). — Mhd. *zügelen, zügeln* (nur in unserer Bed. 4a); vgl. Gr. WB. XVI 415; Jutz II 1748; Allgäuer 1798; Schm.^{2} II 1099; Fischer VI 1318. 3504. Zu *zürgele^{n}* (mit *r*-Einschub) vgl. etwa *zȫrklen* zu *zȫklen* (Sp. 241 u., mit Anm. Sp. 245), auch *schargeren* (Bd VIII 1251); *tschierggen* (Bd XIV 1795). In Bed. 4 ist die ältersprachl. Entrundung ‚ziglen' auffällig (nach Gr. WB. XV 913 ist ‚ziegeln' häufige Schreibform für *z.* in dieser Bed.). — un-ge-züglet: wild wachsend, von Planzen; Syn. *wild 2cα* (Bd XV 1505). ‚[An den Flanken der Rigi] wachsen auch die allerschönsten Gartenbluemen ohngeziglet oder -gepflantzet.' JLCYS. 1661, 226. — Vgl. Gr. WB. IV 1, 4, 7223 (‚gezügelt'); XI 3, 953 (in anderer Bed.).

a^{n}-: ‚Stoff in kleinen Fältchen festnähen' SCH (WB.); Syn. *z. 3.* — a^{n}-g^{e}-züg(e)let: gerafft, von Stoff AARein.; BS.; SCH; ZO. *Us dëm Stoff hätt i^{ch} gërn es Schüpli g'ha^{n}, aber möglechst es wīts, schȫn a^{n}'zügelet.* RFRUTIG-Leutwyler 36. *I^{n} den a^{n}'zügelete^{n} Schinkenermel in^{n}e^{n} verschwinde^{n}d di mageren Ärm.* BEGLI 1980, 22. — Vgl. Schm.^{2} II 1098.

ent-. Nur Ptz. Prät. ent-züglet: entfesselt, enthemmt; Synn. *wüelerisch, wild 4c* (Bd XV 1398. 1512, wo ein weiteres). S. Bd X 1088/9 (1799, Z TB. 1900). — Vgl. Gr. WB. III 670; ^{2}VIII 1548.

er-: grossziehen, heranzüchten; Syn. *z. 4a,* auch *er-zū̆gen.* ‚Wann … die jungen Reben wol erzigelt sind, kan man die alten wol außmusteren.' EKÖNIG 1706, 87. ‚[Es] ist oft auf die Abarten bey dem Getreid mehr Rücksicht zu nehmen als auf … Hauptarten. Schöner, geästeter Weizen wirft allerdings ein Schönes ab, als lange man ihn so erzigeln mag.' AHÖPFN. 1787, 39. — Vgl. Gr. WB. ^{2}VIII 2375; Jutz I 745; Schm.^{2} II 1099; DRWb. III 322.

zügle^{n} III (bzw. *-i-, -ö-, -e-, -ǖ^{2}-, -ī^{2}-; -gg-; -u^{n}*), in PMac. *zigju^{n}, zeggju^{n},* Ptz. Prät. *-et* (bzw. *-ed, -ot*):

1. in der alpinen Viehwirtschaft, im Jahresverlauf (mit Vieh und Gerätschaften) von einem Aufenthaltsort zum nächsten ziehen, zw. Weiden, zw. Tal und Alp wechseln
   Deutlicher
   a) eine Alp bestossen bzw. entladen
   b) zw. den Stufen einer Alp wechseln
2. in eine andere Wohnung, von einem Ort an einen andern umziehen, Hausrat, Fahrhabe udgl. an einen andern Ort bringen
   a) intr. bzw. abs.
      Spez.
      α) Wechsel in und zw. Räumen
      β) Wechsel zw. Wohnsitzen
      γ) Wechsel zw. Dienststellen
      δ) bildl. bzw. übertr., sterben
   b) mit (gedachtem) Akk.-Obj.
3. unpers., in Scharen unterwegs sein

1. in der alpinen Viehwirtschaft, im Jahresverlauf (mit Vieh und Gerätschaften) von einem Aufenthaltsort zum nächsten ziehen, zw. Weiden, zw. Tal und Alp wechseln B, so Ad., Böd., Br., Diemt., E., Frut., Gr., G., Hk., Lau., Lenk, O., Ri., Sa., Si. und lt Zyro (‚mit dem Vieh auf oder ab dem Berg, die Weide oder Allment fahren, mit demselben aus einer Scheuer in eine andre fahren'); FJ., Plaff.; PMac.; NDW; WG.; Synn. *fürers fare^{n}* (Bd I 889 o.); *roben 1b* (Bd VI 69); *stellen 2cα* (Bd XI 109); *d' Stā̆fel wëchsle^{n}* (Bd XV 344 u., wo ein weiteres) sowie *tīschu^{n}* (PPo.; Nachtrag zu *tūschen II* Bd XIII 1939). ‚Die meisten Familien haben ihren Grundbesitz an verschiedenen … Orten im Tal, an jedem Ort ein Haus mit Heu- und Viehstall und Wohneinrichtung. Im Heuet und zur Zeit der Winterfütterung wird dort Aufenthalt genommen, bis das Heu eingebracht bzw. verfüttert ist. Diesen Wechsel des Aufenthalts nennt man *z.*' BLau. *Mengisch^{t} isch^{t} me^{n} gäge^{n} Wiehnach-te^{n} i^{n} d's Tal 'züglet, we^{nn} d's Heuw scho^{n} nid isch^{t} ūf'brūchts, use^{n}g'machts g'sī^{n}.* EWIEDMER-Mani, Für es Füfi Broet (2011) 79 (BDiemt.). *Esmāl het ma^{n} 's z'mitts im Bëtte^{n} g'hȫre^{n} tri^{n}chle^{n} und gloggne^{n}, und da het der Mī^{2}ster plötzlig g'sī^{2}t: Mueter, bëtt witer, ig wollt ga^{n} gugge^{n}, wër da z' z. chunnt!* BAd. Heimatbr. 77, 18. S. noch Bd XII 694 u. (ChrReichenb. 1916); XV 510 M. (BAd.). ‚N. ward für Chorgricht bschickt, als sölle er an einem Sontag züglet han, hatt s aber verneinet.' 1630, BGsteig b/Sa. Chorg. ‚Das Land ist ebers gsin den lesten Mertzen. Wir sind in das Äbnit züglet den 3. Abrellen.' 1772, RMARTI-Wehren 1924, 10. S. noch Bd XII 1011 o. (1615, BSa. Chorg.). Mit Nennung der gezügelten Viehhabe. *We^{nn} de^{nn} aber di Tili [i^{n} de^{n} Wintergüetere^{n}] leẹri ist, isch^{t} ūs und fertig, und d's G'vicht muess 'züglet wërde^{n}.* KSTOCKER 1987, 36. *Für di Tieri* [im Wintergut aus der Lawinengefahr] *z' z., müessi z'ērst e^{n} Wëg dür^{ch} ^{d}e^{n} Schnē g'schuflet wërde^{n}.* WESCHLER 1974, 103. *Söffeli, moẹre^{n} muest du mit der Fär^{ch}limoẹre^{n}* [von der Engstligenalp] *uf Frutige^{n} z.* BAd. Heimatbr. 35, 8. S. noch Bd VIII 1201 o. (B). 1217 o. (Bärnd. 1908, 2. Beleg); XV 822 M. (BAd.). ‚N. [ist angeklagt], dass er sontags nach dem Blankenburgmärit mit seinem von dort gebrachten Vich so unnöhtig und anstössig von der Scheür beym Haus gezüglet.' 1749, BGsteig b/Sa. Chorg. Im Volksglauben. *We^{nn} mu^{n} em Bërg b'sätzt, su muess mu^{n} bim Bërgtürli oder bi-n-der Bërglägi d's offe̥ Mässer, d' Schnidi nach u^{f}e^{n}-hi^{n}, e^{n}twër^{ch}i uf ^{d}e^{n} Wëg läge^{n}, ses mit ere^{n} Latte^{n} täcke^{n} und d's Ve̥h druber jage^{n}. Dëm seit mu^{n} ‹uber d's offe̥ Mässer z.›* BÄRND. 1927, 445; s. auch Bd XIII 1045 o. ,Um vor Schaden bewahrt zu sein, soll man die Tiere, wenn man zügelt, *z'hindervor* aus dem Stalle nehmen.' HZAHLER 1898, 44. An best. Tagen; vgl. *Zügel-Tag a, Zügelings-Tag* (Bd XII 1059). *Am Mittwuchen geid mu^{n} nie firers und nie z' Alp. O^{ch} am 10 000-Ritter-Tag sell mu^{n} nid z.* BUND S. 1940, 26. Mai (BGr.). *Der Prëste^{n} hī^{2}gi d' Chüe allu 'tōted. Du^{e} hī^{2}gi der Chapuzīner g'rāte^{n}, si söllen am Mittwuche^{n} nie z.* SV. 1946, 33 (BHk.). S. noch Bd XII 852 M. (Bärnd. 1927). 924 M. (ebd.); XV 873 M. (BAd. Heimatbr.). — Deutlicher **a)** eine Alp bestossen bzw. entladen; vgl. *ab-z. 1, zuehen-z. 1,* auch *be-setzen 1aε* (Bd VII 1697); *ūf-trīben I 1aβ1* (Bd XIV 111); Weiteres s. SDS. VII 203. ,*I^{n} d' Voršess fert ma^{n} oder züglet ma^{n}* zwischen dem 25. Mai und dem 1. Juni.' BÄRND. 1911, 195. *Lāt d's Backli* [eine Heimkuh] *jā nit us^{h}i^{n}, as wurdi dür^{ch}brëche^{n} und o^{ch} wöl^{l}e^{n} z.*, zur Alp fahren wollen. PMÜLHAUSER 1984, 76. *Mer sin gäg ^{d}em Winter gan Malters denn 'züglet bis Ūstags,* Erzählung eines Senns. ALPENR. 1827, 370 (BO.). *Im Herbst, wa 's Zit isch^{t} g'sī^{n} für a^{b} de^{n} Bërge^{n} z' z., het mī^{n}s Zwërgli d' Chue* [die es ausgeliehen hatte] *nüt mie umhi^{n}'brācht.* SM. 1932, Nr 122, 7 (BLenk). S. noch Bd VII 153 M. (Bärnd. 1908); XI 109 u. (ebd. 1927); XIII 1389 u. (ChrReichenb. 1916). ,N. examiniert worden, warumb er sich also unfrüntlich und unnachbeürlich erzeigt gegen der Nachbaurschafft, als Gott der Herr zur Heimsuechung ein schwerlochten Schnee in Früeligszytt, als man schon allbereit zue Forsatz züglet, geschickt.' 1643, BGsteig b/Sa. Chorg. ,N. [ist angeklagt], dass seine Leüth im Tscherzis bey der Vorsasszeit auf einen Sontag mit Geiss und Schweinen züglend und Bündlen tragend gesehen worden.' 1787, ebd. — **b)** zw. den Stufen einer Alp wechseln. ,Nach der Alp wird *g'faren, z' Alp g'faren;* aber von Läger zu Läger derselben wird *'zigled;* von Stufe zu Stufe wieder talwärts *ferd mu^{n} z'rugg* und schliesslich *ab.*' BÄRND. 1908, 294. *Me^{n} het welle^{n} vom Flüehschwand a^{n} Menige^{n} z.* EWIEDMER-Mani 1997, 84. *Wi^{e} tüschet sig da d's An^{n}i, wa-n-us ^{d}em Grund u^{f}e^{n}ha^{r} chon ist, für ga^{n} hëlfe^{n} z' z., zu si^{ne}m Pēter.* MLAUBER 1968, 124.

2. in eine andere Wohnung, von einem Ort an einen andern umziehen, Hausrat, Fahrhabe udgl., auch Lebewesen an einen andern Ort bringen; allg., auch schweizerhd.; Syn. *überen-z. a,* auch *fürren, flöchen 3* (Bd I 967. 1161); *roben 1a* (Bd VI 69); *wandlen 1dβ* (Bd XVI 478), wo tw. weitere; weitere Synn. s. SDS. VII 202; vgl. *Zügel III 3.* **a)** intr. bzw. abs.; vgl. *īn-z. 2a, ūs-z. a.* Mit ,haben' flekt., mit stärkerem Bez. auf den Akt des Umzugs. *Bald drüberab^{h}i^{n} häd er 'züglet ond sini par Möbel imene^{n} sonnege^{n} Zimmer im* [Alters-] *Heim kön^{n}e^{n} ī^{n}rumme^{n}.* ETOBLER 1986, 21. *Si hī^{2}gi uf Schmitten a^{bh}i^{n} 'züglet.* SCHMUTZ-Haas. Mit ,sein' flekt., mit stärkerem Bez. auf das Resultat des Umzugs. *Si sin^{d} ge^{n} Buchs uss^{h}i^{n} 'züglet.* EGGENBERGER-Schäpper. *^{D}im N. [isch^{t} 's] i^{n}'^{n} Sinn cho^{n}, ^{d}as^{s} em d' Mueter no^{ch}-n-es halbs Ziggōrie^{n}päckli i^{n} 's Gaffechänndli 'tō^{n} het, wo 's 'züglet isch^{t}.* JREINH. 1905[1], 260. *Am Änd vam ērstu^{n} Wëltchrieg si^{n} wer embrüf z' Birchu^{n} ... giziglot.* LIMESCH 1973, 4. *Di jüngeren Understedtler ... si^{n} nā^{ch}disnā^{ch} i^{n} d' Oberstadt wu^{h}i^{n} 'züglet.* FKERN-Egger 2012, 14. S. noch Bd VII 20 u. (RvTavel 1904); XI 1254 M. (SGfeller 1911); XVI 1770 M. (RIscher 1903); Sp. 510 u. (GMSchmid 2015). ,[N.] ist als ein braver junger Ehmann mit ihr [seiner Braut] nach seines Vatters sl. Heimat gezügelt.' 1789, UBRÄGG. GA. 3, 212. Mit ,haben' und ,sein' flekt.: *Mer wone^{n} jetz nümme^{n} z' R., mer si^{n} 'züglet ... grad gester vor acht Tage^{n} hei^{n} mer 'züglet.* AVRÜTTE; vgl. die Anm. ,Z., seine Wohnung verändern, ausziehen.' JGHEINZMANN 1796, 320. ,*In es Hūs z.,* cum suppellectili in domum migrare, *us ^{d}em Hūs z.,* e domo migrare.' ID. B 3, 289b. *Dëm Bīste^{n} nā^{ch} hätti me^{n} chönne^{n} meine^{n}, es wërdi dā 'züglet und me^{n} büri-n-e^{n} Trog voll Dublōne^{n} d' Stëgen ūf.* RVTAVEL 1910, 2, 60. *D' Līt sīgi^{n}d es Lumpe^{n}pack, hed er g'seid und d' Grāni* [Geranien] *und d' Chingel und d' Mueter uf 's Aito g'lade^{n}. Ër zigli. Und isch^{t} ab und fort.* KIMFELD 1982, 10. *Er züglet im 1823 zu sīnere^{n} Schwöster uf d' Wis dei vor am G'fell.* HBRÄNDLI 1940, 18. Mai. S. noch Bd XIV 1305 M. (RIscher 1903). ,[Ein Mann auf die Frage, warum er] nit by dem Wyb wohne, hatt sich verandtwordtet ... wann sy wolle zue ihm z., wolle er s gärn gestatten.' 1663, BGsteig b/Sa. Chorg. ,Es hatt biss dato weder Seftigen noch Gurzalen eigne Schuelheusser ghan, dannehar man alle Jahr mit höchster Ungelegenheit von einem Ort an dass andere z. müessen.' 1675, B Schulbl. 1898, 415. ,Inzwischen wurde Herr Landvogt von Könitz ... Heimlicher und zügelte nach Bern.' HSTÄHLI 1734/59, 82. S. noch Bd XII 1907 u. (1642, BSa. Chorg.). Subst. ,Ich gab ihm selbige [Dokumente] in Verwahrung, fürchtend, ich könnte sie im Z. vernisten.' GOTTH. (Hunz.-Bl., Erg.-Bd) 4, 81. ,Das meiste, was er noch an Hausrat besass, wurde verkauft, und als es zum Z. kam, gab's kein grosses Fuder mehr.' NDW Kal. 1899, 41. *Heb Sorg bim Z.!,* ,Aufforderung zur Sorgfalt'. AURSCHELER. S. noch Bd VIII 1153 o. (F). Im erstarrten Gen.; vgl. *Singens* (Bd VII 1205, mit Anm.): *Das gōt an e^{n} Zügle^{n}s hüt!* SEIL. Bildl.: *Dermit isch^{t} di ganzi Fi^{n}steri vo^{n} d's Junkers G'sicht uf das vom Hänsli übere^{n} 'züglet.* RVTAVEL 1931, 41. Termine; vgl. *Zügel-Tag b* (Bd XII 1059) und zur Sache noch AfV. 11, 267; ASV. I Karten 122/3 mit Komm. 799/811; JZihlmann 1989, 454. ,Am Mittwoch soll man nicht reisen und nicht *z.* oder *z' Hūs zieh^{n},* dh. die Wohnung wechseln.' AFV. 21, 201 (AA Täg.). ,Der Mittwoch ist kein guter Tag, man soll an ihm nicht zügeln (in eine Wohnung ziehen).' ebd. 15, 1 (BE.). RAA. *Drūmāl 'züglet ist einischt* (*ā^{n}mol* SCHLöhn.) *ab'brönnt* (*verbrennt* SCHLöhn., auch *vergëltstaget* BM.) uä.; s. schon Bd V 626 o.; XII 869 u.; XIV 27 o., auch BBöd. (GRitschard 1983), E. (Bärnd.); SCHLöhn. (SCH WB.). *Lieber z. weder zeise^{n}* AASuhr.; BBr.; OBW (,die Miete ungebührend lang schuldig bleiben; eine günstigere Wohnung suchen.' Imfeld); Z. *Wen^{n} epper nīd wan geng zigled, seid ma^{n}, dër tieji allwëg lieber z. wa^{n} zi^{n}sen.* SCHILD-BOSS. *Me^{n} ist nie rīcher, weder we^{nn} me^{n} züglet (weder bim Z.);* s. schon Bd VI 160 u., auch BBöd., Gr. und lt Greyerz-Bietenh. (,hat nie so viele Sachen'). ,Auch wir konnten die Wahrnehmung machen, dass man sich nie reicher wähnt als beim Züglen.' SCHWEIZ 1873, 1. Juli (BGr.). — Spez. α) Wechsel in und zw. Räumen. *Si* [ein vom Lärm gestörter Chor] *welle^{n} z. Im Hinderstübli wäre^{n} si rüe^{w}ig.* JREINH. 1903, 11. *Wo^{l}sch^{t} du nid Wandel tue^{n}* [und nachts Ruhe geben], *so zügle^{n} d' N. un^{d} ig i^{n} di ëneri Stube^{n}.* SGFELLER 1927, 250. ‚Von ganzem Herzen willig taten wir, was wir konnten, zügelten selbst ins Gaden hinauf, warteten ihm [dem kranken Vater] ab und verschafften ihm das Notwendige.' GOTTH. (Hunz.-Bl.) 3, 166. *Nëb Happin hocken i^{ch} nid, seid 's* [ein Schulmädchen am ersten Schultag.] *Den^{n} gān i^{ch} zen Happin, han i^{ch} g'seid und bin hinderhi^{n} 'zigled.* LKRISCHEL-Brog 1994, 13. Subst., i. S. v. Rastlosigkeit, Hin und Her: [A., die in Ruhe telefonieren möchte:] *Chönnt ig am Änd es Ouge^{n}blickeli allei^{n} sī^{n}?* [B. zu ihrem Mann beim Verlassen des Raums:] *Das isch^{t} mer doch es donnstigs Z. die ganz Zit.* OVGREYERZ 5, 45. — β) Wechsel zw. Wohnsitzen. *Di gnädige^{n} Herre^{n} vo^{n} früecher [si^{n}] albe^{n} scho^{n} biziten im Hustage^{n} uf iri Landsitzę 'züglet.* SM. 1964, 23 (BM.). S. noch Bd XI 1810 u. (Bärnd. 1922). In der RA. *i^{n} d's Stöckli z.*, den Hof übergeben, sich aufs Altenteil zurückziehen B, so E., M., Stdt. *D's Heimet hei^{n} di Jungen überno^{n}, und d' Eltere^{n} si^{n} i^{n} d's Stöckli 'züglet.* HZULLIGER 1954, 37. — γ) Wechsel zw. Dienststellen; Syn. *wandlen 1da* (Bd XVI 478). *A^{n} dëm Tag* [näml. an *Liechtmëss*] *isch^{t} im^{m}er 'zügled worde^{n}, drum häd mer em ... de^{r} Püntelitag g'seid.* WHÖHN 1980, 59. ‚Und mit jeder Weihnacht zügeln sie [die ‚Diensten'] weiter.' GOTTH. (Hunz.-Bl.) 4, 49; s. auch Bd XII 863 o. (3. Beleg). — δ) bildl. bzw. übertr., sterben B, so Ad.; FStdt; Syn. *ver-z. 1a* sowie ‚den letzten zug tuon' (Sp. 471 u.), auch *stërben 1a* (Bd XI 1378); *ab-drucken 4b* (Bd XIV 804), wo je weitere; vgl. *zügen 2. Der Att sī^{2}t* [am Totenbett seines Mündels] *zue-n-u^{n}s: Ja, jitz het 's chönne^{n} z.!* BAd. Heimatbr. 7, 11. Im Bild. *[D's Lisi] het scho^{n} lengstens i^{n} si^{n}s löst Apartemang im Säingj Leonar^{d} usse^{n} 'züglet,* es liegt auf dem Friedhof Saint-Léonard. FKERN-Egger 1990, 35. *D's Silę-Grosi isch^{t} 'züglet uf ire^{n} Stërn ... links nëb ^{d}em Mōnd,* Todesanzeige. BUND 2019, 7. Febr. (B). — **b)** mit (gedachtem) Akk.-Obj.; vgl. *īn-z. 2b, ūs-z b. D' Milch z.*, ‚hin- und hertragen' B (Dän.). *Si hei^{n} der ganz Hūsrōt vom ërsten i^{n}'^{n} dritt Stock 'zügled.* MUSTER-Bürkli. *Di letst Nacht het 's em* [durch das kaputte Dach] *i^{n} 's Nëst abe^{n} 'tropfet. Itz mues^{s} er ... 's Nëst z.* JRÖÖSLI 83. *Wa [N.] d's ërst Māl 'dinget het ... het ging alls, was er z' z. g'häbe^{n} het, fürig dri^{n}* [im *Chnëchte^{n}troęg*] *Platz g'häbe^{n}.* PBOSCHUNG 1981, 10. *Mi^{n} het di Kanunnen usenandere^{n}g'no^{n}, sę-n-uf Boumstämm ūf'bunde^{n} und sę dë^{n}wëg uber ^{d}e^{n} Bërg ubere^{n} 'züglet,* bei Napoleons Alpenüberquerung. EGÜNTER 1908, 67. ‚[Beim Brand von BMeir. 1879 habe einer meinem Vater] zugeschrien: *Jakob, hein! Ziglen!*' BUND 1929, 10. Febr. *Mī^{n} Dokter het si^{n} Praxis 'züglet, und jetz warten i^{ch} im nöi^{w}e^{n} Wartezimmer.* ebd. 2019, 15. Febr. *Trätti steit hinger ne^{n} Tanne^{n} und lāt die Ferggete^{n} nëbe^{n} sich dür^{ch}e^{n} z.,* bei einem Holzdiebstahl. JBÜRKI 1934, 123. S. noch Bd X 1571 o. (ChrReichenb. 1916); XI 2262 M. (HHutm. 1936, 2. Beleg). ‚Nun bot ich allen meinen Kräften auf, fällte das Holz ... und zügelte es ... nach der Säge.' 1789, UBRÄGG. GA. 4, 476. S. noch Bd XIV 1320 u. (BGsteig b/Sa. Chorg.). Mit Dat. P. ‚In noch viel grössere Verlegenheit als das Essen und Trinken [zum Empfang des neuen Schulmeisters in der Gemeinde] brachte mich das Anerbieten, mir zügeln zu wollen.' GOTTH. (Hunz.-Bl.) 2, 168. S. noch Bd VI 617 u. (BHa.). ‚[Dem] Anthoni Weren Höüw ab Primillod züglet.' 1613, BSa. (Chorg.). Subst. [Sobald] *d's Garnetli* [Seilnetz] *ist ūfg'mützts g'sī^{n}, hät das Z. chönne^{n} lōsgā^{n},* der Transport des Bergheus. BÄRND. 1927, 133. S. noch Bd XI 1396/7 (EStauber 1922). Von Lebewesen, in eine andere Unterkunft bringen. *Wenn si* [die Katzen] *de^{nn} grōss g'nue^{g} si^{n}, zügle^{n} mer di ganzi Bagāschi i^{n}'^{n} Garte^{n}rūm abe^{n}.* GHEIZMANN, D Josephine und ihri Tochter (1980) 55 (B). *Mengisch^{t} si^{n} mer vieri oder mē* [Kinder] *glīchzitig chrank g'sī^{n}. De^{nn} het me^{n} ü^{n}s us de^{n} Gade^{n} i^{n} d' Stubi unn^{d}e^{n}inne^{n} 'züglet.* EWIEDMER-Mani 1997, 51. ‚A. habe eine dem B. abgekauffte Kuh an einem Sonntag gezüglet, vielleicht auch an gleichem Tag gemärtet. [Die Angeklagten] bekennen das Z., weil die Kug zu kalberen gestanden.' 1767, BGsteig b/Sa. Chorg. Salopp, jmdn herbeiholen oder wegschaffen BE., Ha.; Uw. *Ira Man^{n} hed d' N. vergifted und in der Nacht i^{n}'^{n} Sē 'zigled, das^{s} d' Līt hätte^{n} sellen meinnen, er sīgi sëlber drīn.* MSOODER 1943, 81. ‚Verhüllter nennt man die Art, wie man einen ungern gelittenen Menschen loszuwerden sucht: ... *Si we^{l}te^{n} mi^{ch} gërn z., we^{nn} si 's derzu brächti^{n}.*' BÄRND. 1904, 296. ‚[Burschen aus OBWGISW. verdächtigen einen andern,] er zügle fremdes *G'schliecht* in die Gemeinde.' FNIDERBERGER 1924, 180. Unpers., i. S. v. sterben BBöd., Si. (ImOb.; OvGreyerz); vgl. aδ. *Es het 'ne^{n} 'züglet* BBöd. (GRitschard 1983). Mit verschobenem Bez., jmdn *z.*, jmdm den Umzug besorgen B. *Christen het mi^{ch} z'sëlbisch^{t} 'züglet,* ‚hat mir selbes Mal den Umzug besorgt'. AVRÜTTE. S. noch Bd IX 1657 u. (Gotth., 2. Beleg).

3. unpers., in Scharen unterwegs sein B, so oAa., G., M., Stdt, U.; Syn. *zugen 1. No^{ch} der Konfirmaziōn het das nume^{n} so 'züglet gäg ^{d}em Leu^{w}e^{n} zue. E^{n} ganzi Zilete^{n} Fuerwërch isch^{t} dert vo^{r} der Schür usse^{n} g'stange^{n}.* JKÄSER 1957, 60. ‚Ist das aber umen einist auf das Bern zu gezügelt!' B (Sammlung RRis).

Vgl. Gr. WB. XVI 415; Jutz II 1748. Die intr. bzw. abs. Verwendungsweise 2a unterscheidet sich von der tr. 2b durch die Perspektive (Person, die ihren Aufenthaltsort wechselt und dabei etw. mitnimmt vs. transportiertes Zügelgut). Das Perf. wird in tr. Verwendung mit ‚haben' gebildet, intr. bzw. abs. überwiegt die Bildung mit ‚sein' (bzw. sie kommt im Schweizerhd. lt KMeyer 2006, 98 allein vor), insbes. wenn das Ziel des Umzugs genannt wird, doch kommen auch beide Bildungsweisen nebeneinander vor (vgl. etwa FKern-Egger 1990, Sp. 623 M., und ebd. 2012, Sp. 622 o.); entgegen Bärnd. 1908, 308, ‚haben' sei auf das BO. beschränkt und im BU. gelte allein ‚sein', ist auch keine regionale Differenzierung möglich. Lt AvRütte dienen die unterschiedlichen Hilfsverben der semant. Differenzierung (‚sein drückt einfach das Ereignis aus, haben die dabei gehabte Mühe und Arbeit, die dadurch hervorgerufene Thätigkeit'). Sowohl Bed. 1 als auch Bed. 2 sind nach Ausweis unseres Mat. im alpinen Bereich von B entstanden (vgl. die Belege 1615, BSa. Chorg., Sp. 620 u.; 1643, BGsteig b/Sa. Chorg., Sp. 621 M.; 1663, ebd., Sp. 622 M.; 1642, BSa. Chorg., Sp. 622 M.; 1613, BSa., Sp. 624 o.), wobei sich Bed. 2 wohl durch Verallgemeinerung aus Bed. 1 entwickelt hat. Im frühen XX. ist die Bed. 1 noch fast ausschliesslich auf B, F und angrenzende Gebiete beschränkt, die heute in der ganzen Deutschschweiz verbr. Bed. 2 noch vorwiegend; vgl. dazu SDS. VII 202/3. Bed. 2 ist in der Form ‚zügeln' seit dem XVIII. auch schweizerhd. belegt (vgl. HStähli 1734/59); vgl. HFenske 1973,

325; KMeyer 2006, 298; Variantenwb. 847; Bickel-Landolt 92. — Als Lehnw. *tsöglè* in unserer Bed. 2 im Frz. des BJura; vgl. ETappolet 1914, 23. 67; 1917, 194; Wartburg XVII 630.

a b - : **1.** entspr. *z. 1,* (im Herbst) mit dem Vieh von der Alp zu Tal fahren, auch zw. Ställen wechseln BBöd., Gsteigw., Hk., O. (‚das Vieh aus einem Stall in einen andern versetzen, was im Gebirge auch mitten im Winter geschieht, sobald eben der Heuvorrath in einer Scheuer aufgezehrt ist.' ä. Angabe); Syn. das Folg., auch *ab-faren 1a* (Bd I 892); Gegs. *ūf-z.;* vgl. *zuehen-z. 1.* Subst.: *Wie 's e^{l}so der Brūch ist, hei^{n} 'ra* [der besten Kuh] *d' Älper bim A. im Herbst en Mëlchstuel mid enem chlīnne^{n} Tanngrotzli und papīrige^{n} Rosnen und Girlanden uf d's Hou^{p}t 'bunden.* HHäsler 2001, 67. — **2. a)** entspr. *z. 2b,* ‚wegtragen (vom Tisch)' Obw; Syn. *ab-tischen* (Bd XIII 1929, wo ein weiteres). — **b)** salopp, mitlaufen lassen, einsacken, auch unrechtmässig aneignen; verbr., auch schweizerhd.; Syn. *zer-tragen 1aβ* (Bd XIV 563, wo weitere); vgl. *ver-z. 1c. Die, wo letsti Samstignacht ü^{n}se^{n} Outdoorchef-Grill ... in Rubige^{n} hei^{n} ab'züglet, sölle^{n} 'ne^{n} doch ei^{n}fach wider hëre^{n}stelle^{n}!* BM. (Internet). *We^{nn} me^{n}* [als Prominenter] *sovil Chole^{n} abzüglet, mues^{s} me^{n} allwëg sogar verguldeti Ōre^{n}stäbli und sidigi Slip-Ī^{n}lage^{n} träge^{n}* B (Internet). ‚So meinte N. [an der Ortsbürgergemeindeversammlung von AaWohl., dass] der Investor ... günstig zu Bauland komme und den Gewinn ins steuergünstige Bäch abzügle.' Aa Ztg 2016, 7. Dez. ‚*Chäpsli*-Express: BLS zügelt den SBB den Nespresso-Auftrag ab.' Handelsztg 2019, 7. Febr. I. S. v. abschleppen: *Hauptsach grätis süffe^{n}* [in einem Erotikclub]. *Muesch^{t} ja kei^{n} Nutte^{n} a.* Z (Internet).

a b e^{n} - : entspr. *z. 1a,* von der Alp ins Tal bzw. auf eine tiefer gelegene Alpstufe fahren BGr., Sa.; FPlaff.; Syn. das Vor. 1. *Nit wit vam Stäfeli isch^{t} e^{l}so-n-e^{n} grössa^{r} Stei^{n} g'sī^{n}, wa drüi grüeni Blëtza drūf g'sī^{n} si^{n}* [erzählt der Knabe]. *Der underist isch^{t} mi^{n} Voršes^{s} g'sī^{n}, der mittlist der Vorbërg und der hö^{h}ist der Bërg. Dā han ich de^{nn} miner Chüe g'weidet un^{d} u^{f}e^{n}hi^{n}- un^{d} aphi^{n}'züglet.* SM. 1914, 58 (BSa.). ‚Schlimmer ist der Umstand, dass ein unzeitiger Schnee den Älpler zwingen kann, lange vor dem normalen *Ūsalpen* in seine Vorsass *a^{b}hi^{n}z'z.*' Bärnd. 1908, 308. S. noch Bd XVI 2004 o. (PMülhauser 1984).

ü b e r e^{n} - : **a)** = *z. 2a* (Sp. 621) BM. (‚aus einem Nachbarhause herüberziehen.' AvRütte); ‚GFlaw., Stdt' (SDS.); Synn. auch *um-z. 2, umen-z. 2a, fürer-z. 2a,* auch *ü.-ziehen.* — **b)** entspr. *z. 2b,* ‚von einem Zimmer das Gerät in ein anderes versetzen' BE. (AvRütte).

ū f - : entspr. *z. 1a,* zu Alp fahren BE., Hk., Ri.; Syn. das Folg.; Gegs. *ab-z. 1;* vgl. *īn-z. 1, zuehen-z. 1. Gëb du^{e} der Ubergrössatt ūf'züglet ist, het er ši^{ch} vomene^{n} Kapizīner la^{n} birāte^{n},* weil die Weide verhext schien. SGfeller 1919, 124. — Vgl. (in anderer Bed.) Jutz I 165; Schm.[2] II 1099; Frühnhd. WB. II 820.

u f e^{n} - : = dem Vor. BAbl. (SDS.), Sa., Schwanden b/Sigr. (SDS.). S. o. (SM. 1914).

u m - : **1.** entspr. *z. 1,* mit dem Vieh in einen andern Stall wechseln ZgOÄg. (SDS.); Syn. *fort-z. 1.* — **2.** entspr. *z. 2a,* in eine andere Wohnung umziehen GMs, ‚Tscherlach; ThPfyn' (SDS.); Syn. *überen-z. a.*

u m e^{n} - : **1.** entspr. *z. 1,* mit dem Vieh in einen andern Stall wechseln SchwWoll. (SDS.); Syn. *fort-z. 1.* — **2. a)** entspr. *z. 2a,* umziehen UMei. (SDS.) und lt Aschw.-Clauss; Syn. *überen-z. a.* — **b)** entspr. *z. 2b,* die Wohnungseinrichtung umstellen B; vgl. das Folg. ‚Nun gibt es auch Frauen, die ... alle Jahre das Alte rumzügeln und immer am Rangieren sind.' Gotth. (Hunz.-Bl.) 6, 249. — d e s - u m e^{n} - : entspr. dem Vor. 2b, umplatzieren BStdt (AvTavel 1940, 10); Syn. *fürer-z. 2b. Das isch^{t} z' Bërn leider Brūch worde^{n}, dass me^{n} Dënkmäler dasume^{n}züglet.*

ī^{n} - : **1.** entspr. *z. 1a,* das Alpgebäude beziehen BSa.; vgl. *ūf-z.* S. Bd X 1401 o. (Bärnd. 1927). — **2. a)** entspr. *z. 2a,* in ein Haus, eine Wohnung einziehen BDiemt., E., Ins, M., Stdt, Twann; SchwE.; Obw; ZStdt; Synn. *dar-īn-z., inen-z. a,* auch *ūf-ziehen;* Gegs. *ūs-z. a. Spëter isch^{t} no^{ch} der Schuehmacher ... bi ü^{n}s ī^{n}'züglet.* EWiedmer-Mani 1997, 9. *Es ist a^{n}ständig, wenn es Meitschi, we^{nn} 's Höchzit het, o^{ch}-n-es Schübeli Gëld het ... dass es nit so ganz blutts ī. muess.* Gotth. (Hunz.-Bl.) 5, 385. ‚Mit Spanndienst und Handreichung während der ganzen Bauzeit vom Graben des Fundaments bis zur *Ūfrichti* ... bis zum *Ī.* und zu der *Husräuki* arbeitet der ... Bauherr meist selber mit.' Bärnd. 1914, 452. Im Volksglauben; s. Bd XIV 20 M. (Bund). — **b)** entspr. *z. 2b,* nur in der Fügung jmdm *ī.,* ‚das Einziehen in eine Wohnung besorgen' BStdt (ä. Angabe). — **3.** jmdn ins Haus locken, ungebührliche Zusammenkünfte beherbergen; vgl. *ver-z. 2* sowie *Īn-zug 2,* auch *īn-ziehen.* ‚N. ist fürgehalten worden, wie das er dem jungen Volck zue Abendsitz und Spilen Statt und Platz gäbe ... er sölle ... sich des Ynz-s müessigen, sonst werde man ihn als ein Usseren uss dem Dorff weisen.' 1648, BLeiss. Chr. 2, 84. — ī^{n} - g^{e} - z ü g l e t : **1.** mitgebracht, eingeführt oä. B. ‚Eine neue Frau zu suchen und sie zu dressieren oder sich in neu eingezügelte Gewohnheiten zu fügen, wäre ihm in Tod zuwider gewesen.' Gotth. (Hunz.-Bl.) 20, 143. — **2.** in der Fügung *ī. sī^{n},* ‚verwirrt sein' Z (‚= *nüd diheime^{n} sī^{n}.*' ä. Angabe); Syn. *nid bi Trōst sī^{n}* (*Trōst I 5* Bd XIV 1390, wo ein weiteres). — d a r - ī^{n} - *drī^{n}-: = īn-z. 2a* (s. o.) FSs. (Choereeleni 1976, 167). *Wa si drī^{n}'züglet und ī^{n}g'richtet g'sī^{n} sin^{d}, het d' Mueter va^{r} Frü^{e}d ... d's luter Wasser 'plär^{r}et.*

i n e^{n} - : **a)** = *īn-z. 2a* (s. o.) Obw. Spez. entspr. *z. 2aα,* ‚denjenigen Theil des Hauses, der nur im Sommer bewohnbar ist, wieder verlassen, ins Winterquartier zurückkehren' B (AvRütte); vgl. unter *usen-z. a.* — **b)** entspr. *z. 2b,* hinein-, hereinbringen; verbr. ‚*I.,* eine Mahlzeit, die man im Freien, im Garten einnehmen wollte, samt dem Tischgeräthe wegen eines plötzlichen Regengusses ins Innere des Hauses transportieren.' AvRütte (B). *G'leitig i., es chund cho^{n} ge^{n} rëgne^{n}!* Imfeld (Obw). *Us Dütschland sö^{l}ti me^{n} keini Wort i. für wältschi z' ersetze^{n}.* B Heim 1908, 312 (B).

u m - e i n - a n d - *umenand-:* entspr. *z. 1,* mit dem Vieh in einen andern Stall wechseln SchwAlpthal (SDS.); Syn. *fort-z. 1.*

ū s - : **a)** entspr. *z. 2a,* aus einem Haus, einer Wohnung ausziehen B; Syn. das Folg. sowie *usen-z. a;* Gegs. *īn-z. 2a. Für es par Wuche^{n} han i^{ch} müesse^{n} ū.,* während Bauarbeiten am Haus. Gotth. (Hunz.-Bl., Erg.-Bd) 1, 241. ‚Seye sie von ihm ausszüglet, so möge sie seinethalben [gehen], wo sie wolle', N. auf die Frage des Ehegerichts, wie er zur Auswanderung seiner Frau stehe. 1715, BLeiss. Chr. 2, 35. — **b)** entspr. *z. 2b,* hinaustransportieren, räumen BBr., Gr.; Syn. *usen-z. b. We^{nn} 's nid wil^{l} ūfhëren schnījen, [fāhn d' Līt* aus Angst vor Lawinen *a^{n}] ū., Chind und Chegel, Schif^{f} und*

G'schir^r, d's Veh von ei^{ne}m Gaden in'n andre^n verstellen. AStreich 1980, 84. ‚Die beschränkten Räumlichkeiten einer Alphütte machen es unvermeidlich, dass beim Räumen derselben, dem *Ū.*, da und dort ein kleiner Gegenstand verlegt, *verzigled,* wird.' Bärnd. 1908, 308. — **c)** ‚auspacken' Obw (ä. Angabe). — Vgl. Jutz I 210 (in anderer Bed.). — dar-ūs- *drūs-:* = dem Vor. a FJ. (Buchs).

use^n-: **a)** = *ūs-z. a* (Sp. 626) B, so M. *Ha^n dëm Meitschi* [an einer *Side^{n}bändelimaschine^n* an der Landesausstellung erklärt,] *i^{ch} wöll de^{nn} grad öppis ... wo 's heig, bis mer de^{nn} ume^n tüeien u. und d' Usstelli^{n}g abbrëche^n.* JBürki 1916, 36. Spez. entspr. *z. 2aα,* ‚denjenigen Theil des Hauses, der nur im Sommer bewohnbar ist, beziehen' B (AvRütte; lt Sammlung RRis auch ‚ins Grüne hinaus umziehen'); vgl. unter *inen-z. a.* — **b)** entspr. *z. 2b,* aus einem Haus hinaustragen BM. und lt AvRütte (‚bei einem Brand im Nachbarhause seinen Hausrath auf die Strasse tragen'); SchwMa.; Syn. *ūs-z. b;* vgl. Sp. 623 u. (Bund 1929). *Bald mues^s er zueluege^n, wie tagtäglich vom Hūsrout use^n'zügled wird.* Schw Art 9 (SchwMa.).

ver-: **1. a)** = *z. 2aδ* (Sp. 623) BBe., Hk., „0. (gleichsam aufhören, eine andere Wohnung zu beziehen oder weiters zu gehen." St.[1]), Si.; Syn. auch *v.-reisen 1a* (Bd VI 1321). *‚Er wird ringswol v.,* er wird vermuthlich sterben, *er hed verzüglet.*' St.[b] (BHk.). ‚Mit rührendem Sinn heisst [‚in einigen Alpenthälern'] sterben *v.;* von *zügle^n,* d. i. die Wohnung verändern; und *v.* heisst also die Wohnung zum letzten Mal verändern.' Alpenr. 1813, 178. — **b)** entspr. *z. 2b,* forttragen, verlegen BBöd., Br., Gr., Ha., „0." (St.[2]), Ri.; PPo.; Obw, so K.; Synn. *v.-roben* (Bd VI 70), *-schoppen 2b* (Bd VIII 1026), *-wuschen 3* (Bd XVI 2154), wo tw. weitere. *D' Mueter sö^{l}t albe^n d' Lismete^n dänne^{n}tue^n ... old d' Chind chennte^n 's v.* Bund S. 1963, 27. Jan. (BGr.). *Chībig machi^{n}d ei^{ne}m die Chind! ... D' Schäri hend s' mer bēd verzigled!* HEgger-von Moos 1941, 14. S. noch o. (Bärnd. 1908). In der unpers. RA.; vgl. a. *„Es hed 'ne^n verzüglet."* St.[2] *Es wird 'ne^n deich v.,* ‚er wird sterben wollen' BHk. (ä. Angabe). — **c)** verschleppen, entführen BHa.; vgl. *ab-z. 2b. Ei^{n}s sīge^n Zwërga gen Isembolgen abha^{r}chun und heigen dā es Chind g'stolen und i^n d' Hili verzigled.* MSooder 1943, 113; s. auch Bd XVI 2206 o. — **2.** jmdn zum Mitkommen überreden, zum Mitmachen verführen Obw (Imfeld); vgl. *īn-z. 3.* — Vgl. (in anderer Bed.) Allgäuer 1672; Schm.[2] II 1099.

füre^n-: entspr. *z. 2b,* hervorholen ObwSa. *Us ^{d}em Chëller, us der Buitig und vo^n der Riossdili hend si die verstoibete^n Schī fire^n'zigled.* JFanger 1981, 102. S. noch Bd IV 1771 o. (UBrägg. 1787).

fürer- BBr., Brienzwiler, Gündlischwand, Iseltw., Kandergrund, Kient., Lau., Reich., Ried b/Frut., StSteph., *fürers-* B, *fürerš-* BBlum., Kand., Kient., *füris-* FTaf.: **1.** entspr. *z. 1,* mit dem Vieh in einen andern Stall wechseln; aaOO. (ohne BBrienzwiler, Iseltw.; FTaf.); Syn. *fort-z. 1.* — **2. a)** entspr. *z. 2a,* die Wohnung wechseln ‚BBrienzwiler, Iseltw., StSteph.' (SDS.) und lt Gotth.; FTaf. (SDS.); Syn. *überen-z. a.* ‚Ich weiss nicht, wo sie wohnt, habe etwas läuten hören von *Fürersz.,* aber auch nicht, wohin.' Gotth. (Hunz.-Bl., Erg.-Bd) 6, 127. S. noch Bd I 968 o. (B). — **b)** entspr. *z. 2b,* umstellen B; Syn. *des-umen-z. D' Blueme^n geng fürersz.,* ‚ihren Standort wechseln.'

fort-, *furt-:* **1.** entspr. *z. 1,* mit dem Vieh in einen andern Stall wechseln BAd.; Synn. *um-z. 1, umen-z. 1, um-ein-and-z., fürer-z. 1.* ‚N. bekannte, dass er an einem Sonntag mit seinem Vieh fortgezüglet seye.' BAd. Heimatbr. 9, 7 (Chorgerichtsprot. 1804). — **2. a)** entspr. *z. 2a,* von einem Ort fortziehen; allg.; Synn. *dännen-z., wëg-z. a;* Gegs. *hëren-z. G'chlagt het er, wie einsam es wërd für in, wenn si furtzügle^n.* RIscher 1903, 226. *Änds Monet züglen i^{ch} furt.* PLenz 2010, 161. — **b)** entspr. *z. 2b,* abtransportieren, wegbringen BG., M. *Jitz wërd ja doch de^{nn} alls furt'züglet und abg'schrisse^n,* am Ende der Landesausstellung. JBürki 1916, 138. ‚Wir mußten ... unsern Hausrath und die jüngern Geschwister auf Schlitten selbst fortzügeln.' 1789, UBrägg. GA. 4, 398. Im Rechtssprw.: *Was i^n Nuet und Nagel ist, darf ma^n nid f.* Bärnd. 1911, 330. — Vgl. Gr. WB. IV 1, 1, 40.

hër-: entspr. *z. 2b,* herbeiholen, -bringen. ‚Auftreibend [für die Entstehung der Antiklinale vom Genfersee bis nach Thun] wirkte zunächst der von Süden *har'züglet* ... Flysch.' Bärnd. 1911, 34 (BG.). — Vgl. Schm.[2] II 1099. — da-hër-: entspr. *z. 2a,* scherzh. für daherkommen B. ‚Vreneli machte ein kurios Gesicht, als Uli mit seinem Schreibgeräte dahergezügelt kam.' Gotth. (Hunz.-Bl.) 4, 173.

hëre^n-: entspr. *z. 2a,* an einen Ort hinziehen, zuziehen BuE., M.; Syn. *zuehen-z. 2a;* Gegs. *fort-z. 2a. Ire^n Sun heig e^n Stell im Dorff übercho^n und mües^s mit si^{n}re^n Familie^n h.* BTraber 1997, 83. *Hëre^n'züglete^r* m., Zugezogener. S. Bd XIV 838 M. (EBalmer 1923).

nāch- BHk., nāche^n- U: **1.** etw. nachträglich von der Alp ins Tal bringen BHk. (Frehner). — **2.** jmdm nachstellen U (‚jmdm nachfahren, folgen.' Aschw.-Clauss); Synn. *nāchen-ge-hījen 2* (Bd II 1110); *nāch-mōren* (Bd IV 379). ‚Die Töchter haben in der Rybi das Werch griben und die Knaben seien ihnen nachzüglet.' 1611, BLau. Chorg. — Vgl. Gr. WB. VII 238. — Nāche^n-züglete^n f.: ‚unerbeten nach Hause gebrachte Kameraden oder Zechkumpanen' Obw (Imfeld); vgl. *Ge-zügel 2.*

z^e-säme^n-: entspr. *z. 2a,* in eine gemeinsame Wohnung ziehen; verbr. *Mir hei^n z.-'züglet, in en ei^{n}fachi, aber hübschi Zwöizimmerwoni^{n}g.* UHafner 1991, 81 (SHold.). *Das Troumpar isch^t z'säme^{n}cho^n, und 1969 hei^n si g'hürāte^n und si^n ... z'säme^n'züglet.* Der Burgdorfer Schütz 73 (2017) 4, 2 (BBurgd.).

dänne^n-: entspr. *z. 2a,* wegziehen B (‚aus der Nachbarschaft ziehen.' AvRütte); Syn. *fort-z. 2a. Das isch^t mer doch a^{n}ständig, si^n die d.-'züglet,* ‚ich bin froh, dass diese (unliebsamen Leute) weggezogen sind.'

wëg-: **a)** entspr. *z. 2a,* wegziehen; verbr.; Syn. *fort-z. 2a. Wo mer du^e vom Stedtli wëg'züglet si^n, han i^{ch} du^e ... der Christe^n und d's Änni lang nie mē g'seh^n.* EBalmer 1923, 14 (BM.). Im Bild, scherzh.: *Nachhër darf es ['s Meieli] siner Schuelsache^n furtrūme^n und w. uf Bette^{n}hūse^n,* ins Bett gehen. Bund S. 1938, 15. Mai (BM.). — **b)** entspr. *z. 2b,* ‚ab-, wegtragen, Ordnung machen' Obw.

wīter-: ‚weitersgehen' W (ä. Angabe); vgl. *w.-roben* (Bd VI 69).

zuehe^n-: **1.** entspr. *z. 1,* mit dem Vieh ins Heimgut bzw. ins Alpgebäude einziehen BG.; vgl. *ab-z. 1, ūf-z. Hüt ist Abfart, d' Chüejer zügle^n zuha^r mit der War.* ELeuthold 1913, 33. — **2. a)** entspr. *z. 2a,* an einen Ort zuziehen BE., G., M., Stdt, ThS., Wabern und lt AvRütte (‚sich in der Nachbarschaft haushablich niederlassen'); GRJen.; S; Syn. *hëren-z.;* vgl. *Zue-zug 3a. I^{ch} g'seh^{n} bim Spaziere^{n} luter Lüt, wo z.-'züglet si^{n}.* EBURREN 1976, 66. — **b)** entspr. *z. 2b,* (von anderswo) herzubringen, Hausrat, Fahrhabe, auch Menschen BE., G. und lt AvRütte (,etwas Grösseres mit einiger Mühe herbeischaffen'). *Hushalti^{n}g het er* [ein Tauner] *keni z.-'züglet.* SGFELLER 1919, 41. *Graberš Meitleni [hei^{n}] zum Chuchipfeister üs Oberhuserš Fuerwërch ... nache^{n}g'wungeret: Chömit, luegit, si zügle^{n} di neu^{w}i Jumpfere^{n} zueche^{n}!* EBAUMGARTNER 1948, 64. — zuehe^{n}-g^{e}-züglet: **a)** entspr. 2a, von auswärts zugezogen, meist abwertend. *Mit de^{n} zueche^{n}'zügletе^{n} Lüt si^{n} o^{ch} neu^{w}i Wörter un^{d} Usdrück cho^{n}, und itz hi^{2n} mer es Dür^{ch}enang,* in BHilterfingen und Oberhofen. RBIETENHARD 1991, 19 (BThS.). *Dë^{n} zueche^{n}'züglet Sidian will i^{ch} no^{ch} einisch^{t} töffle^{n}.* AGERBER, Drei Stung vo Bärn (1952) 9 (BE.). Subst., zugezogene Person; Syn. *Hëre^{n}'zügletе^{r}* (Sp. 628 M.). *Die Zueche^{n}'züglete^{n}, nüt garigs Züg.* ASCHAER, Drei us Channebirmoos (1959) 153 (BM.). *Es isch^{t} würklig alles üffällig g'sī^{n} a^{n} der N. ... und mi^{n} cha^{nn} sech nid verwundere^{n}, we^{nn} sech d' Lüt scho^{n} allerlei 'dänkt hei^{n} vo^{n} dër Zueche^{n}-'züglete^{n}.* EBALMER 1928, 43. — **b)** entspr. 2b, von auswärts herbeigebracht. S. Bd XIV 547 o. (Bärnd. 1911).

zügle^{n} IV *-ü^{2}-:* **1.** Schwimmzüge tun, schwimmen BStdt (Mattenengl.); Syn. *zugeren 2,* auch *weidelen II b* (Bd XV 540, wo ein weiteres). *Z. hei^{n} mer* [in der Aare] *nid müesse^{n}, und jede^{r} het ei^{n} Hang frei g'ha^{n}, für öppis z' trage^{n}.* EMARBACH 1973 (1989) 156. *I^{n} Ruedis Brënte^{n} [si^{n}] gäng es par Förndli ume^{n}'züglet.* HBLANK, Wiehnachtsgschichtli us der Matte (1981) 27. *Jitz hei^{n} mir g'seh^{n}, dass der N. dëm Lädel* [einem in die Aare gefallenen Gerüstbrett] *nache^{n}züglet für 'ne^{n} z' verwütsche^{n}.* EMARBACH 1974, 71. — **2.** mehrere Schlitten zusammenhängen B (Sammlung RRis); Syn. *zugelen.*

Zügler m.: **1.** erster Käse, der nach dem Bestossen der Alp gekäst wird BG., Oberwil i/S.; Syn. *Zügel-Chās* (Bd III 510); vgl. *züglen III 1a.* ,Die Käse sind bis jetzt gerathen ... selbst der *Z.* ist besser, als ich ihm zutraute.' HNYDEGGER 1890^{1}, 289. ,Früher wurde am Zügeltag ein Stück getrockneter Kälbermagen mit warmer Milch ... in die warme Asche gestellt. Am Morgen war die Milch ausgeflockt und die ... Molke wurde benutzt, um den ersten Käse herzustellen ... Der erste Käse war der *Z.,* und der war meist von schlechter Qualität' BOberwil i/S. (Internet). — **2.** Nom. ag. zu *züglen III 2b,* wer (im Auftrag anderer) etw. transportiert bzw. beim Transport hilft, Angestellter eines Umzugsunternehmens BM., Stdt (,nur in Städten'), U.; Syn. *Zügelma^{nn}* (verbr.); vgl. *Zügel-Fuer 1* (Bd I 974). *Der N., ü^{n}se^{r} Z. und Chumm-mer-z'Hülf, het d' Vorfënster ... abg'no^{n} und uf ^{d}en Esterig 'treit.* AVTAVEL 1940, 7. *Was isch^{t} du^{e} bi der Züglete^{n} nid alls zum Vorschīn cho^{n}! Es grösses und verg'chremänzlets Büffet, dass es d' Zügler fasch^{t} nid zur Tür ine^{n} 'brächt hei^{n}.* EBALMER 1928, 42. — Vgl. Gr. WB. XVI 435 (in anderer Bed.).

Land- s. *Lands-Zügling* (Anm.).

Züglerī (bzw. *-ei*) f.: **1.** Wechsel zw. Alplägern BO.; Syn. *Zügleten II 3a;* vgl. *züglen III 1b.* ,Schwarzwaldalp [Überschr.; später:] Wunderschöne Heimweide mit uraltem Ahornbestand, keine Z.' EROTH, z'Bärg im Haslital (2007) 80 (BHa.). — **2.** Transport von Hausrat udgl. beim Umzug; allg., auch schweizerhd.; Syn. *Zügelī b;* vgl. *züglen III 2b.* ,Zimikon-Taxi, Transporte, Züglerei', Branchenbucheintrag Z (Internet). *In dëm Fall gi^{b}t 's ja kei^{n} längi Z.* PHILTBRUNNER 1998, 109. ,Viel Sorgen und Kopfzerbrechen hat mir der Gedanke an die Züglerei verursacht.' SCHWEIZERISCHE Bienen-Zeitung 1899, 255. — Vgl. Variantenwb. 847.

Zügletе^{n} I f.: entspr. *züglen II 1b,* Bändigung, Zurechtweisung. *Liebi se^{l}t er [eusere^{r} No^{ch}e^{n}zügler] ha^{n} ... und g'wüss ä^{ch} öppen e^{n} Z., wänn 's Rössli ab ^{d}em Wëg wo^{l}t.* RKÄGI 1958, 48 (ZO.).

Zügletе^{n} II (bzw. *-i-; -ede^{n}*) f.: **1. a)** Fahrhabe, Hausrat beim Umzug B; FWünnewil (Schmutz-Haas); OBW; W; Syn. *Zügel III 1a. E^{n} grössi Z.,* ,viel Zügelgut.' GRICHTING. ,Die aber, welche vorhin gespottet, die hatten ihre Burgerlust ... am Trossel, ja an der ganzen Zügelten, die unter Jakoblis Arm Platz hatte.' GOTTH. (Hunz.-Bl.) 5, 411; s. auch Bd VI 945 o. (2. Beleg). — **b)** beladener Wagen B, so Stdt; FSs. (,Umziehwagen.' BSG.); TH; Syn. *Zügel III 1b. Esmäl isch^{t} ö^{n}mel o^{ch} wider vor ere^{n} Hütte^{n} ... e^{n} Z. g'stange^{n}.* EMARBACH 1973 (1989) 9. ,Wie ist der dennzumal auf der Z. oben grossartig z'vorderist auf dem Ruhbettli gehocket und hat eine Meinig gha wie ein Burenhus!' BIELER Tagbl. 1917, 19. Mai. *Endlige^{n} bin i^{ch} so wit noche^{n}, dass i^{ch} um ^{d}e^{n} Chrump umen ou^{ch} wider d' Z. g'seh^{n} ha^{n},* eine Postkutsche. ALPENH. 1918, 320 (B). — **2.** Trupp Vieh (bei der Alpauffahrt) BoAa., oSi.; FJ.; Synn. *Zügel III 2, Zügling II;* vgl. *Zug 2aδ, Zügi 1dγ,* auch *Senntum 1b* (Bd VII 1010). *E^{n} bravi Z.* BSG. X 271. *Jetz gilt 's go^{n} were^{n}, für di Z. i^{n}'^{n} I^{n}schlag ine^{n} z' reise^{n}.* PHILTBRUNNER 1998, 245. — **3. a)** entspr. *züglen III 1,* in der alpinen Viehwirtschaft, Umzug zwischen Gütern, Alpauf- bzw. -abzug, Wechsel zw. Alpstufen B, so Ad., Br., Gr., G., Ha., Sa., Si. (,Umzug einer Viehherde bei Stallwechsel.' Bratschi-Trüb); FJ.; Syn. *Züglerī 1. We^{nn} d' Chüejer z' Bërg gā^{n}, de^{nn} lachet 'ne^{n} d's Hërz im Līb ... E^{l}so-n-e^{n} Z. ist drum o^{ch} d's hī^{2}meligesta, was es gi^{b}t.* ELEUTHOLD 1913, 13. *Mit dem Schwindli züglet mu^{n} am andere^{n} Tag [uf ^{d}em Bërg]. Das gī^{2}t de^{nn} mengist es bitzi strubüssig zue. Bi-n-ere^{n} Z. chan^{n} e^{n} Mentsch Giduld lēre^{n}.* BAd. Heimatbr. 72, 33. — **b)** entspr. *züglen III 2a,* Umzug, Wohnungswechsel, oft mit dem Nbsinn des Mühsamen; verbr., auch schweizerhd.; Syn. *Zügel III 3. Di Z. ist düe no^{ch} hässig verbī g'sī^{n},* ,das Umziehen ging rasch vor sich' WZerm. (Julen). *Glī^{ch} drufabe^{n} het d' N. iri ērsti Z. erlëbt und Abschid müesse^{n} në^{n} vo^{n} der Woni^{n}g ..., wo si di ērste^{n} Jār vo^{n} irem Lëbe^{n} verbrächt het.* BTRABER 1997, 85 (BM.). S. noch Bd XV 1338 M. (KUetz 1932); Sp. 629 u. (EBalmer 1928). Mit Bez. auf juristische Personen, Institutionen. ,Radiostudio Bern: Kantonale Parteipräsidenten gegen Züglete nach Zürich.' BUND 2018, 17. April (B). ,Bei Gelegenheit der Z. [der Gesellschaft zum Affen] vom ältern Gesellschaftshause an der Kreuzgasse in das jetzige [wurden] sämmtliche Bücher, Dokumente u. a. ... verbrannt.' B TB. 1867, 383 (BStdt). I. S. v. Herumziehen: ,Ein Verdienstarmer [stellt mit Ramsch, den er verkaufen will] auf seinem *Char^{r}li* eine *Z.,* ein *Zügle^{n}* von Ort zu Ort an.' BÄRND. 1922, 533 (BTwann). — **c)** Truppenverschiebung. SOLDATENSPR. (Bärenspiegel 1940). — **4.** Spektakelabend der Knabenschaft B; Syn. *Tanz-bueben-Chilbi* (Bd XV 1080, wo ein weiteres), auch *Knabe^{n}gasti^{n}g* (GRMai.) ,Der Volksmund nannte sie je nach der Landesgegend *Räblete^{n}, Treichlete^{n}* oder *Z.*' ALPENHORN 1927, 71. — Vgl.

Allgäuer 1798; Variantenwb. 848; KMeyer 2006, 298; Bickel-Landolt 93.

Herbst-: Umzug vom Landsitz in die Stadt BStdt; vgl. *züglen III 2aβ. Der Wald isch*ᵗ *rōt und rōter worde*ⁿ*, und scho*ⁿ *het me*ⁿ *dā und dert a*ⁿ *d' H. a*ⁿ*fäh*ⁿ *dänke*ⁿ. RvTavel 1901, 73.

Hūs-: **1.** = *Z. 3b* (Sp. 630) GW. (JJSchlegel). – **2.** das Versetzen eines Hauses. *1984 häd me*ⁿ *'s Hūs hofeli*ᶜʰ *ab'broche*ⁿ*, ond i*ⁿ *de*ʳ *G'mänd Rüti häd 's de*ʳ *Architekt... neu*ʷ *ūf'bau*ʷ*t. De*ʳ *Spruch a*ⁿ *de*ʳ *vordere*ⁿ *Wand ve*ʳ*zellt vo*ⁿ *dēre*ⁿ *H.* PEggenberger 2014, 55 (ApK.).

Stamm-: Wechsel des Stammlokals. Studentenspr. ,Ob er [ein Verbindungsstudent] bereits an der *St.* vom Restaurant Commercio ... ins Hotel St. Peter beim Paradeplatz mithalf, ist nicht belegt' ZStdt (Internet).

Zigūner-: ungeordnete Marschtruppe; Syn. *Tatzel-Wurm bγ* (Bd XVI 1530); vgl. *Zügi 1da*, auch *Z.-Wirtschaft* (Bd XVI 1658 u.). *Truche*ⁿ*s Pulver, sūberi G'wandi*ⁿ*g und kei*ⁿ *Z. wil*ˡ *i*ᶜʰ *ha*ⁿ*, verstande*ⁿ*?*, der Truppenkommandant bei der Befehlsausgabe. ASenti 1965, 49 (GFs).

züglich: **a)** dem Näherrecht unterliegend; Syn. *zügig 4ba;* vgl. *Zügung.* ,[Es] solle sich kein Mann erfrechen, die Mittel seiner Frauen (es seien Gülten, Alp oder z-e Mittel) anzugreifen, zu vertauschen, zu vermärckten, viel weniger solche zu verkaufen.' 1686, UwE. TR. 121. ,Wan einer Alp aufgenommen, die z. ist, auch ihm darvongezogen wird, soll solcher schuldig seyn, dem, der die Alp gezogen, selbe zu geben in dem Preis, wie solche von der ersten Hand harkommen.' nach 1736, ebd. 137. – **b)** rückziehbar, einforderbar, von Bürgschaften, Darlehen; Syn. *zügig 4c;* vgl. zur Sache JKuster 1912, 68. ,1675 und 1676 [wurde] der Nachgemeinde die Frage zum Entscheid übertragen: Ob man künftig nur z-e Handschriften und keine Gülten mehr aufrichten wolle.' Ndw Ges. 1868, 140. S. noch Bd IX 1587 M. (Ndw). Subst.: ,[Der Landrat legt der Nachgemeinde die Frage vor, ob man weiters im Land wolle] ewige Gülten errichten oder sunst Bezahlungen in Z-em gegen einanderen machen, wie in anderen Orten auch brüchig.' 1630, Ndw Ges. 1868, 140. – Vgl. Gr. WB. XVI 435; Fischer VI 1319.

un-: frech, ungezügelt?; Gegs. *zügig 2c.* Da sie vernommen haben, N. sei bisher ein ,rower unzügliger jüngling' gewesen, wollen die Glarner diesem das Salzausmesser- und Weibelamt nicht übergeben. 1553, Absch. 4, 1e, 772.

Rück-zügliger m.: Rückzieher im Fussball BStdt (Mattenengl.); Syn. *R.-zieher.* ,Da werden Rückzüchlicher produziert.' Spartaner, Cluborgan des SC Sparta Bern 1955, Oktober, 3. – Zur Wortbildung mit dem mattenengl. Suffix *-liger* vgl. EMarbach 1973 (1989) 170; s. auch Id.-Bericht 1995, 26.

Zügling I m. Nur Land(s)-: **1.** Zugezogener, meist rechtssprachl. mit Bez. auf das Verhältnis zum Landesherrn, in späterer Zeit auch mit Bez. auf das Verhältnis zu den Alteingesessenen; Syn. *Land-Zügel,* auch *Land-Sideling* (Bd VII 304); vgl. *Īn-, Zue-zügling* (Sp. 530. 600), auch *Ūs-Sideling, Hinder-Sāss 1b, Land-Sāss 1b, Dorf-Sāss* (Bd VII 304. 1353. 1362. 1370). ,Zuo Nidren Hasle N., ist bürger ze Büllach und ist ein l.' 1420, ZKyb. ,Fryampt und Maschwanden, herr Heinrich Äscher, ritter [Verzeichnis von Bussen-einnahmen der Vögte] 20 ℔ von einem l.' 1487, Z RB. ,Weliche person aber ein l. were, die sol nit gwalt haben, sich an einichen herrn zuo ergeben on eins landtvogts günst, wissen und erlouben.' 1509, Th Rq. 2017, 232. ,Wann aber ein eigenman der hüßer Buobikon ein frygin oder landzügling harin usserthalb der Eidgnosschafft und iren nechsten anstossenden nachpuren bringt und die elich hat genomen, sol sich derselb gotzhußeigenman nit geungnossamet haben ... Ob aber ein frygin oder landzüglin [vgl. Sp. 607 M., XV., ZKyb.], fryg ān einem nachjagenden herrn, in die herschafft Grüeningen züge ... wenn denn ein eigenman des gotzhuß Buobikon derselben eine elich nimpt, da sol derselb gotzhußeigenman sich auch geungnoßamet haben.' 1515, ZBub. S. noch Bd XIII 1044 M. (ZKyb. Grafschaftsoffn. XV.). Niederlassung; vgl. *Zug 2bγ:* ,So hand sölich lüte, die lantzügling heissent und sind, ein fryen zug, daz sy usser der graffschafft ziechen mugent, war sy wellent.' XV., Weist. 1, 20/1 (ZKyb. Offn.). Steuer-, Erbrecht. ,Wer nun willen hette, gen Rümlang ze züchend, so bald die vernemend, das wir landzügling da arbtind, so wölte nieman darzüchen.' 1447, Z StB. 3, 186. ,Es sind ... im Land Glariß falfrey gewesen alle die, so uralte Eynwoner und von iren Vorderen erborne Landleut waren ... Dargegen mueßten den Fal geben alle Eynwoner, deren Altforderen nit Glarner gewesen, auch die Landzügling und Hindersässen waren.' JStumpf 1606, 471b. S. noch Bd XI 1325 M. (1476, AABremg. StR.); XIII 1053 u. (ZKyb. Offn. 1506). Neben weitern Personengruppen; vgl. o. ,Alle lantzugling, ledige kind und der herschaft lut, die da sitzent in den gerichten des twinghofs ze Winkel, die sint eines landgrafen von Kiburg mit lip und mit guot, und welich der selb[e]n personen abgat ān elich liberben, den erbt ein lantgraf von Kiburg.' 1417, Weist. 1, 87 (ZWinkel Offn.). ,Das unser lieb Eydgnossen von Zürich von wägen ir grafschaft Kyburg die fäll von den uneelichen und landszüglingen zuo Keyserstuol, sy sterben glych in- oder usserthalb der statt, ervordren und beziechen mogen', Urteilsspruch. 1565, AaK. StR. 110. S. noch Bd VI 1291 M. (1483, Z StB.). Mit Attr.; vgl. u.: ,Zuo Keiserstuol in der statt nimpt Zürich von ir grafschaft Kiburg wegen von den fryen landzüglingen, das sind die, so nit nachjagent herren haben, wenn die abgangen, vall.' AaB. Urb. 1490, 187. Verhältnis zur Gemeinschaft der Alteingesessenen. ,Als dann bishar minen herren vilerlei klegten von wegen der hindersässen und frömbden landzüglingen, die weder zunft- noch burgrecht hand, fürkommen, dass sich die täglich merind ... und also gemeine burgerschaft, ouch das almuosen dadurch treffenlich übersetzt [usw.].' 1533, EEgli Act. 861. ,Zuodem man den landzüglingen vornacher nie nützit geben hat dann etwan aus gnaden und früntlicher bitt, [urteilt der Rat,] daß die gmeind ... dem N. als einem ynzügling in holz und väld nützid schuldig syn sollent, sie thüegint es dann gerrn.' 1543, ZSchwam. (Huben) 1849, 35. ,Ein jeder l. soll fünff jar ein hindersess inn der herrschafft syn, und so er dann ein grichtsgnoss zuo werden begerth ... soll er dann für die beid gmeinden kommen und dann zuo derselben gfallen staan, inne zuo einem grichtsgnossen anzuonemmen.' 1593, Z Statute 1839, 160. – **2.** wer nicht sesshaft ist, herumziehender Händler oder Handwerker; Synn. *Land-Farer* (Bd I 900); *Calanker* (Bd III

193); vgl. *Walch I 1cβ* (Bd XV 1424). ‚All fremd kramer unnd walchen, so inn unnser Eydgnoschaft wonent als lantfarer und landzügling mit irem kram und kouffmanschatz, das man dieselben wölle dartzuohalten, das sy müessent by unns in der Eydgnoschaft burger werden.' 1516, Schw Mitt. 4, 70. ‚Da aber die obgemelten stümpler, störer [‚allerley keßler, stümpler, harnistfäger'] die harnist fil mer ferderbend und gschändend weder sy guots machend, zuodem so sind sy landzüglig und unser herren weder mit guot noch bluot verbunden ... so farend sy mit dem gelt uß dem land.' 2. H. XVI., Z Anz. 1971, 183/4. — Mhd. *lantzüglinc;* vgl. Fischer IV 977; DRWb. VIII 703; Frühnhd. WB. IX 1, 235. Zur begriffsgeschichtlichen Entwicklung des Worts, mit dem ursprünglich die Beziehung eines Zugezogenen zum Landesherrn, später jene zu den andern Bewohnern des Gemeinwesens bezeichnet wird, vgl. ähnl. *Hinder-Sâss* (Bd VII 1353, Bed. 1b) bei FStettler 1845, 120 und ADubler in AfV. 89, 143/64. Die Einträge ‚Landzügling' in Gr. WB. VI 152 und ‚Landzuigling' in Scherz-Oberlin 874, beide mit der Glossierung ‚indigena', beruhen auf ‚Land-Zügling' bei Frisch 571c, der sich auf einen nicht identifizierbaren Beleg ‚der im Land gebohren und erzogen' von JStumpf bezieht. Diese sonst nicht belegte Interpretation (vgl. auch unseren Beleg JStumpf 1606) überträgt Gr. WB. aaO. irrtümlich auf unseren Beleg 1417, Weist. 1, 87. Entgegen der Erklärung unter dem syn. *Land-Sideling* (Bd VII 304) ist *L.* wohl keine volksetym. Umformung desselben. Die Interpretation, ‚Landzüglinge' seien ‚Ausgewiesene, die gezwungen waren, ein herumziehendes Leben zu führen' bei KHauser 1895, 399, ist kaum zutreffend. Auch der Hinweis von JMüller SG. 1. 5, 1, 406, ein ‚Landzügling' sei ‚ohne festes Heimath', ist kaum mit St.[2] (in der sonst nicht belegten Form „Land-Zügler") im modernen Sinn als „Heimatloser, Vagabund" zu verstehen.

Z ü g l i ⁿ g II f.: Trupp Vieh (bei der Alpfahrt, beim Stallwechsel) BFrut.; Syn. *Zügleten II 2. Es het dā* [an seinem Spielplatz] *siner G'vätterlisache*ⁿ ... *Chueleni, es Gitzi* ... *u*ⁿᵈ *de*ⁿⁿ *nug es Muneli. Es stellt si in e*ⁿ *lengi, lengi Reia, e*ⁿ *wölᶜʰigi schöeni Z. gi*ᵇ*t das!* MLauber 1950, 21.

Z ü g u n g ‚-ig' f.: Näherrecht; Syn. *Zug 10b;* vgl. *züglich a.* ‚Unsre underthanen an iren grentzen [gegen B] klagont sich zügig halb der güettern, sy [die Berner] zühend s den unsern ab, obschon die köüff vor 50 und meer jaren bschehen.' 1598, RCys. (JSchmid 1969) 521. ‚Von Zügig der ligenden Güetteren inn disem Gricht [Buonas]', Überschr. 1600, Zg Rq. 180. Von Fahrhabe udgl. ‚Sige uff ein zyt Hanss Yselin von Burtolf ins land kommen und etlich kalbeli kaufft. Do haben den vogt Moser seligen dunckt, es sye ein wolfeiler kauff, und habe zuo Heini Metzger ... geredt ... er sölle den kauff ziehen. Hab er, Hans Heid, geantwortet, er sölle daz nit thuon, dann Iselins vatter selig hab inen oft alt küe abkoufft ... Siderhar habe er [Moser] von der zügig nüt mer geredt.' 1584, LE. Rq. 2016, 421. ‚MgH. [‚hand'] zügig halb umb veech zwüschen frömbden unnd heimschen nachvollgender gstallt erlüttert [usw.].' 1592, ebd. ‚Die Z. t u e n', das Näherrecht ausüben. ‚[Es soll] jederzeit an eines Grichts, wo das Guet liget, Erkentnuss stehen ... ob derjenige, so die Zügig zue thuen begert, denselben [nämlich den Kauf] mit seinem eignen Guet und nicht vertrauten Guet ... erhalten möge.' 1613, ZfsR. 24, 266 (LBer. Flecken- und Amtsr.). ‚Im Fahl aber etwas Gefahrs oder Trugs sich befunde, soll ... dem Eintauscher freystehen, disere Sachen [‚Pfenwart, Früchten und dergleichen Sachen, welche eintauschet werden'] widerumb zu seinen Handen old aber von demme, der die Zügig gethan, den Wärth und Geldt darfür zu nemmen.' L StR. 1706/65, 115. ‚Die n ä c h e r, nächst z.' ‚Wann vater und muotter verkouffend, haben die kinder die nächsten zügig.' LMalt. AR. 1597, 439. ‚So aber Güeter ... zuesammen zinseten, mögen die selbigen nach Zinsgüeterrecht einandern ziehen, und welcher den mehrern Theil der Güeter hat ... soll die nächer Zügig haben.' 1613, ZfsR. 24, 267 (LBer. Flecken- und Amtsr.). ‚Wann ein Thausch beschicht und nit der halbe Theil, so vill das Hauß, Guth oder Hof werth ist, daran getauschet wird, der soll von der nächeren Zügig nit geschirmbt seyn, im Fahl aber einer dem anderen minder dann den halben Theil intauschte, soll ein jeder das Seinig anschlagen, damit derjenige, welcher die nächere Zügig darzu haben möchte, sich darnach richten und zu verhalten wüsse.' L StR. 1706/65, 114. — Die fast ausschliesslich auf L beschränkte, auch formal auffällige Bildg steht neben *Ziehung* (s. d.). Zu denken ist allenfalls an eine Kreuzung von *ziehen, zühen* mit *Zug;* vgl. auch *Zügeten.*

A m t s - : auf gleicher Amtszugehörigkeit beruhendes Näherrecht; Syn. *A.-Zug 2.* ‚UgH. [haben] erkendt, das es by ihrem neüwlich gegebnen Urthell nochmallen bleiben, also dem N. die Weid, zue welcher er das Erb, also das beste Zugrecht, besonders von der Amptzügig hatt, zuestehn unnd bleiben solle.' 1693, LWill. Rq. 2002, 685. S. noch u. (1703, ZfsR.).

E r b - : auf Erbberechtigung beruhendes Näherrecht; Syn. *Erbs-Zug.* ‚Soll die Erbzügig jederwylen vor der Steckenzügig das beste und vorderste Recht haben, doch allein uf den ersten Verkauff.' 1663, LRothenb. AR. 1490, 300. ‚In dem Übrigen hat in dem Zugrechten jederweilen die Erbzügig das best und vorderste Recht ... nach der Erbzügig die Bodenzinse-, dann die Zwings-, letstlichen die Amptszügig.' 1703, ZfsR. 24, 275 (LBer. Flecken- und Amtsr.).

S t ë c k e n - : Näherrecht auf Teile urspr. ungeteilter Güter mit unmittelbarem Anstoss; vgl. *St.-Guet* (Bd II 552), auch *Stëck 2aδ* (Bd X 1620). ‚Die Stäckenzügig ... soll eintzig und allein gelten und verstanden werden uff die Hööf und Güeter, welche zuevor zuesamengehört haben und voneinanderen theilt worden sind, auch Bodenzinses halber under einem Trager [*Trager 1dγ* Bd XIV 569] begriffen und mit einem Haag underscheiden und yngeschlagen sind.' 1663, LRothenb. AR. 1490, 300; s. auch o.

B o d e n - z i n s - : dem Einzinser zustehendes Näherrecht; Syn. *B.-z.-Zug.* S. o. (1703, ZfsR.).

Z w i n g s - : auf gleicher Zwingszugehörigkeit beruhendes Näherrecht; Syn. *Zw.-Zug.* S. o. (1703, ZfsR.).

Zug II *-ū²-:* Stadt und Kanton Zug. ‚Uß der 8 Ohrtten Punnt, alß Zürich, Bern, Lucern, Ury, Schwytz, Underwalden ob undt nit dem Kernwald, Zug mit dem ußeren Ampt [usw.].' 1481, L StR. 2012, 89 (Kopie XVII./XVIII.). ‚Proportion einiger bekandten Stätten [Überschr.; dann:] Zwey Zug ein Zürich. Zwey Zürich ein Basel. Zwey Basel ein Strassburg.' 2. H. XVIII., AfV. 4, 30. In RAA. *Er zücht, wo-n-er cha*ⁿⁿ*, er isch*ᵗ *vo*ⁿ *Zug,* ‚er nimmt, wo er kann' GTa. *E*ⁿ *Lug bis uf Zug!,* eine grosse Lüge. ALGassmann 1954, 68 (L). S. noch Sp. 470 M. (Seil.). Im Ausruf: *Herrgott vo*ⁿ *Mannheim und Christus vo*ⁿ *Zug!* AaBosw. — Die Stadt wurde von ZgCham aus nach der appell. Bed. von *Zug I 6b*

(Sp. 481) benannt; s. dazu Zg NB. 5, 308/10; LSG. 990/1 sowie Sp. 555 M. (KSuter Zg Chr. 1549). – Als (In) Namen. **a)** FN. ‚von Zug' L (‚Uolrich von Zug.' 1294, Zg Wappenbuch); SchSt. (‚Eglof von Zug.' 1292, ebd.); SchwSchw.? (‚Johannes von Zug.' 1309, ebd.). – **b)** Flurn. ‚Zug-Wëg' ZgBaar (‚an Lüpisbol, do der Z. uber gat.' 1337, QW.; ‚ze Barr ... am Z. gelegen.' 1463, Zg UB.). Weitere s. Zg NB. 5, 312.

Zuger II m., Zugeri^{n} f. (Bed. 1a): **1. a)** Einwohner(in) von Zug bzw. wer von dort kommt, dort heimatberechtigt ist; allg. *A^{n} de^{r} U18-EM in Ostrava hend d' Zuger wider mäl einisch^{t} mē 'zeigt, was si chönd* Zg (Internet). S. noch Bd XV 1106 u. (Schweizerm. 1891). ‚Vor wenig Tagen ist in Lucern ein Z. namens Beng wegen aufrühirschen Schmachschriften und Liedern ... arrestirt worden.' Z Donn.-Nachr. 1734, 25. Febr. S. noch Bd VI 91 M. (1503, Z RB.); XIII 893 u. (Salat, Ref.-Chr.); XIV 1090 u. (1732, Hotz Urk. 1865). – **b)** Stiername ObwSa. (Zg Ausstell. 1899); vgl. *Züger 6* (Sp. 610). – **c)** eine rote Kartoffelsorte GlBilt., Gr.; Syn. *Jöreli 3* (Bd III 68, wo weitere); vgl. *Zuger-Rötler, -Biren* (Bd IV 1494 u. 1499), *-Rötlen* (Bd VI 1778). ‚Z., schöne Sorte, die in Bilten und im Grossthal viel angebaut wird.' Gl Gem. 385. – **d)** eine Jassart für Einzelspieler mit je 12 statt 9 ausgeteilten Karten und fester Trumpffarbe, wobei jeweils der Spielgeber als passiver Spieler eine fixe Punktzahl gutgeschrieben bekommt, während die übrigen drei Spieler eine Runde spielen oder aussetzen können; auch ohne passiven Spieler zu dritt oder zu zweit gespielt. Jassspr.; Syn. *Zuger-Jass* (Bd III 70); vgl. *zugeren b*, auch *Hand-Jass* (Bd III 70); *Zuger-Wīs* (Bd XVI 1924) sowie zur Sache ENigg, Schweizer Jassbuch 116; Zg Nachr. 1974, 8. März. *Da isch^{t} er de^{nn} hundertmäl lieber i^{n} d's Wëgholzpintli g'hocket, het zumene^{n} Z. oder Bieter g'hulffe^{n}.* EBalmer 1925, 182 (BM.). [Ein Polizist verdächtigt A. und B. des Diebstahls von Lebensmittelkarten:] *Wo händ er die g'stolne^{n} Charte^{n}?* [Antwort:] *Worum, mache^{n}d mer en Z. mitenand?* ABrenner 1945, 16 (Z). Merkreim: ‚Beim Z. gelten die vier Nell nur, wenn gemeldet auf der Stell.' Jass-Büechli 61. – **e)** eine Art des Kegelspiels für zwei Gruppen, bei der gewinnt, wer zuerst eine best. Punktzahl erreicht WLö.; vgl. *zugeren c*. ‚Bei einer genügenden Anzahl von Spielern machte man [beim Kegeln] mit Vorliebe *en Z.*' AfV. 52, 39. – **2.** in adj. Verwendung, aus Zug stammend, zu Zug gehörig; allg. *Z. Kirsch;* verbr.: ‚Wie sagt man eigentlich dem Z. Kirsch? *Z. Chrieser?*' ThAltn. (Internet). *Z. Kirschturte^{n};* verbr. [A.:] *Wëg de^{r} Z. Kirschturte^{n}* ... [B.:] *So öppis vu^{n} uncool, so öppis vu^{n} yesterday! Es Grosidessër* ZgStdt (Internet). *Mir si^{n} nach Strich und Fade^{n} verwönt worde^{n} mit Z. Kirschturte^{n}, Möre^{n}-chöpf, Kaffē und Tē* B (Internet). ‚1920: Die Z. Kirschtorte wird von Confiseur Heinrich Höhn (1889/1957) erfunden.' Inventar der neueren Schweizer Architektur 10, 463. *Z. Berta*, Name einer Lokomotive. Eisenbahnerspr. ‚Diese [1919 ausgelieferte] Maschine wurde vom Personal Langsame Berta oder auch *Z. Berta* genannt.' Die Schweizerischen Bundesbahnen 1970. Ellipt.: ‚Alle drybetzner, es syen Bolonier, die man sonst löwenthaler haißt, dessglichen Stolberger und Churer, ouch Zuger [‚söllen'] hinfür nit thürer dann umb zehen crützer ... geben und genommen werden.' 1573, Th Rq. 2017, 746; vgl. *Zuger-Chrüzer* (Bd III 945), *-Pfänning* (Bd V 1134), *-Schilling* (Bd VIII 580 o.), *-Dick* (Bd XII 1256 u.) sowie unter *Wëring I 2c* (Bd XVI 1015). – Vgl. Jutz II 1747. – In (Als) Namen. **1.** FN. ‚Z.' ZStdt (‚et Uolricum Zugere.' 1240, Z UB.; ‚Uol. Z.' 1242, ebd.; ‚Wernherus dictus Z.' 1256, ebd.). – **2.** Flurnn. **a)** Simplex. *Zugerli*, eig. *Zuger Alpli* ZgStdt (‚von dieser Zeit an wird das Land, welches auf der Höhe des Rossberges liegt, *Zugeralpeli* oder einfach *Zugerli* genannt.' ALüt. Sagen; vgl. FNiderberger 1924). – **b)** in Zssen (Auswahl). *Z.-Bërg* ZgBaar/Stdt/UÄg./Walchw. (schon 1416, Zg NB.; auch volkstüml. Name der ehem. Militärstrafanstalt *Früebüel;* dazu: *es Jär Z. ubercho^{n}*, ‚zu einem Jahr Militärstrafanstalt verurteilt werden' Obw lt Imfeld), Menz./Neuh. † (1380/1627, Zg NB.). *-Sē^{w}* L/Schw/Zg (schon XIV., Zg NB.). Weitere s. Zg NB. 5, 310/2.

zugere^{n} II (bzw. *-ü^{2}-*): **a)** den Dialekt von Zug sprechen, reden wie in Zug; allg. – **b)** den Zugerjass spielen. Jassspr.; vgl. *Zuger 1d*. *Es isch^{t} mer, i^{ch} g'säch vier e^{l}so Vizi-Kantonsröt, wie s' im Leu^{w}e^{n} un^{d}e^{n} zugere^{n}d und uf 's Frau^{w}e^{n}walrëcht a^{n}stössi^{n}d.* Nebelspalter 1911, 25. Febr. ‚Allmählich gesellte sich zu diesen Spielarten [dem *Chrīzjass, Butzjass* und *B'sitzjass*] noch der *Zugerjass, z.*' CSchmid 1969, 223 (WBellw.). Subst.: ‚Im Luzernbiet ... werden neben dem gewöhnlichen Schieber und Kreuzjass die folgenden Abarten gespielt: *Sëchser, Z., Pandūre^{n}, Schmause^{n}* [usw.].' RWeiss 1946, 197. – **c)** das Kegelspiel *Zuger* (in Bed. 1e) ausüben WBellw. (CSchmid 1969, 224). ‚Eine neue Art des Kegelspiels bürgerte sich in den zwanziger Jahren durch [Lehrer] N. aus Reckingen ein ... Es war das sogenannte *Z.* Als Sieger ging der hervor, welcher als erster 100 Kegel umgelegt hatte. Jeder durfte dreimal hintereinander werfen.' – **d)** das Schalmeienregister eines Musikinstruments virtuos ausnützen L; Zg. ‚*Z.* heisst im Luzernerbiet das Schalmeiregister der Klarinette (von e bis e^{1}) recht ausnützen, wobei der Spieler seine runden, vollen Töne herausholt.' ALGassmann 1961, 319. ‚Im schweizerischen Kanton Zug gibt es den besonderen Ausdruck *z.*, was so viel bedeutet wie das Dominieren der Schalmeienregister [der Handharmonika] im mittleren Teil des Tanzes' Zg (Internet). Im Ländlertitel: *Mugere^{n}! Jetz wemmer chli^{n} z.!* ALGassmann 1961, 319.

Sp. 600–636 T. F.

Züg I *-ī-* BsStdt; GrObS. (Bühl.; neben *Zigę*), sonst *Zügę* (bzw. *-ü̆-, -ui-, -ī-, -ĭ-*) – **m.**, in TB.; Ndw in Bed. 1a auch **f.** (vgl. die Anm.), Pl. *-e^{n}:*

1. wesentl. wie nhd. Zeuge
   - a) Zeuge vor Gericht
   - b) wer die Richtigkeit eines Rechtsaktes bestätigt, wer zum Abschluss eines Rechtsgeschäfts beiträgt
     Spez.
     - α) bei der Taufe
     - β) bei der Eheschliessung
   - c) wer einem Vorgang beiwohnt und später darüber aus eigener Anschauung oder Erfahrung etwas sagen kann
   - d) Gewährsmann
   - e) Charge im studentischen Biergericht
2. stummer Zeuge, Wahrzeichen
   - a) Spur, Überrest
   - b) Sicherheitszeichen bei einem Marchstein
3. Zeugnis, Aussage
   - a) vor Gericht
   - b) ausserhalb der Rechts-, der Gerichtssphäre
     - α) Aussage allgemeiner Art
     - β) bestimmte Textstelle, Zitat

1. wesentl. wie nhd. Zeuge; allg.; Syn. *Kundschaft-Trager* (Bd XIV 578, wo Weiteres); vgl. *Wër I 1d* (Bd XVI 995). **a)** Zeuge vor Gericht; Syn. *Ge-züg 1a* sowie *Züger I 1a, Zügnis 6a;* vgl. *zügen 1aa, Zügin. Iez welli er abharlëseⁿ, was da di Zügeⁿ heigeⁿ 'züget* BSa. [Es geht] *ringer, eⁿ Z. abz'hõreⁿ, wo von im sëlber redt, weder eineⁿ, wo mer alls mues^s us im üseⁿ drückeⁿ.* BÄRND. 1914, 560. ‚Er [‚Cayphas'] schrei: Was bedarf man züge me? Ir hant doch alle wol gehört von im [näml. Jesus] hie das scheltwort, und das er gesprochen hat.' WERNHER ML. 9090. ‚Alsus habind wir … mit zitlicher ordnung und betrahtung baider tail zügnüst verhöret, mit geschwornen ayden, die yeglicher z. besunder vor üns tett mit gelerten worten und mit ufferhabnen henden, ze sagend ain ganz warhait.' 1394, TH UB. 8, 178. ‚Wedra tail … zügen im rechten bruchen wyl, der sol jegklichem zügen des tags acht pfennig zuo lon geben.' 1487, G Rq. 1906, 522. ‚Wil s richten uf mit vilen zügen, die mich nit werden laßen lügen, die schon allhie zuogägen sind, darum verhöre man sy gschwind.' B Spiel XVI. (B TB. 1886) 102. ‚Fragt ich, obgenanter gemain [d. i. der Schiedsrichter], wie die zügen gehört werden söllten. Also ist nach miner umbfrag … einheilligklich erkendt, welliche alher züe zügen gestellt würden unnd die sagen wöllten, so sollte ein yegklicher ein aid zuo Gott und denn heiligen schweren, das er an der sach weder züe gewinnen noch züe verlieren habe [usw.].' 1502, TH Rq. 2017, 195. ‚Du gibst selbs gezüggnus dir unnd seist nit war, das wüssend wir. Denn der sich selbs zum zügen büt, uff des kuntschafft richt man nüt.' 1545, L Ostersp. 2, 20. ‚Wann etwann eines Manns Weibe abwiche … und jemand sie beschlieffe, und wurde doch dem Mann vor seinen Augen verborgen und verdecket, daß sie unrein worden, und es ist kein Zeug wider sie, sie ist auch nicht ergriffen worden … so sol er [usw.].' 1667/1707, IV. Mos. 5, 13; ‚Zeuge.' 1868/ 2007; ‚kan sy nit bezügen.' 1525/1638. S. noch Bd IX 1480/1 (XIV., SCH StB.); XI 2067 u. (FMu. StSatzg 1566); XII 1518 M. (1530, AARh. StR.). Neben ‚kundschaft' und ‚gezüg'. ‚Swele schultheisse Zürich ist, das der sol anvan richton, so man … dem rate gelütet hat … Und were, da deheiner gezüge butte, und der z. sich wolte sperren [usw.].' 1324, Z StB. 1, 33. ‚Umb Belohnung, am Gricht Khundtschafft zue verhören [Überschr.; dann:] Item wär auch Zügen oder Khundtschafft stellen will vor Gricht … da soll der, der sy stellt, von jegkhlichem gäben, alls menger irer ist, achtzechen Anngster.' 1600, ZG Rq. 164. S. noch Bd XIII 568 o. (F StB.); XVI 1419 o. (1533/8, Z Eheger.); Sp. 642 u. (1566, FMu. StR.). Mit adj. Bestimmung, in Bez. auf die Glaubwürdigkeit. ‚Wiewol die zügen, so von beyden parthyen gestelt, obscur, general und widerwertig, und deshalb … guot gewesen, das die uff gestelte interrogatoria oder fragstuck noch form der geschribnen rechten weren examiniert worden, yedoch dwil das alhie nitt im bruch, so befindt sich doch also vil us der merertheil und … us der glaubwurdigern zügen deposition, das [usw.].' 1538, AMERBACH-Korr. 5, 474. ‚Der gantze Rath versamlet war … der Juden und Priester Schar, die wotten han Heer Jesum Tod, faltsch Zügen bruchten s in der Noth.' 1616, L Ostersp. 3, 66. In verbaler Fügung, *Z. sīⁿ;* verbr., *stäⁿ* GSaL. *Gester han i^ch miesseⁿ gaⁿ Z. sīⁿ.* JULEN (WZerm.). *Eⁿ Wangser hät eⁿmoul müesseⁿ vor Bizirksg'richt of Mels gaⁿ Z. stüⁿ.* ASENTI 1968, 63. ‚Wurdent ünsers gotzhus pfaffen dahin [an ‚das gericht gen Diessenhofen'] gelatt, daz sy zügen wärint, des man in [unseren Abt] ansprach.' KUCHIM. 1335, 68. S. noch Bd XIII 774 u. (XVII., G Rq.); XVI 448 M. (um 1400, Aar. StR.). Appositionell zum Personalpron., zur Verdeutlichung der sprechenden Person in Zeugenaussagen, ‚ër, z.' uä. ‚N. redt, er hab acht wochen by dem töuffer gedienet … Es haben ouch die sün dick in einem buoch gelesenn. Er, z., hab aber des kein acht ghan, was sy geläsen. Er hab ouch ime, zügen, die selbig zit nie gewert, z kilchen z gann.' 1567, JSCHACHER 1957, 14. S. noch Bd XIII 1995 u. (1670, Z). Mit Bez. auf die Anzahl; vgl. unter b (s. u.) sowie unter *Ge-züg 1a* (Sp. 643 M.). ‚Ein iedklich zügnüss, die sol gan von zweyen genämen oder nützen zügen, die da sagen [von] hören und von sehen.' um 1400, AAR. StR. 18. ‚Hernacher erinnert der Richter die siben Zeügen ires hievor getanen Ayds und fragt sie, ob die beclagte arme Menschen jetzt getoner Vergicht vor inen Anred und bekantlich gewesen, oder, was einem jeden darumb zue wissen, anzuezeigen.' 1616, AARh. StR. 367. Im Sprw. *Éiⁿ Z., keiⁿ Z.* GL Sprachschuel 6. ‚Ein z. sye als keiner.' 1488, AAB. In der Fügung ‚Gott zum zügen gëben, nëmen'. ‚Do rette er, ich wil dir Got zum zügen gen, und wann er sy verließe, so solt inn Got verlaßen, den er ist der best gezüg.' 1538/40, Z Eheger.; s. auch Bd XI 183 u. ‚Menigklichen wahrnen und gebieten, das welcher inskünftig mehr plasphemieren, gottslestern, schwern und Gott ohne alle Notwendigkeit zum Zeügen neme … das solcher oder solche Übertretter [bestraft würden].' 1687, ZG Rq. 481. — **b)** wer mit seiner Anwesenheit, seinem Namen, seiner Unterschrift die Richtigkeit einer Urkunde, eines Rechtsaktes udgl. bestätigt, wer zum Abschluss eines Rechtsgeschäfts beiträgt; Syn. *Ge-züg 1b* sowie *Züger I 1b;* vgl. *zügen 1aβ*, auch *bī-ge-wont* (Bd XVI 320). ‚Im Jahr 1831, den 17. Tag Heümonath, in Brig im Rathhaus vor mir, endsgemelten, hierzu ersuchten Notar als Bergalpenschreyber, und endsunterfertigten Zeygen sind persöhnlich erschinen folgende Herrn [es folgen die Namen].' W Blätter 1993, 45. ‚Ein solcher Ehecontract [wird] in seinen Kräfften, wan solcher nur durch einen unpartheyschen Ehrenmann geschriben oder dergleichen Zeugen darinn assigniert seynd … gültig und stathafft seyn und verbleiben.' um 1750?, ZG Rq. 554. S. noch Bd VI 291 u. (Z Mand. 1650). In Schlussformeln von Vertragswerken. ‚Zügen diser gabe sint NN.' 1273, Z UB. 4, 245. ‚Die zuge, die dis sachen unde horton, sint NN. unde ander biderbe lüthe.' 1285, BS UB. 2, 287. ‚Dirre dingon sint züge erber lüte, die darzuo gerüeft wurden, mit namen: NN. unt ander gnuoge globsam lüte.' 1302, FONTES 4, 111. ‚Und hieby, dü ich dissen brief swuor ze halten und bat ze siglen, warend zugen die erbern, wisen NN. und ander vill.' 1432, LE. Rq. 2016, 84. ‚Zügen harzuo insunderheit berüeft wurden, die fürnemen und wisen NN. und gemein landlütt.' 1494, BSa. Rq. 148. ‚Zügen und gewalthaber, so hieby und mit waren: Die frommen, ersamen, fürsichtig- und wisen NN. als gwalthaber ir gemeinden und undertanen, sampt andren mit inen NN. und ander vil mit inen.' 1533, BSi. Rq. 1912, 97. Mit Bez. auf die Anzahl; vgl. unter a (s. o.), auch *siben 2ba* (Bd VII 49); *drī I 3aβ* (Bd XIV 8). ‚[Für die korrekte Abfassung eines Testaments muss man] das under spacium des gemelten testaments gantz gross lossen, dormitt es die subscription oder underschribung euwer, euwer lieben husfrawen, des schribers und der siben zeugen begreiffe.' 1546, AMERBACH-Korr. 6, 292. ‚Von der Ehescheidung der Juden [Überschr.; später:] Mueß der Scheidtbrieff nur 12 Linien haben, besonder geschriben unndt in Beysein 3 Zeügen der Frauwen übergeben werden.' THPLATTER 1604/5, 303. ‚Ein geschworner Schreiber, so zu Auffnemmung eines Testaments oder eines codicils beruffen wird, soll sich in Gegenwarth zweyer Zeügen auf das Wenigste, die da wohl bekant und soweit möglich hießige Landsleüth seyend, gebrauchen laßen.' 1715, FMu. StR. 472/3. ‚Die Heürathstractaten, so vor der Verehlichung beschehen, sind gültig und haben keine andere Form nötig, als daß selbige von dem geschwornen Notario ausgefertiget und von drey Zeügen unterschriben werden.' 1788, TH Rq. 2017, 2569. – Spez. α) bei der Taufe; Syn. *Tauff-Ge-züg*. ‚Baschis Anna von Dädligen und ist umb 5 β gstrafft worden, von wegen das sy sich gwideret, zue einem Zügen by dem heiligen Tauff eines Kinds zue stellen.' 1620, BLeiss. Chr. 2, 115. ‚Zügen deß Touffs warend NN.' ANHORN 1628/40, 76. ‚Den 15. Februarii [ist] alhie getauft … Zügen wahren: [es folgen die Namen].' 1652, B Blätter 1905, 158. ‚N., dass er nur 2 Zeugen bim hl. Tauf stellen lassen.' 1708, BGsteig b/Sa. Chorg. – β) bei der Eheschliessung bzw. beim Eheversprechen; Synn. *Brūt-, Trūw-Züg. Die zwei sind Züge^n g'sī^n*, bei einer Trauung SCHR. S. noch Bd V 737 o. (B Dorfkal. 1893); VIII 1581 o. (ebd.). ‚Sie sygen byeinander gsyn … der N. habe ihm die Ehe uffrecht und redlich versprochen, habe aber kein Ehepfennig, auch keine Zügen.' 1686, BLeiss. Chr. 2, 107. – **c)** wer einem Vorgang beiwohnt, um später gegebenenfalls darüber aus eigener Anschauung oder Erfahrung berichten zu können; Syn. *Ge-züg 1c*; vgl. *zügen 1aγ*. [Bei einem Streit:] *Du bisch^t mer Z. … u^nd du ou^ch, u^nd du ou^ch … all z'säme^n nimen ech für Züge^n*. SGFELLER 1927, 67. *Di Sach müess mit ^dem Stössdägen us'treit sī^n … Er söll für Züge^n luege^n*. RVTAVEL 1910, 1, 185. *Mer händ éin Z.* [des Unfalls] *g'funde^n, leider en u^nzueverlässige^n*. VSCHOBINGER 1980, 7. ‚Wil wir leider sälbsten … an vilen Orten der Notlidenden Hungersnot Z. sin müeßend [usw.].' 1628, G Rq. 1951, 454. S. noch Bd VIII 827 o. (1489, Waldm.). Im erstarrten, analogischen Genitiv (vgl. unter *ge-nueg 1a*, Bd IV 698 u.): [A.:] *Lārs G'schwätz!* [B.:] *Was, lārs G'schwätz? Züge^ns g'nue^g!* ALGASSMANN 1918, 101. – **d)** Gewährsmann; Syn. *Ge-züg 1d*. ‚Joseph, der Grecht, ir Gmahel fyn, ir Künschheit Hüetter und Z. soll syn.' 1616, L Ostersp. 3, 12. S. noch Bd XIII 608 o. (1525, Bs Ref.). Im Namen der Glaubensgemeinschaft *Züge^n Jehovas: Im nördege^n Kër vo^n de^r ‹Üssicht›* [einem Wirtshaus] *hand i^n de^n Fö^nfzgerjör d' Züge^n Jehovas … ieres Säli g'cha^n*. PEGGENBERGER 2014, 30. – **e)** ausgeh. von a, Charge beim studentischen Biergericht. STUDENTENSPR. (Bs Stud. 1910, 52); vgl. *Weibel 1bε* (Bd XV 121).

2. stummer Zeuge, Wahrzeichen. **a)** Spur, Überrest; Syn. *Zügnis 6b*, auch *Wort-Zeichen 1b* (Sp. 199, wo ein weiteres); vgl. *zügen 4b. Der Trüel … dë^r stumm Z. vo^n alte^n Zite^n* BSigr. *Der eltist Z. aber vun ere^n mänschliche^n B'hüsi^ng isch^t Padnal* GRUVaz. – **b)** oft pl., Sicherheits-, Beglaubigungszeichen in Form von (bearbeiteten) Feldsteinen oder Steinplatten, von Ziegel- oder Keramikstücken, von Glasscherben oder sonstiger, so im Erdreich nicht natürlich vorkommender Gegenstände (zwei, drei oder mehrere), die beim Setzen eines (unbehauenen) Marchsteins unter oder neben ihn gelegt (in GRRh. auch aufrecht beidseits, in TB. auch auf einer Seite neben ihn gestellt) werden und seine Grenzfunktionen gewährleisten und auch die Richtung der Grenzlinie anzeigen sollen AAZ.; BuE., Sigr., Si. und lt Zyro; GR, so D., Fläsch, He., Jenins, Mai., Mal., Pr., Rh., sG., Tschapp.; GAu, Balg., Marb., Sa., W.; SCHHa., Löhn., St., Tras., Wilch. und lt SCH WB.; TB.; THBerl., Erm., Nnf., Salenstein, Weinf.; WBrämis, Ey, Hohtenn, Rar., Siders, Turtm., Varen; Z, so And., Bär., Erl., Oss., Otel., Richt., Rud., Uhw., Wies.; aber überall ä. Angaben; Synn. *March-Züg, Ge-züg 2* sowie *Züger I 2*, auch *Wër I 3* (Bd XVI 995, wo Weiteres); vgl. *be-zügen 6* sowie zur Sache BSM. I 31. 40; XXIII 65. 75. ‚Die Grenze zw. einem Grundstück und einem Weg war durch einen Grenzstein markiert, der aber von Erde überdeckt war. Beim Graben stiess man darauf, aber eine Partei behauptete, der Stein sei zufällig da. Der zum Augenschein anwesende Friedensrichter verlangte darauf, dass man den Stein ausgrabe; es kamen unter dem Stein drei *Züge^n* zum Vorschein, Stücke von Ziegelsteinen, die bezeugten, dass der Stein absichtlich angebracht, also wirklich ein Markstein war' ZBär. (Ortsbegehung 1915). *Nëb ^de^m [March-] Stei^n sīe^n au^ch Züge^n, ei^ns Plättli zeichi ūswërts, und d's anderę wīši ūfwërts.* LJENNY 1985, 56. [Zum] *Marchstei^n zuhe^n … hät me^n en flache^n Rī^nbolli oder en 'brännte^n Tachziegel u^ng'för z' mittst abenann^d-g'schlage^n … Die beide^n Stuggi, wo z'sämme^n'passt hänn^d, hät me^n a^lsoę uf beid Site^n an d' March g'leit, ^dass si under ^dem Hërd g^rad o^uch no^ch d' Richti^ng vu^n de^r Grënze^n a^ng'gi^n hänn^d. Die zueg'leite^n, frönde^n Brögge^n hät me^n Züge^n g'namset* GW. (JKuratli). ‚Stande am Eggen ein alter Marchstein, der widerumb mit fünf Zügen bevestnet, und vorthan nach zwen alte mit Zügen, denne fünf nüw durch us bis in ussren Eggen gesetzt.' 1650, Z. ‚[Die Grenze wurde] mit dreißig inn Gfiert gehauwnen Marchsteinen von alten Ryffergstein ordenlich neüwlich außgemarchet und die Marchsteinen mit underlegten Ziegelstücken zun Zeügen versehen.' 1685, BLaup. Rq. 217. ‚Neben den Marchsteinen auch Kissligsteine … daraus die Zügen gemacht werden.' 1729/30, BTh. (Amtsrechn.). S. noch Bd XI 856 u. (1626, BTh. Urk.); XII 1254 M. (1786, OFrehner 1925). Wohl volksetym. hier angelehnt; s. Sp. 355 o. (oJ., LBer.; oJ., LRothenb.).

3. Zeugnis, Aussage, fast ausschliesslich in verbaler Fügung; Syn. *Ge-züg 3;* vgl. *Be-wīstum* (Bd XVI 1967). **a)** vor Gericht; Syn. *Ge-züg 3aa* sowie *Zügnis 1a* (wo weitere); vgl. *zügen 1aa*. ‚Enhein usserman mag och nüt z. tragen uff ein burger, wand nüwent ein burger uff den ander burger. Und sol man wissen, daz man ein ielichen gezüg sol tuon mit zwein biderben mannen, also daz si ez heigin gesehen und gehört.' B Handf. 44. ‚Swer vierzehen iar alt wirdet, der mag wol allü recht an erbe und an burgrecht und an gerichte haben und erwellen und ein geweren z. sagen als ein andern.' ebd. 57. S. noch Bd XIV 453 u. (1350, Fontes). *Z. gë^n* NDW (Matthys); OBW (Imfeld), *rede^n* aAA (Hunz.); BS (Seil.); BE.; FMu.; SG., vor Gericht aussagen, Zeugnis ablegen; aaOO.; Syn. *Chundschaft säge^n* (Bd III 353 M.). *Gä^n Z. gë^n*, ‚als Zeuge auftreten'. IM-

Die Arbeit am Wörterbuch wird unterstützt von

der Schweizerischen Akademie der Geistes- und Sozialwissenschaften

den Deutschschweizer Kantonen

Druck: Die Medienmacher AG, Muttenz, Schweiz
Printed in Switzerland
ISBN: 978-3-7965-3828-5

www.schwabeverlag.ch

Schweizerisches Idiotikon

Wörterbuch der schweizerdeutschen Sprache

Das Schweizerdeutsche Wörterbuch, das grösste Regionalwörterbuch des Deutschen, ist aus einem Idiotikon schweizerdeutscher Wörter längst zu einem umfassenden Wörterbuch des Schweizerdeutschen geworden, ja in gewissem Grad zu einem Reallexikon oder Thesaurus (wie die drei andern nationalen Wörterbücher der Schweiz). Es erschliesst sowohl den Wortschatz der zum Teil sehr altertümlichen Dialekte der deutschen Schweiz (samt den Walsermundarten Oberitaliens) als auch die schriftliche Überlieferung dieses Gebiets seit dem 12.Jahrhundert, besonders gründlich die des 15. und 16. Jahrhunderts; dabei sind namentlich Landwirtschaft, Jagd, Fischerei und Gewerbe, Sachkultur und Volksleben, Recht und Dichtung berücksichtigt, auch Volkslieder, Kinderreime, Bauernregeln usw., sodann die Sondersprachen der Schüler, Studenten, Soldaten und Fahrenden.

Die einzelnen Wörter sind zufolge der lautlichen Vielfalt gemäss dem schmellerschen System in erster Linie nach der Herkunft angeordnet (die Zusammensetzungen und Ableitungen beim Grundwort) und semantisch aufeinander bezogen; dadurch werden nicht nur die Bedeutungsentwicklung jedes Wortes, sondern auch dessen Stellenwert und Leistung innerhalb der Wortsippe sichtbar. Vielfache Verweisungen auf Synonyme und begriffsnahe Wörter erschliessen Wortfelder der Gegenwart oder früherer Zeit. Wo möglich sind die Wörter im Satzzusammenhang geboten; daher sind auch Phraseologie und Idiomatik berücksichtigt. Den Appellativen sind in reichem Masse entsprechende lebende und urkundliche Namen (Personen- und Lokalnamen) angeschlossen.

Bis jetzt sind die Bände I–XVI erschienen und können gebunden bezogen werden.
Band XVII erscheint laufend in Form von einzelnen Heften.

Band		Spalten	Erscheinungsjahr
I	A bis F	1344	1881
II	G bis H	1840	1885
III	J bis L	1574	1895
IV	M bis B (P)	2038	1901
V	Bl (Pl) bis Q	1318	1905
VI	R	1938	1909
VII	S	1786	1913
VIII	Sch	1760	1920
IX	Schl bis Schw	2280	1929
X	Sf bis St-ck	1846	1939
XI	St-l bis Str	2470	1952
XII	D (T) bis D-m (T-m)	1951	1961
XIII	D-n (T-n) bis D-z (T-z)	2316	1973
XIV	Dch (Tch) bis Dw (Tw)	1862	1987
XV	W bis W-m	1768	1999
XVI	W-n bis X	2429	2012
XVII	Bisher 640 Spalten (Z bis Züg I)		

Preis Fr. 525.–/Euro 525.– pro Band

Preis Fr. 33.–/Euro 33.– pro Heft

Quellen- und Abkürzungsverzeichnis
Preis Fr. 49.–/Euro 49.–

Alphabetisches Wörterverzeichnis zu den Bänden I–XI
Preis Fr. 210.–/Euro 210.–